"합격" 보장! 각종 '시험' 합격 대비 도서

각 분야의 1등 강사진과 집필! 공무원 시험부터 NCS 및 각종 기업체 취업 시험, 중졸/고졸 검정고시와 같은 학습 관련 시험 및 매경테스트, 그리고 IT 관련 시험 및 TOPIK, G-TELP, ITT 등의 어학 시험 등 각종 시험에서의 '합격'을 보장하는 도서!

9급 공무원

경찰공무원

군무원

PSAT

지텔프(G-TELP)

NCS 기출문제

SOC 공기업

공기업 · 대기업 고졸채용

ROTC 학사장교

육군 부사관

한국사능력검정시험

영재성 검사

일본어 한자

토픽(TOPIK)

영어회화

엑셀

코로나19 바이러스
"친환경 99.9% 항균잉크 인쇄"
전격 도입

언제 끝날지 모를 코로나19 바이러스
99.9% 항균잉크(V-CLEAN99)를 도입하여 「안심도서」로
독자분들의 건강과 안전을 위해 노력하겠습니다.

본 도서는 항균잉크로 인쇄하였습니다.

항균+ 99.9%
안심도서

항균잉크(V-CLEAN99)의 특징

- 바이러스, 박테리아, 곰팡이 등에 항균효과가 있는 산화아연을 적용

- 산화아연은 한국의 식약처와 미국의 FDA에서 식품첨가물로 인증받아 **강력한 항균력**을 구현하는 소재

- 황색포도상구균과 대장균에 대한 테스트를 완료하여 **99.9%의 강력한 항균효과** 확인

- 잉크 내 중금속, 잔류성 오염물질 등 **유해 물질 저감**

TEST REPORT

#1
-
-
< 0.63
4.6 (99.9%)주1)
-
6.3 x 10³
2.1 (99.2%)주1)

Clean Zone

시대교육그룹

이슈&시사상식

vol.171

발행일 ㅣ 2021년 4월 25일(매월 발행)

발행인 ㅣ 박영일

책임편집 ㅣ 이해욱

편저 ㅣ 시사상식연구소

편집/기획 ㅣ 김준일, 이세경, 남민우,
방혜은, 신수연, 김태희,
박영진, 손현원

표지디자인 ㅣ 김도연

내지디자인 ㅣ 장성복, 곽은슬, 안아현

마케팅홍보 ㅣ 오혁종

동영상강의 ㅣ 조한

인쇄 ㅣ 미성아트

발행처 ㅣ (주)시대고시기획

등록번호 ㅣ 제10-1521호

창간호 ㅣ 2006년 12월 28일

주소 ㅣ 서울시 마포구 큰우물로 75
[도화동 538번지 성지B/D] 9F

대표전화 ㅣ 1600-3600

홈페이지 ㅣ www.sidaegosi.com

편집부 통신

게으른 완벽주의자라고 불리는 성격이 있습니다. 이들은 자신이 맡은 일을 완벽하게 해내야 한다는 부담감에 이 핑계 저 핑계를 대며 해야 할 일을 계속 미루고는 합니다. 독서를 할 때도 마찬가지입니다. 책을 한 번 펼치기 시작하면 완독을 해야 한다는 생각에 책을 읽어야 할지 말아야 할지 고민만 하다가 하루를 다 보냅니다. 한 번 펼친 책의 마지막 장을 읽는 것, 자신이 시작한 일을 끝까지 해내는 것은 인생에서 꼭 필요한 태도입니다. 하지만 포기하지 않는 것만큼 하고자 하는 일을 주저 없이 바로 시작하는 용기도 그만큼 가치 있는 자세라고 생각합니다. 이번 달에는 머릿속으로 그려놓기만 한 계획을 무작정 시작하시면 좋겠습니다. 만 보는 못 걸었지만 오천 보라도 걸은 자신에게, 책의 한 챕터를 다 읽지 못했지만 열 페이지라도 읽은 자신에게 '그래, 뭐라도 했다' 칭찬해 주며 소소한 성취감으로 충만한 한 달을 보내시길 바랍니다.

삼성그룹 합격 가이드

삼성전자와 삼성디스플레이, 삼성SDI, 삼성전기, 삼성SDS 등 삼성 주요 계열사들이 3급 신입사원 채용 공고를 발표하면서 본격적으로 2021년 상반기 삼성그룹 공채의 문이 열렸다. 롯데가 신입 공채를 없애고 수시채용으로 전환하면서 5대 그룹 중 삼성만 대규모 공채를 유지하게 됐다. 삼성그룹은 2020년 코로나19 사태로 인해 처음으로 온라인 삼성직무적성검사(GSAT)를 도입했으며 2021년에도 역시 같은 방식으로 치러진다.

삼성그룹 채용정보

지원 자격 및 모집분야(3급 신입사원 기준)

✔ 2021년 8월 이전에 졸업 또는 졸업 예정인 분
　(2021년 7월~8월 입사 가능자)

✔ 남자의 경우 병역필 또는 면제자

✔ 해외여행에 결격사유가 없는 분

✔ 영어회화자격 보유하신 분

전형 절차 및 일정

지원서 접수	직무적합성 평가	직무적성검사	면접	건강검진
		2021년 4월~5월 중	5월~6월 중	6월~7월 중

SW개발 : SW역량테스트
디자인 : 디자인 포트폴리오 심사

상반기 채용 삼성 계열사

전자 삼성전자 삼성디스플레이 삼성SDI 삼성전기 삼성SDS
바이오 삼성바이오로직스 삼성바이오에피스
서비스 삼성물산(리조트)

중공업 · 건설 삼성물산(건설) 삼성엔지니어링
금융 삼성증권 삼성생명
기타 제일기획 에스원 삼성전자판매

01

직무적합성평가

지원서에 작성하는 전공과목 이수내역이나 직무활동 경험, 에세이 등을 평가하는 단계다. 직무와 무관한 스펙은 반영하지 않는다. 삼성의 최근 인재상은 '변화', '혁신', '실패'를 두려워하지 않는 인재다. '창의력', '리더십', '도전'도 핵심 키워드다. 합격을 위해서는 자신의 적성과 강점을 면밀하게 분석하고 직무 관련 역량을 어필하는 것이 중요하다. 지원할 계열사와 직무를 선택하는 것에서부터 서류전형·면접에 이르기까지 자신이 지원하는 직무에 대한 이해도와 문제해결능력도 필수다.

삼성 자기소개서 작성TIP!

TIP1 삼성 취업을 선택한 지원동기와 회사에서 이루고 싶은 비전을 연결하여 제시하라. 자신이 제시하는 비전에 부합하는 인재임을 어필해보자.

TIP2 삼성의 장점만 나열하는 회사소개서를 쓰는 것은 금물! 지원분야와 연관된 경험 등을 소개하며 자연스럽게 삼성의 장점이 드러나도록 기술하자.

TIP3 지원자가 중요하다고 생각하는 최근 사회이슈를 엮어 자신의 관심 분야를 보여주고 더불어 지원분야에 대한 통찰력을 드러내보자.

GSAT

02

GSAT는 4개 분야에서 115분간 110문제를 평가한다. 2021년에도 온라인으로 진행된다. 모든 문항은 객관식으로 정답률이 중요하다. 오답은 감점 처리되므로 모르는 문제는 찍지 말아야 한다. 단편적인 지식보다는 주어진 상황을 유연하게 대처하고 해결할 수 있는 종합적인 능력을 평가하는 시험이기 때문에 단기간에 점수를 올리기 어려워 미리 대비가 필요하다. 소프트웨어 직군의 경우 GSAT를 대신하여 SW역량테스트가 실시된다.

GSAT 주요 영역

❶ 언어력   ❷ 수리력   ❸ 추리력   ❹ 시각적 사고

03

직무역량 면접

계열사별로 구체적인 진행 방식은 다를 수 있으나 삼성은 기본적으로 GSAT를 통과한 인원에게 계열사별 직무역량 면접, 임원 면접, 창의성 면접을 진행한다. 이중 직무역량 면접은 전공 관련 문제를 푼 뒤 해결방안을 프레젠테이션하고 면접위원과 질의응답하는 방식이다. 전공 관련 문제나 실제 현장에서 발생할 수 있는 문제 상황에 대하여 지원자가 대처 방식을 제시하도록 한다는 측면에서 NCS와도 비슷하다. 정답을 제시하기보다는 논리적인 근거를 들어 의견을 전하는 것이 중요하다.

삼성 면접기출 엿보기

❶ 리더십을 발휘한 경험에 대해 말해보시오(삼성전자).
❷ 학업 외에 열심히 했던 것은 무엇인가?(삼성SDS)
❸ 삼성디스플레이의 장단점을 설명해보시오(삼성디스플레이).

5월 공모전 · 대외활동 · 자격증 접수/모집 일정

SUN	MON	TUE	WED
2	**3**	**4**	**5**
채 DTRO·한국저작권보호원·한국특허정보원 필기 **실시** 채 의무소방원 필기 **실시** 자 증권투자권유자문인력 필기 **실시** 자 손해사정사 필기 **실시**		대 HACCP SNS 기자단 가치해썹 3기 모집 **마감**	대 우수간판 모니터링 대학생 서포터즈 3기 모집 **마감** 대 한국외국어대 모의UN 제45차 HIMUN 대표 및 통역사 모집 **마감**
9	**10**	**11**	**12**
대 정부혁신제안 끝장개발대회 접수 **마감** 공 2021 포스코건설x문래동 스틸아트 공모전 **마감** 자 제2회 산업기사 필기 **시작**			채 KOTRA 2021 해외취업 화상면접 주간 **시작**
16	**17**	**18**	**19**
자 KBS한국어능력시험 **실시** 자 CS Leaders 필기 **실시**	공 환경정보 활용 K-에코 디지털 아이디어 공모전 **마감**	채 KOTRA 2021 해외취업 화상면접 주간 **마감** 공 DTRO 타고 떠나는 찐 대구 여행 공모전 **마감**	자 제2회 산업기사 필기 **마감**
23/30	**24/31**	**25**	**26**
채 환경직공무원 필기 **실시** 자 제124회 기술사 필기 **실시**	대 대학생 비치대장정 대원 모집 **마감**		

※ 일정은 향후 조율될 수 있습니다. 참고 뒤 상세일정은 관련 누리집에서 직접 확인해주세요.

대 대외활동　채 채용　공 공모전　자 자격증

THU	FRI	SAT
		1 채 한국가스공사·수원도시공사·한국관광공사·독립기념관·경상북도 공공기관 통합채용 필기 **실시** 채 건강보험심사평가원·예금보험공사·SGI서울보증 필기 **실시**
6	**7**	**8** 채 신용보증기금·새마을금고중앙회 필기 **실시** 채 광주광역시 공공기관 통합채용 필기 **실시** 자 공인노무사·소방시설관리사 1차시험 **실시**
13	**14** 공 한국조폐공사 창립 70주년 대국민 영상공모전 **마감**	**15** 채 국민건강보험공단·도로교통공단 필기 **실시** 채 경기도 공공기관 통합채용 필기 **실시** 자 제2회 기사 필기 **실시** 자 한경TESAT **실시**
20	**21** 공 부산국제보트쇼 유튜브 영상 공모전 **마감**	**22** 자 매경TEST **실시** 자 EPR정보관리사 필기 **실시** 자 회계관리 1·2급 필기 **실시**
27	**28**	**29** 채 부산광역시 공공기관 통합채용 필기 **실시** 자 세무사 1차시험 **실시** 자 행정사 1차시험 **실시** 자 정수시설운영관리사 1, 2차 시험 **실시**

대외활동 Focus　9일 마감

제5회 정부혁신제안 끝장개발대회

협동개발 및 나눔의 장
(희망이) 피어나다 부문

정부혁신제안 끝장개발대회
2050 탄소중립 실현을 위한 제5회 정부혁신제안 끝장개발대회에서 참가자를 모집한다. 5월 9일 참가신청 마감 뒤 5월 21~22일 실시되며 대상 한 팀에게는 행정안전부 장관상이 수여된다.

채용 Focus　12일 시작

2021 해외취업 화상면접 주간

2021 해외취업 화상면접 주간
대한무역투자진흥공사(KOTRA)에서 해외취업 화상면접 주간을 진행한다. 장소는 KOTRA 화상상담장 또는 자택이며 해외기업과 구직자 간의 1:1 면접(개별 또는 그룹 면접)을 위한 자리이다.

공모전 Focus　14일 마감

한국조폐공사 창립 70주년 기념
영상공모전

한국조폐공사 창립 70주년 영상공모전
한국조폐공사는 창립 70주년을 맞아 3월 24일부터 5월 14일까지 영상공모전을 실시한다. 자유 주제이며 지원자격 제한은 없다. 수상자 중 일부는 공사 서포터즈 3기에 선정되는 특전이 있다.

자격증 Focus　22일 실시

비즈니스 사고력 테스트
매경TEST

국가공인 매경TEST
매일경제신문사에서 주관하는 제37회 매경TEST가 5월 22일에 처러진다. 이는 경제경영이해력인증시험으로 경제경영 기초지식, 시사 등 현실 감각, 비즈니스 사고력을 90분 동안 측정한다.

HOT이슈 31

필수 시사상식

취업! 실전문제

상식 더하기

HOT이슈 31

4 · 7 보궐선거
야당 독식

4.7 재보궐선거가 서울 · 부산시장 모두 국민의힘이 승리하며 끝이 났다. 투표 전 여론조사의 결과와 다르지 않는 결과로서 서울에서는 오세훈 후보가, 부산에서는 박형준 후보가 큰 표차로 당선됐다. 결과적으로 오세훈 후보의 내곡동 셀프특혜 및 거짓말 논란과 박형준 후보의 **엘시티*** 특혜분양 및 성추행 사주 논란이 선거판세에 영향을 주지는 못했다.

엘시티(LCT)

부산광역시 해운대구 중동에 위치한 초고층 빌딩으로 부산에서 최초이자 현재 유일한 100층 이상 마천루다. 부산 정치권과 건설 · 부동산 업계에서는 도시계획 변경 등 인허가 과정에서 접대 · 로비 외에도 고위층 인사에게 분양특혜가 주어졌다는 의혹이 제기돼왔다. 또한 검찰은 43명의 고발을 접수했으나 이 중 2명만을 기소하면서 관련 게이트를 최대한 무마시키려 했다는 의혹을 남겼다.

문재인정부 내 첫 여권 패배

4월 8일 중앙선관위에 따르면 개표가 완료된 가운데 국민의힘 오세훈 후보가 57.50%로 더불어민주당 박영선 후보(39.18%)에, 국민의힘 박형준 후보가 62.67%로 더불어민주당 김영춘 후보(34.42%)에 승리했다. 특히 서울시 25개 자치구 모두 오세훈 후보가 우세했는데, 특히 강남구에서는 73.54%로 박 후보(24.32%)의 3배에 가까운 득표율을 기록했다. 지난 2018년 6 · 13 지방선거 당시 서울 25개 구 구청장 선거에서 민주당이 24개구를 이긴 것과는 정반대의 표심이었다.

이번 선거는 공휴일이 아니었음에도 투표율이 서울 58.2%, 부산 52.7%를 기록했다. 광역단체장 재보선 투표율이 50%를 넘은 것은 이번이 처음이다. 특히 보수성향이 강한 서초 · 강남 · 송파 '강남 3구'의 투표율은 60%를 웃돌았다. 더불어민주당 전임 시장들의 성추문이 보궐선거의 원인이 된 상황에서 부동산시장 안정화 실패와 한국토지주택공사(LH) 사태가 겹치면서 정권심판론이 위력을 발휘한 것 아니냐는 분석이 나온다. 재보선이 치러진 나머지 선거구에서도 야권이 압승했다. 개표가 완료된 울산 남구청장(서동욱), 경남 의령군수(오태완) 보궐선거에서 국민의힘 후보가 승리하는 등 광역 · 기초의원 재보선에서 국민의힘 후보가 12곳에서 당선됐다. 나머지 호남 4곳에서는 민주당 후보가, 경남 의령군 의원 선거에선 무소속 후보가 각각 당선됐다.

군소정당 후보들, "의미 있는 도전이었다"

　이번 보궐선거도 과거 선거들과 마찬가지로 표면적으로는 거대 양당의 맞대결로 치러졌다. 그러나 서울시장 후보는 최종적으로 모두 12명이었고, 부산시장 선거에서도 미래당, 민생당, 자유민주당, 진보당의 후보들 역시 군소정당의 한계에도 불구하고 선거운동 마지막까지 표심을 공략했다. 이들 군소정당 후보들은 득표율 1% 또는 1%에 못 미치는 미미한 성과를 거뒀으나 각자 핵심공약을 중심으로 유권자들에게 변화를 호소했다.

▲ 왼쪽 위부터 허경영, 오태양, 이수봉, 배영규, 정동희, 이도엽 후보

　특히 이번 서울시장 선거는 역대 최다의 여성후보가 출마한 선거로 기록됐다. 2006년 강금실 후보부터 여성정치인의 출마는 꾸준히 있어왔지만 3명이 넘는 여성후보가 동시에 출마했던 적은 없었다. 여기에 박영선(61) 후보를 제외한 신지혜(34), 김진아(46), 송명숙(34), 신지예(31) 후보 모두가 3040세대였다. 이에 청년과 여성의 고민을 담은 공약과 메시지를 통해서 여성들의 정치참여도가 높아질 수 있다는 긍정적 평가가 뒤따르고 있다. 더불어 청년 여성정치인들의 출마로 오래된 선거체제를 개선할 필요가 있다는 목소리도 커지고 있다. 현행 공직선거법에는 예비후보자의 선거운동을 할 수 있는 사람으로 배우자(배우자가 없는 경우 예비후보자가 지정한 1명)와 직계존비속을 규정하는데, 이는 배우자나 자식이 없는 미혼·비혼 후보자에게 불공평하게 작용할 수 있기 때문이다.

▲ 왼쪽부터 신지혜, 김진아, 송명숙, 신지예 후보

　부산시장 보궐선거 역시 역대 가장 많은 후보들이 끝까지 경쟁을 펼쳤다. 1981년생으로 가장 젊은 손상우 후보는 가덕도신공항 반대를, 배준현 후보는 거대 양당 정치에 반성을, 정규제 후보는 부산감사원의 설립을, 노정현 후보는 미군세균실험실 폐쇄를 각각 핵심공약으로 내세웠다.

▲ 왼쪽부터 손상우, 배준현, 정규재, 노정현 후보

편파보도에 정책·검증도 없었던 언론

　'2021 서울·부산시장보궐선거미디어감시연대(감시연대)'는 보도자료를 통해 2021년 3월 3주차(3.15~3.21) 언론의 선거보도를 분석해 발표했다. 해당 조사는 종합일간지 6개(경향신문, 동아일보, 조선일보, 중앙일보, 한겨레신문, 한국일보), 경제일간지 2개(매일경제, 한국경제), 지상파 3사와 종합편성채널 4사의 저녁 종합뉴스를 대상으로 했다. 먼저 전체보도 3,592건 중 선거보도가 326건으로 9.1%를 차지해 6.5%였던 3월 2주차(3.8~3.14) 선

거보도 비중보다 소폭 상승했다. 개별보도의 형식에 있어서는 단순한 내용을 전달하는 기사가 272건(84%)으로 대부분을 차지했고, 사설·오피니언이 24건, 팩트체크가 3건, 인터뷰가 1건 순이었다. 특히 2주차에 9건이었던 후보자 인터뷰가 3주차에는 오히려 1건으로 줄었다. 소수정당 및 무소속 후보에 대한 인터뷰는 1건도 없었다. 다양한 후보를 조명하기 위한 시도조차 하지 않은 것이다.

선거일이 가까워질수록 후보자들이 다양한 공약을 내세우는 만큼 언론은 후보자들의 공약에 대한 현실성 여부 등을 검증해 유권자에게 알려줘야 할 의무가 있음에도 정책·공약 관련 보도는 전체 선거보도 중 17%(56건)밖에 되지 않았다. 정책·공약을 검증한 보도는 고작 6건뿐이었다. 선거일에 근접할수록 후보자들의 정책·공약을 검증한 보도가 더욱 줄어든 것이다.

정책·공약 언급 및 검증 여부

관련 정책	언급	검증 여부
2개 이상 검증	1건	O
1개 검증	5건	O
2개 이상 언급	10건	X
1개 언급	40건	X

정책·공약별 보도 횟수

분야	횟수	비율
부동산·개발	87회	49%
민생·복지	49회	28%
기초자치구 공약	7회	4%
공중보건	8회	4%
청년	15회	8%
고용	1회	1%
소수자	1회	1%
환경	1회	1%
기타	7회	4%

정책·공약의 다양성 측면에서도 언론은 제 역할을 하지 못했다. 민생 관련이 49회, 부동산·개발 87회, 기초자치구 관련 7회 등이었고 청년, 환경, 고용 등 분야의 정책·공약도 등장했으나 각각 1회에 그쳤다.

언론의 편향성도 확연히 드러났다. 여권과 야권의 각각 단일화 관련 보도에 있어서 여권 단일화는 17건, 양 진영 단일화는 8건인 데 비해 야권 단일화는 148건으로 야권 단일화를 다룬 보도가 압도적으로 많았다.

3월 15~21일 서울시장 여야 단일화 보도

단일화 언급보도	보도량
여권	17건
야권	148건
중복	8건

한편 정치컨설팅 전문가들은 이번 4·7 보궐선거 결과에 대해 '보수층의 집결'로 평가했다. 2017년 대통령탄핵으로 시작된 보수층의 좌절이 2017대통령선거, 2018지방선거, 2020총선에서 연이어 패배하면서 최대치로 누적된 만큼 승리에 보다 절박했다는 것이다. 반면 여권은 재난기본소득·부동산·LH 사태 등으로 실망을 줬고, 검찰·언론개혁 등 강력한 개혁에 미온적으로 대처하면서 지지층의 이탈을 야기했다고 분석했다. 또한 연이은 선거승리로 인해 절박함이 상대적으로 약했던 것, 단일화 및 인물 경쟁력 등에서 밀린 것도 패배요인으로 보았다. 특히 20대 남성 유권자들의 표심이 압도적으로 야권에 몰린 것에 대해서는 기존 세대와 달리 이념지향성이 약하고 현실적·실리적 측면이 강한 이들에게 '공정', '부동산' 등의 이유로 양산된 상대적 박탈감이 영향을 준 것으로 분석했다. ■

정부, 부동산 투기와의 전쟁 선포
'3 · 29 투기대책' 발표

정부가 한국토지주택공사(LH) 사태를 비롯한 공직자들의 투기의혹과 관련해 전국적으로 부동산 투기사범을 색출해서 엄벌하기로 했다. 2021년 3월 29일 문재인 대통령 주재로 열린 반부패정책협의회 직후 정세균 국무총리는 정부서울청사에서 결과 브리핑을 갖고 부동산 불법투기 근절을 위한 예방부터 적발, 처벌, 환수까지 4대 영역의 총 20여 개 개혁과제를 담은 재발방지 대책을 발표했다. 정 총리는 우선 "범정부 총력 대응체계 구축을 통해 현재 발생한 불법행위를 철저히 찾아내 일벌백계할 것"이라고 밝혔다.

이를 위해 정부는 770명으로 꾸려진 정부합동특별수사본부(특수본) 규모를 1,500명으로 2배 이상 확대하고, 43개 검찰청에 '부동산 투기사범 전담수사팀'을 편성해 500명 이상의 검사, 수사관을 투입하기로 했다. 부동산 투기사범 색출을 위해 수사인력을 2,000명 이상으로 확대하는 것이다. 나아가 검찰의 직접 수사의 길도 열어놨다. 검경수사권 조정으로 LH 사태에 대해선 경찰청 국가수사본부(국수본)가 수사를 맡아왔으나, 송치 후 불기소 처분됐다가 재기된 사건이나 이와 직접적 관련이 있는 범죄는 검사가 직접 수사할 수 있다.

정 총리는 "검찰은 법이 허용하는 범위 내에서 적극적으로 직접 수사를 할 것"이라며 "부동산 부패 관련 송치사건 및 검찰 자체 첩보로 수집된 6대 중대범죄는 직접 수사하도록 하겠다"고 설명했다. 특히 정 총리는 "투기 비리 공직자는 전원 구속수사를 원칙으로 하고, 법정 최고형을 구형할 것"이라며 "이들이 취득한 범죄수익은 몰수·추징 보전을 통해 전액 환수하겠다"고 말했다. 아울러 정부는 공직사회의 부동산 부패 근절을 위해 ▲ 모든 공직자의 재산등록 의무화 ▲ 부동산 업무 공직자의 직무 관련 신규 부동산 취득 제한 ▲ 부동산 거래 검사를 위한 **부동산거래분석원*** 출범 ▲ 국수본의 상시적 투기행위 적발 등에 나서기로 했다. 또한 국회와 협조해 공직자 이해충돌방지법을 신속히 제정하는 등 관련 제도를 강화하기로 했다.

부동산거래분석원

부동산시장의 이상거래를 모니터링하고 시장 교란행위를 분석·조사하기 위해 신설될 예정인 정부 별도 기구이다. 출범되면 투기의심 거래로 판단되는 토지담보대출에 대해서는 은행 등 금융기관이 부동산거래분석원에 통보하게 될 예정이다. 부동산거래분석원은 원활한 부동산 투기행위 조사를 위해 개인 금융·과세 정보 등을 제한적으로 조회할 권한을 갖지만, 수사기능은 부여되지 않는다.

검경 수사와는 별도로 국세청은 '부동산탈세 특별조사단'을 꾸려 부동산 탈세에 대응한다. 국세청은 3기 신도시 예정지 6곳 등에 있는 31개 택지·산업단지의 개발지역에 대해서는 이미 부동산거래 전수 검증에 나섰다. 토지거래를 분석한 결과를 바탕으로 총 165명의 탈세혐의를 포착하고 이들에 대해 세무조사에 착수했다.

토지 취득 시 자금조달 투명성 강화가 핵심

국토교통부(국토부)는 3월 29일 정부합동으로 '부동산 투기 근절 및 재발방지 대책'을 발표했다. 이에

따르면 앞으로 투기적 토지거래의 기대수익을 낮추는 방안이 추진된다. 2년 미만 단기보유 토지와 비사업용 토지에 대한 양도소득세 중과세율은 2022년부터 10~20%포인트 인상된다. 이로써 1년 미만 보유 토지에 대한 양도세율은 50%에서 70%로, 1년 이상 2년 미만은 40%에서 60%로 오른다. 비사업용 토지 양도 시 중과세율은 10%포인트에서 20%포인트로 인상된다. 공익사업 대상일 경우 사업용으로 간주해 양도세를 중과하지 않았던 기존제도를 폐지하되, 이미 보유하던 토지에 대해서는 사업인정 고시일 '2년 이전'에서 '5년 이전'으로 인정요건을 강화하기로 했다.

토지 취득 시 자금에 대한 감시도 강화된다. 투기성 자금이 토지에 유입되지 않도록 전 금융권의 비주택담보대출 LTV(담보인정비율) 규제가 신설된다. 일정 규모 이상의 투기 의심 토지담보대출은 금융기관 부동산거래분석 전담조직에 통보해 대출을 통한 무분별한 토지투기를 차단한다. 농지 취득심사도 강화한다. 앞으로는 농업진흥지역 토지는 주말 체험영농 목적으로 취득할 수 없게 된다. 1,000m^2 이상 땅 구매 시 투기 여부 판단자료로 활용할 수 있도록 자금조달계획서 제출도 의무화된다. 국토부는 대규모 택지를 지정하면 발표일 이전 일정기간 이내 토지거래에 대해서는 자금조달계획서를 받아 조사하기로 했다. 이는 부동산거래신고법이 개정돼 자금조달

계획서 제출 제도가 정착된 이후 발표되는 택지부터 적용된다.

또한 LH 사태 재발 방지를 위해 4급 이상 고위직 중심의 재산등록제는 부동산 관련 모든 공직자로 확대됐다. 토지개발, 주택건설 등 부동산 관련 부처 및 공공기관의 경우 종사자 전원이 재산을 등록하도록 하고, LH·서울도시주택공사(SH)처럼 부동산 업무를 전담하는 기관의 경우 전 직원이 재산을 등록하도록 한다. 미공개정보를 이용해 부동산 거래를 할 경우 5년 이하 징역에 처하거나 이득액의 3~5배를 벌금으로 내야 한다. 내부거래, 시세조작, 불법 중개, 불법전매 등 부동산시장을 교란하는 행위를 막기 위한 조치다. 특히 LH 직원들은 부동산 신규취득이 원칙적으로 제한된다. 이들이 미공개정보로 투기를 할 경우에는 중징계인 해임 혹은 파면을 당할 수 있다.

특수본, 투기의혹 국회의원 등 공직자 수사 착수

특수본은 LH 직원들의 경기 광명·시흥 신도시 투기사태에 대한 소환조사에 들어갔다. 특수본부장도 겸임하고 있는 남구준 경찰청 국가수사본부장은 "국수본은 3만명이 넘는 전국 최대 수사기관으로 그동안 수사경험과 노하우가 충분히 축적됐다"며 "국민의 의혹을 명확히 해소해나가도록 최선을 다하겠다"고 밝혔다. 특수본은 3월 19일 경기남부청이 소환한 LH 직원 강모 씨를 시작으로 앞으로도 수사대상자를 줄줄이 소환할 것으로 전해졌다. 아울러 투기 의심 LH 직원을 추가로 확인해 3월 31일 입건했다. 이로써 31일을 기준으로 투기혐의로 경찰수사를 받는 LH 전·현직 직원은 모두 21명으로 늘어났다. LH 직원 외에도 투기의혹이 불거진 포천시 공무원이 3월 29일 특수본 첫 사례로 구속되는 등 수사에 박차를 가했다.

이번 부동산 투기사태와 관련해 국회의원과 그 가족 등 10명을 포함해 576명도 내사·수사한다. 특수본에 따르면 3월 30일 오전 기준 내사·수사 대상은 125건, 576명이다. 신분별로 분류하면 전·현직 공무원 94명(고위공직자 2명 포함), LH 직원 35명, 지방의원 26명, 국회의원 5명 등이다. 특별수사단장인 최승렬 경찰청 국수본 수사국장은 "국회의원과 그 가족 10명 모두 확인과정을 거쳐야 한다"면서도 "수사에 필요한 자료를 확보해야 해 국회의원 소환에는 시일이 걸릴 것"이라고 말했다. 또한 특수본은 4월 2일까지 부동산 투기의혹을 647건 신고 받아 일부를 시도경찰청에 배당했다. 아울러 기획부동산(개발 계획에 대한 허위 정보를 퍼뜨린 뒤 토지를 매매해 부당이득을 취하는 중개업자)도 집중적으로 수사하기로 했다.

한편 LH 직원의 신도시 투기사태 이후 진행 여부에 관심이 모였던 경기 3기 신도시 사전청약은 예정대로 실시된다. 정부는 연초 3기 신도시 여덟 곳(남양주 왕숙, 남양주 왕숙2, 하남 교산, 인천 계양, 고양 창릉, 부천 대장, 과천 과천, 안산 장상)에 대한 사전청약을 7월부터 실시한다고 발표한 바 있다. LH는 정부가 발표한 사전청약 일정에 맞춰 차질 없이 진행하겠다고 밝혔다. 시대

아시아계를 향한 방아쇠?
애틀랜타 총격 증오범죄 논란

한인들이 많이 거주하는 미국 조지아주 애틀랜타 일대에서 2021년 3월 16일(현지시간) 잇따라 총격 사건이 일어나 8명이 숨졌다고 AP통신과 CNN방송 등 미국언론이 보도했다. 외교부는 희생자 8명 중 4명이 한국계 여성인 것을 확인했다.

연쇄총격으로 한국계 4명 포함한 6명 희생

연쇄 총격사건 희생자 8명 중 6명이 한국계 4명을 포함한 아시아계로 알려지면서 증오범죄 가능성에 대한 목소리가 커졌다. 최근 미국에서 아시아계를 노린 각종 범죄가 잇따라 보고된 가운데 급기야

연쇄 총격사건까지 발생했기 때문이다. 첫 총격 발생 장소가 '영스(Young's) 아시안 마사지'라는 이름의 마사지숍이라는 점이 이러한 가능성에 더 무게를 실었다.

용의자는 이날 오후 5시께 애틀랜타에서 북쪽으로 50km 떨어진 체로키카운티 에쿼스의 '영스 아시안 마사지'에서 사람들에게 총격을 가한 뒤 애틀랜타 벅헤드 피드먼트로 이동해 오후 5시 50분께 '골드스파'와 '아로마테라피스파'라는 이름의 스파업체에서 또 총격을 벌였다. 마사지숍과 스파업체를 골

라 총격을 가했는데, 이는 마사지숍과 스파업체엔 아시아계 종업원이 많기 때문으로 보인다.

미 경찰, 증오범죄보다 '성 중독'에 집중

경찰은 앞서 총격사건 피의자 로버트 에런 롱의 '성 중독'을 이유로 증오범죄 혐의 적용에 거리를 두는 듯한 태도를 취했다. 비난여론이 고조되자 뒤늦게 달라진 수사방향을 제시했다. 애틀랜타 경찰 찰스 햄프턴 부(副)서장은 '증오범죄 가능성을 염두에 두고 수사하고 있느냐'는 질문에 "우리의 수사는 모든 것을 살펴보고 있으며, 어떤 것도 논외의 사항이 아니다"라고 답변했다.

미 언론은 이번 사건을 '증오범죄법의 시험대'로 봤다. 미국은 1968년 인종이나 종교 등을 이유로 폭력을 행사하면 처벌할 수 있는 규정이 마련된 이래 47개주에 증오범죄를 규제하는 법을 도입했다. 문제는 증오범죄 혐의 적용이 쉽지 않다는 점이다. 실제 연방수사국(FBI) 증오범죄 통계를 보면 2019년 '증오범죄통계법(Hate Crime Statistics Act)' 적용을 받는 법집행기관 86.1%가 자신들의 관할구역에서는 증오범죄가 단 한 건도 발생하지 않았다고 보고했다. 증오범죄 혐의 적용이 어려운 이유는 '형법이 규제하는 나쁜 짓을 저질렀는지'로 적용 여부를 결정할 수 있는 다른 혐의와는 달리 '왜 나쁜 짓을 저질렀는지'를 규명해야 하기 때문이라고 전문가들은 설명했다.

아시아계 대상 증오범죄는 증오범죄로 규율하기 더 어렵다고 분석됐다. 앞서 뉴욕타임스(NYT)는 아시아계 대상 범행은 유독 증오범죄 혐의가 적용되지 않는 사례가 많다면서 '반(反)아시아계 상징'이 없다는 점을 꼽았다. 흑인 등 다른 인종을 대상으로 저질러진 범행은 용의자가 이들을 증오해왔다는 점을 '방증'할 전형적인 범행형태가 존재하는 것과 달리 아시아계 대상 범행은 그렇지 않다는 것이다.

한편 매릴린 스트리클런드 연방 하원의원 등 한국계 의원들은 "애틀랜타 총격은 증오범죄"라며 '성 중독'으로 사건의 본질을 감추려 해서는 안 된다고 비판했고, 한인단체들도 명백한 증오범죄라며 철저한 수사를 촉구했다. '성 중독의 신화'라는 책을 낸 임상심리학자 데이비드 레이도 '성 중독'은 미국 정신의학협회에서 인정한 질환이 아니라고 강조했다.

미국 곳곳에서 증오범죄 항의 시위 열려

애틀랜타 총격사건이 발생한 후 미국 곳곳에서는 아시아계를 겨냥한 증오와 폭력에 저항하는 시위가 이어졌다. 시위대는 '아시아계 목숨도 소중하다(Asian Lives Matter)', '아시아계 증오를 멈춰라(#StopAsianHate)'라는 문구의 피켓을 들고 거리를 행진하며 구호를 외쳤다. 2020년 흑인 남성 조지 플로이드가 경찰의 가혹행위로 사망하자 인종차별 항의 시위가 미 전역을 휩쓸 때 사용된 구호 'Black Lives Matter*'를 연상시킨다.

Black Lives Matter(BLM)

2013년 SNS를 통해 흑인의 생명도 중요하다는 뜻의 '#Black Lives Matter(블랙 라이브스 매터)'가 알려지면서 시작된 인권운동 구호다. 2012년 미국 흑인 청소년 트레이본 마틴이 히스패닉계 남성으로부터 살해당하지만 사건 피의자는 무죄판결을 받았다. 이후 공권력이 흑인 체포 시 과잉진압을 할 때 항의를 위한 목적으로 해당 구호를 사용하고 있다.

소셜미디어(SNS)에서도 '아시아계 혐오를 멈춰라(#StopAsianHate)'라는 해시태그가 번져나가고 있다. 이보다 앞서 시작된 '아시아태평양계 혐오를 멈춰라(#StopAAPIHate)' 해시태그도 애틀랜타 총격사건을 계기로 확산에 가속도가 붙었다. SNS 이용

자들은 이들 해시태그를 자신의 계정으로 퍼나르면서 범죄를 중단하는 데 힘을 모으자고 촉구했다.

3월 27일(현지시간)에는 캘리포니아 샌프란시스코에서 반(反)아시아계 증오·범죄에 항의하는 대규모 시위·행진이 열렸다. 참가자들은 세인트메리스퀘어 공원에서 샌프란시스코의 중심지인 유니언스퀘어까지 600m 구간에서 평화행진을 벌였다. 이들은 "아시아인에 대한 증오를 멈춰라", "인종차별 반대, 성차별 반대, 폭력을 멈춰라", "나쁜 날은 증오범죄를 정당화하지 않는다" 등이 쓰인 팻말을 들고 행진했다. 시위를 개최한 김진덕·정경식재단의 김한일 대표는 "오늘 행진에 참가한 인원이 3,000여 명으로 추정된다"고 말했다.

미국 내 증오범죄 위험수위 경고 지속

코로나19 대유행 이후 미국에서 아시아계를 겨냥한 증오범죄가 위험수위라는 경고가 계속 나오고 있다. 캘리포니아주립대 증오·극단주의연구센터에 따르면 2020년 미국 주요 16개 도시에서 아시아계 대상 증오범죄가 전년보다 149% 증가했다.

NYT는 아시아계를 겨냥해 이렇듯 빠른 속도로 늘어나는 증오범죄의 실제 사례를 분석해 집중 조명했다. 보도에 따르면 2020년 3월 이후 미국언론이 다룬 '명백한 증거가 있는 증오범죄' 110건은 폭행, 언어폭력, 기물파손 등 세 유형으로 나뉜다. 증오범죄는 나이, 지역, 소득을 가리지 않고 발생했다. 일각에서는 도널드 트럼프 전 대통령이 코로나19를 '중국 바이러스', '쿵 플루' 등으로 부르면서 아시아계 증오범죄를 조장했다는 지적도 나왔다.

NYT는 아시아계를 겨냥한 폭행사건은 2021년 들어 4월 5일까지 26건 발생했다고 전했다. 이는 2020년 한 해 동안 15건이 발생한 것과 비교하면 크게 늘어난 것이다. 유형별로 보면 2020년에는 코로나19를 퍼트렸다는 이유로 아시아계를 폭행한 경우가 15건 중 14건에서 26건 중 5건으로 줄었는데, 이는 코로나19를 향한 증오가 아시아계를 향한 인종혐오로 변했음을 보여준다.

한편 조 바이든 대통령은 3월 30일(현지시간) 미국 내 아시아인을 향한 폭력 급증에 대응하기 위해 논의기구 설치, 예산 투입 등 후속조치를 내놨다. 백악관은 이날 배포한 자료에서 바이든 대통령이 반(反)아시안 폭력행위 증가 대응과 아시아계 미국인, 하와이 원주민, 태평양 섬 공동체의 안전 및 포용 증진을 위한 새로운 조치를 마련했다고 밝혔다. 바이든 대통령은 이날 트윗에서 "우리는 아시아계를 향한 폭력 증가에 침묵할 수 없다"며 추가조처 배경을 설명하고 "이런 공격은 잘못됐고 비 미국적이며, 중단돼야 한다"고 밝혔다. 시대

수에즈운하 선박 좌초,
전 세계 물류 비상

2021년 3월 23일 아시아와 유럽을 오가는 초대형 컨테이너 화물선 에버기븐(EverGiven)호가 사상 최초로 수에즈운하에서 좌초했다. 이에 따라 1973년에 **욤키푸르전쟁***으로 2년간 막힌 이후 처음으로 운하의 통행이 전면 중지되면서 422척의 배가 1주일간 바다에서 대기해야 했고, 일부는 아프리카 대륙을 돌아 남아프리카공화국 희망봉을 경유하는 항로로 돌아가야 했다.

욤키푸르전쟁

1973년 10월 6일부터 1973년 10월 25일까지 전개된 제4차 중동전쟁을 말한다. 전쟁이 일어난 당일이 '욤키푸르', 즉 유대교 전통의 속죄일이었기 때문에 이런 별칭이 붙었다. 10월전쟁이라고도 한다. 이집트와 시리아가 주축이 된 아랍연합군과 독립을 선포한 이스라엘이 수에즈운하의 통제권을 두고 벌인 전쟁이다.

유럽 · 아시아 간 무역 핵심통로 마비

에버기븐호는 일본 쇼에이 기선이 소유하고 대만의 에버그린 마린(Evergreen Marine Corp)이 운영하는 2만TEU급 초대형 컨테이너선으로 말레이시아 탄중 펠레파스항을 출발하여 3월 31일 네덜란드 로테르담에 도착할 예정이었다. 그런데 3월 23일 7시 40분경(현지시간) 수에즈운하 남측 항구를 출발한 에버기븐호가 갑자기 6km가량 북상한 중간지점에서 선수와 선미가 대각선으로 비스듬하게 수로를 막으며 좌초했다. 에버기븐호가 운하에서 갑자기 방향을 튼 원인에 대해서 글로벌 해운물류회사인 GAC는 "북쪽 방향으로 통과하려다가 정전이 발생했다"고 설명했고, 선박회사인 에버그린 마린은 이날 강한 바람과 모래폭풍으로 바람이 시속 50km까지 불었다는 이집트 기상청의 고시를 들면서 "에버기븐호가 홍해에서 수에즈운하로 진입하면서 강풍을 만났다"고 설명했다. 그러나 모두 구체적으로 원인을 설명하지 못했고, 일각에서는 건조된 지 오래된 선박이 운하에 진입하면서 연료를 기체로 대기 중에 연소시키는 것이 아닌 바다로 연소시키는 전환과정에서 기계결함이 발생한 것이라는 주장도 제기된 바 있다. 수에즈운하 당국 역시 기계결함 또는 사람의 실수가 있었을 것으로 보인다고 밝혔다. 현재 원인 파악을 위해 해양사고 전문가들이 승선해 선장과 선원들을 상대로 조사하는 한편 잠수사를 투입해 선체 아랫부분에 이상이 없는지를 수중에서 파악하는 작업을 벌이고 있다.

▲ 수에즈운하에서 좌초된 에버기븐호

1869년에 개장한 수에즈운하는 석유와 천연 가스, 화물이 이동하는 중요한 역할을 맡고 있다. 세계 무역물동량 13%와 해상으로 운송되는 원유 10%가 이 운하를 지나며, 운하 통행료는 이집트의 최고 외화수입원 중 하나다. 2015년 이집트정부가 대규모 확장공사를 통해 대부분의 구간에서 선박이 동시에 양방향으로 항해할 수 있게 하면서 선박 대기시간도 줄어들고, 통과할 수 있는 선박수도 늘어났다. 그러나 에버기븐호가 확장된 구간 이전에서 좌초되면서 결과적으로 홍해와 지중해를 잇는 유럽과 아시아 간 무역의 핵심통로가 완전히 막히고 말았다.

운송지연피해만 하루 1,000억원대

중요 무역로가 갑작스럽게 폐쇄됨에 따라 각국 수출기업도 비상이 걸렸다. 물류가 차질이 빚어지는 문제를 해결하기 위해 미 해군이 지원에 나서기도 했다. 운하가 정상화되기까지의 7일 동안 인근 해상에서 대기한 선박만 422척에 달했다. 일부는 수에즈운하를 포기하고 아프리카 최남단 희망봉을 도는 항로를 이용하는 우회 해상운송이나 항공운송을 선택해야 했다. 블룸버그는 대형 유조선이 희망봉 우회항로를 이용하여 중동의 원유를 유럽으로 운송하는 경우 약 9,650km를 더 항해하고 평균 7~10일 더 소요되며, 이때 연료비만 30만달러(약 3억 4,000원)에 달할 것이라고 추산했다. 그런데도 대형 해운회사들이 희망봉 우회를 검토하는 이유는 운송지연으로 발생하는 손해가 크기 때문이다. 선박운항이 하루 지연될 때 약 6만달러(약 7,000만원)의 손해를 보는 것으로 알려졌다. 우리나라 최대 원양 컨테이너 선사인 HMM도 선박 4척을 남아프리카공화국 희망봉 노선으로 우회했고, 그로 인해 우리 정부도 해적들로부터 희망봉으로 우회하는 한국 국적 선박들을 보호하기 위해 청해부대를 급파했다.

수에즈운하 우회로 '희망봉'

한편 이집트 수에즈운하관리청(SCA)은 이번 사고로 인한 이집트의 피해손실액을 약 10억달러(1조 1,320억원) 이상으로 추산했다. 앞서 수에즈운하관리청(SCA)의 오사마 라비 청장도 이번 사고로 이집트정부가 하루 1,400만달러(약 158억원)의 손해를 봤다고 밝혔다. 운하가 막히면서 운송에 차질을 빚거나 희망봉을 돌아야 했던 배들이 본 손해까지를 합산하면 손실액은 눈덩이처럼 불어날 전망이다. 영국 해운산업 전문지 '로이즈리스트' 분석에 따르면 수에즈운하 운영중단으로 매일 90억달러(약 10조 2,000억원) 어치 화물운송이 차질을 빚었다.

이번 사태는 이집트나 해운사들의 손해에만 그칠 것으로 보이지 않는다. 사고가 알려지자마자 글로벌 해운물류시장은 요동쳤다. 운하를 통항하는 선박은 컨테이너선뿐만 아니라 벌크선, 탱크선, 가스선 등 다양하기 때문이다. '더 타임스'도 독일산업협회(BDI)를 포함한 많은 금융 전문가들이 수에즈운하 사태가 세계경제에 미칠 잠재적 영향에 대해 우려하고 있다고 보도했다. 코로나19 대유행에 해상·항공운임이 크게 뛴 상황에서 벌어졌기 때문이다. 선사들이 2020년 상반기에 코로나19 대유행에 물동량이 줄어들 것으로 내다보고 선박공급을 줄였고, 여행수요가 급감하면서 항공기운항도 감소해 해상·항공운임이 동반상승한 상태였다. 또한 공장에 부속품 재고를 두지 않고 공정에 맞춰 공급받는 '적시생산방식(JIT)'을 택하고 있는 유럽 자동차·자동차부품업체와 제조업체들이 가장 타격을 받을 것으로 전망된다. 이집트를 중동·아프리카 판매제품 생산기지로 삼은 LG전자 등 아시아 소비가전업체들의 피해도 예상되고 있다. 코로나19 재확산 우려와 OPEC의 원유생산 감산조치가 겹치며 혼란한 상황이었던 국제유가도 이번 사고로 원유수송 차질이 우려되면서 급등했다. 선사 관계자는 "운하통항을 기다리는 선박이 상당해 통행이 가능해져도 물류지연은 몇 주간 지속될 것으로 보인다"고 말했다.

수에즈운하는 다행히 사고 발생 7일째였던 3월 31일 모래 제거만으로 사고선박의 부양에 성공하면서 4월 1일 통행이 재개된 상태다. 그러나 수에즈운하관리청과 피해선박, 제3자기업 등이 대규모 피해보상신청 등을 준비하고 있지만 글로벌 교역장애로 인한 손실보상이 가능할지는 보상주체, 보상방법, 보상금액을 놓고 치열한 책임공방이 이루어질 것으로 보인다.

5위

2021년 4월부터 최장 6개월씩 탄력근로제 도입 가능

고용노동부에 따르면 주 52시간제의 현장안착을 위한 보완조치로 탄력근로제 단위기간을 최장 6개월로 확대하도록 개정된 **근로기준법***이 4월 6일부터 시행됐다. 개정법은 단위기간이 3개월 초과 6개월 이내인 탄력근로제를 신설했고, 최장 3개월이었던 탄력근로제 단위기간을 6개월까지 확대했다.

근로기준법

근로자의 인간다운 생활을 보장하고 균형 있는 국민경제의 발전을 도모하기 위해 제정한 법이다. 헌법 제34조에서 "근로조건의 기준은 인간의 존엄성을 보장하도록 법률로 정한다"고 규정한 내용에 따라 근로조건의 최저기준을 정했으며, 경제·사회적 약자인 근로자들의 실질적 지위를 보호·개선하기 위해 1953년 처음 제정됐다.

탄력근로제는 일정 단위기간 중 업무가 많은 주의 근로시간을 늘리고 업무가 적은 주의 근로시간을 줄여 평균치를 법정한도(주 52시간) 내로 맞추는 제도다. 이때 탄력근로제 단위기간을 확대하면 할수록 기업이 근로시간을 더 유연하게 활용할 수 있다. 이번 탄력근로제 단위기간 확대 역시 경영계 요구에

따른 것이다. 경영계는 2018년 주 52시간제 시행에 따른 어려움을 호소하며 탄력근로제 단위기간 확대를 요구했고, 대통령 직속 사회적 대화기구인 경제사회노동위원회(경사노위)는 탄력근로제 단위기간을 최장 6개월로 확대하는 내용의 노사정 합의를 내놨다.

개정 근로기준법, 무노조 사업장 남용 우려

그러나 탄력근로제 단위기간을 확대하면 주 52시간제에서도 일정기간 장시간 노동이 가능해져 근로자의 건강권 침해 우려가 커진다. 또한 주당 법정 근로시간 한도도 늘기 때문에 연장근로로 인정되는 시간이 줄고 이는 가산수당 감소로 이어질 수 있다. 이 때문에 이번 개정법은 근로일 간 11시간 연속휴식 보장 등 근로자 건강권 보호장치를 마련했고 사용자가 임금 보전방안을 노동부에 신고하도록 했다.

또한 개정법에 따라 사용자가 3개월을 초과하는 탄력근로제를 도입하려면 근로자 대표와 서면합의를 맺어야 한다. 서면합의에는 단위기간 외에도 적용대상 근로자 범위와 단위기간 중 주별 근로시간 등이 포함된다. 문제는 현행법상 근로자 대표의 지위 등에 관한 규정이 없어 무노조 영세사업장의 경우 근로자 대표가 사실상 사용자의 지정으로 선임되는 등 근로자의 권익을 제대로 대변하기 어려울 수 있다. 영세사업장에서 탄력근로제가 남용될 수 있다는 우려를 낳는 대목이다. 이 때문에 경사노위는 근

로자 대표의 지위, 권한, 선출 방법 등에 관한 노사정 합의를 내놨다. 하지만 관련 법안은 아직 국회에 계류 중이다. 한국노동조합총연맹(한국노총)은 "근로자 대표 관련 입법이 국회 문턱을 넘지 못한 사이 탄력근로제가 시행에 들어가는 어처구니없는 상황"이라며 "국회가 지금 해야 할 일은 노사정 합의 정신을 존중해 하루라도 빨리 관련 법안을 처리하는 것"이라고 지적했다.

▲ 근로자 대표제도 정비를 요구하는 시민사회단체 기자회견

또 개정법은 신상품·신기술 연구개발업무에 대해서는 선택근로제 정산기간을 최장 3개월로 확대했다. 선택근로제는 근로자가 자율적으로 하루 근로시간을 조절해 일정 정산기간 근로시간의 평균치를 법정한도 내로 맞추는 것으로 근로자의 자율성이 탄력근로제보다 강하다.

재난 시에는 '11시간 연속휴식' 예외

한편 단위기간이 3~6개월인 탄력근로제를 도입한 사업장이라도 재난 수습업무를 해야 할 경우 근로자에게 근로일 간 11시간 이상 연속휴식을 부여하지 않아도 된다. 고용노동부는 2021년 3월 23일 국무회의에서 '천재지변 등 대통령령으로 정하는 불가피한 경우'에는 노사합의를 거쳐 근로일 간 11시간 이상 연속 휴식의 예외를 허용하는 근로기준법 시행령 개정안도 의결했다고 밝혔다. 시행령이 적시한 구체적인 예외 사유는 ▲ 재난 및 사고의 예방·

수습 ▲ 인명보호 및 안전확보 ▲ 이에 준하는 사유 등이다. 새 시행령은 3~6개월 단위의 탄력근로제를 도입한 개정 근로기준법과 함께 4월 6일부터 본격적으로 시행됐다.

LG전자 스마트폰 사업부 26년 만에 철수 결정

LG전자는 2021년 4월 5일 이사회를 열어 7월 31일자로 MC사업본부가 맡은 모바일사업에서 철수하기로 최종 결정하고 MC사업본부의 생산 및 판매를 종료한다고 영업정지를 공시했다. 사업 매각을 포함해 모든 가능성을 검토하겠다고 밝힌 지 2개월여 만이자 모바일사업을 시작한 지 26년 만이다. 이번 결정에 대해 LG전자는 영업정지사유를 "경쟁심화 및 지속적인 사업부진"이라고 밝히며 "내부자원 효율화를 통해 핵심사업으로의 역량을 집중하고 사업구조를 개선할 것"이라고 설명했다.

1995년 모바일사업 시작, 누적 적자 5조원

LG전자는 1995년 LG정보통신으로 모바일사업을 시작한 이래 2000년 LG전자와 LG정보통신을 합병했다. 이후 LG전자 최초의 휴대전화브랜드 '화통(話

通)'을 시작으로 프리웨이, 싸이언, 프라다폰, 초콜릿폰 등이 연속으로 성공하면서 2010년 3분기 판매량 2,800만대를 육박, 세계 휴대전화시장 3위에 오르기도 했다. 그러나 2007년 애플이 내놓은 아이폰의 등장으로 세계 휴대전화시장이 일대 전환기를 맞는 시점에 피처폰 중심의 사업구조를 고수하는 정책을 펴나갔다. 이 때문에 2014년이 돼서야 스마트폰을 출시했다. 이때 출시한 G3를 1,000만대 이상 판매하는 성과를 이뤘으나 2015년 출시한 G4와 V10의 부진으로 2분기부터 적자가 발생, 2020년 4분기까지 지속되어 누적적자가 5조원에 육박하기에 이르렀다. 이에 LG전자는 2021년 1월 20일 "모바일사업과 관련해 현재와 미래의 경쟁력을 냉정하게 판단해 최선의 선택을 해야 할 시점에 이르렀다고 보고 있다"며 "현재 모든 가능성을 열어두고 사업 운영방향을 면밀히 검토하고 있다"고 밝히면서 모바일사업을 철수 및 매각하겠다는 의중을 내비쳤다. 이후 LG전자는 사업매각을 위해 베트남 빈그룹, 독일 자동차그룹 폭스바겐 등과 접촉했으나 논의에 진전이 없었던 것으로 전해졌다.

LG전자 모바일사업본부 실적 추이

연결기준, 단위 : 억원

	2015년	2016	2017	2018	2019	2020년
매출액	14조 34억원	12조 239	11조 1,583	7조 8,762	5조 9,667	5조 2,171
영업이익	−1,196 억원	−1조 2,181	−7,368	−7,782	−1조 98	−8,412

자료 / LG전자, 금융감독원 전자공시시스템

이에 따라 LG전자는 2021년 4월 5일 모바일사업 종료를 결정했다. 단, 통신사 등에 계약한 제품을 공급할 수 있도록 5월 말까지 휴대폰을 생산하고, 사업종료 이후에도 구매고객과 기존 사용자가 불편을 겪지 않도록 충분한 사후서비스를 지속할 방침이다. 또한 사업종료에 따른 협력사 손실에 대해서는 보상을 지속해서 협의할 예정이다.

MC사업본부 3,700명의 직원에 대해서는 LG전자 타 사업본부 및 LG 계열회사 인력수요를 종합적으로 고려해 재배치한다. 이들은 오는 7월 출범하는 자동차부품업체 마그나인터내셔널과 전기차 파워트레인(동력전달장치) 분야 합작법인 등에 전환배치될 것으로 보인다.

사업체질 및 재무구조 개선효과 기대

LG전자는 모바일사업은 종료하더라도 미래준비를 위한 모바일기술의 연구개발은 유지하기로 했다. LG전자는 "6G* 이동통신, 카메라, 소프트웨어 등 핵심 모바일기술은 차세대 TV, 가전, 전장부품, 로봇 등에 필요한 역량이기 때문에 CTO부문 중심으로 연구개발을 지속할 것"이라며 "특히 2025년경 표준화 이후 2029년 상용화가 예상되는 6G 원천기술 확보에 박차를 가하겠다"고 설명했다.

6G

5세대 이동통신 이후의 표준 무선통신기술을 의미한다. 2020년 7월에 발표된 삼성의 '6G 백서'에 따르면 6G 최대 데이터속도는 5G보다 50배 빠른 1Tbps(테라비피에스, 1초에 1조비트를 전송하는 속도) 이상을, 사용자 체감 데이터속도는 10배 빠른 1Gbps(기가비피에스 : 1초에 10억비트를 전송하는 속도) 이상을 달성해야 한다고 예측했다.

LG전자는 "스마트폰 사업종료로 단기적으로는 전사 매출액의 감소가 있을 수 있으나, 중장기적으로는 사업체질 및 재무구조 개선효과가 기대된다"고 전망했다.

미얀마 내전국면으로 전환 중, 중국군 국경 배치

쿠데타가 발생한 지 두 달이 넘어가면서 쿠데타를 반대하는 시민들을 향한 미얀마 군경의 진압이 날로 잔혹해지고 있다. 거의 맨몸으로 "군부타도"를 외치는 시민들을 향해 기관총과 수류탄, 유탄발사기를 이용한 마구잡이식 발포를 해 어린이들을 포함해 수백명이 목숨을 잃었고, 시위대에 직·간접적으로 힘을 실어준 사회 저명인사들은 공개수배 및 검거되고 있다. 총상에 의한 사망 외에도 폭행을 비롯해 산 채로 불태워진 경우도 있어 공분을 사고 있다.

▲ 사제무기로 무장에 나선 미얀마 시민들

시민들, 사제무기로 스스로 무장

군경의 진압이 나이, 성별, 심지어 시위 참여 여부를 가리지 않음에 따라 시민들은 결국 스스로를 수류탄과 사제폭탄, 가스 압력식 사제총, 화염병, 화살 등의 무기로 무장하기 시작했다. 여기에 그동안 정부에 대항해 자치 및 독립투쟁을 이어온 **카친독립군*** 등 소수민족 무장투쟁조직들도 쿠데타 이후 군부와의 휴전협상을 중단한 채 반군부투쟁을 표방하고 반군부시위에 적극 참여하고 있다. 3월 18일에는 미얀마의 최대 도시 양곤 도심에서 소수민족들이 반군부집회를 열었고, 이후 버마족 중심의 시위대와의 연대를 표방하는 행진도 연일 진행하고 있다. 이에 다수 주민인 버마족 사이에서도 그동안 소수민족에 대한 홀대와 탄압을 방관하거나 지지한 것에 대한 반성도 일어나고 있다.

카친독립군(KIA)

미얀마 내의 최대 소수민족 카친족의 무장단체다. 과거에는 버마군의 중요한 일부를 구성했으나 1962년에 쿠데타로 집권에 성공한 네윈의 군부가 버마연방을 폐기하고 카친족에 차별과 탄압을 가하자 무장투쟁을 위해 카친독립기구(KIO)하에 카친독립군을 두면서 시작되었다. 이후 1~2차 미얀마내전의 한 축을 맡아 이끌었다.

그러나 이와 같은 시민들의 무장 및 소수민족과 버마족의 연대가 군부로 하여금 진압의 강도를 높이는 쪽으로 영향을 주고 있는 모양새다. 현지 매체들에 따르면 미얀마 북서부 깔레이에서 주민들이 사제총으로 군경 여러 명을 사살하자 군경은 다음 날 새벽 급습해 대규모 보복공격을 자행했다. 이 과정에서 군경이 소총과 수류탄은 물론이고 유탄발사기까지 사용했다고 전해진다. 또 남동부 태국 국경 인근을 근거지로 활동 중인 카렌민족연합(KNU)의 공격으로 군사기지를 빼앗기고 군인 10명이 사망하자 군부는 전투기로 이 지역을 공습하기도 했다. 시민들의 무장저항을 초기에 꺾지 않으면 점점 더 커질 것으로 보고 적극적으로 대응하고 있다는 분석이다. 문제는 시민들의 무장과 소수민족 무장단체들의 합류로 미얀마 쿠데타 사태가 '내전'으로 번질 가능성이 짙어지고 있다는 점이다. 1~2차 미얀마내전의 한 축이었던 카친독립군 외에도 친족과 카렌족은 이미 군부에 반기를 든 상태인 데다가 군부의 최대 난적이라고 할 수 있는 아라칸반군(AA)이 군부의 회유에도 불구하고 아직까지 입장표명을 하지 않고 있기 때문이다. AA를 회유하기 위해 군부는 쿠데타 직후 AA가 터를 잡은 라카인주의 인터넷 차단조치를

594일 만에 풀었고, AA를 테러단체 목록에서 제외했으며, 지역 최대 정당인 아라칸민족당(ANP) 인사를 군정 의결기구에 포함시키기도 했다. 현재 AA는 쿠데타 직전까지 정부군과 가장 치열하게 대치했다는 점, 형제와 다름없는 KIA가 항쟁으로 노선을 잡았다는 점 때문에 숙고 중인 것으로 알려졌다. 만약 AA가 군부 편에 선다면 이번 사태는 내전으로 전환될 것이라고 전문가들은 분석한다.

무능한 국제사회와 커져가는 반중정서

유엔인권위는 대표성명으로 "도망치는 시위대에 총을 쏘고, 어린아이에게도 예외를 두지 않는 군부와 경찰의 수치스럽고 비겁하며 잔인한 행위가 즉각 중단돼야 한다"면서 미얀마 군부를 강력히 규탄했다. 앞서 한·미·일을 포함한 12개국 합참의장들도 "미얀마 군경의 비무장 시민에 대한 치명적인 무력사용을 비난한다"는 공동성명을 내기도 했다. 그러나 국제사회에서는 미얀마 군부가 꿈쩍도 하지 않을 것이라는 관측이 지배적이다. 이번에도 안보리 회원국들이 성명을 논의하는 과정에서 서방국가들과 중국을 비롯한 경쟁국들의 갈등이 있었기 때문이다. 서방국가들은 성명에 미얀마 군부에 대한 제재를 염두에 두고 "추가적 조처의 검토를 준비한다"는 표현을 넣으려 했지만 중국의 반대로 무산됐다. 미얀마 군부에 우호적인 중국은 "민간인 죽음" 등의 표현을 완화하자는 주장까지 편 것으로 알려졌다. 한발 더 나아가 러시아는 성명에 미얀마 시위 진압 과정에서 발생한 군경의 사망까지 규탄하자는 내용을 포함하기를 원했다. 러시아와 중국이 유엔 안보리 상임이사국으로서 유엔 차원의 미얀마 사태 개입을 사실상 차단하는 역할을 하고 있는 것이다. 이 때문에 미국과 중국·러시아를 중심으로 한 '신 냉전' 기류 속에서 미얀마가 내전으로 전환될 경우 국제적인 대리전으로 비화될 가능성도 적지 않다.

한편 미얀마에서는 국민의 성난 민심이 군부를 넘어 군부를 지지하는 중국에까지 확산되고 있다. 4월 5일에도 유엔기와 중국국기(오성홍기)가 그려진 마스크를 쓴 양곤의 청년들이 집회를 갖고 오성홍기를 태우는 등 반중정서를 표출했다. 3월에는 양곤에 있는 중국계 공장 30여 곳이 공격을 받기도 했다. 갈수록 격화되는 미얀마인들의 반중정서는 '중국은 미얀마에서 나가라', '주미얀마 중국 대사관을 폐쇄하라', '중국이 범죄를 저지르는 군사정권을 보호하고 있다' 등의 SNS 게시글을 통해서도 쉽게 목격된다.

▲ 미얀마 군부를 지원하는 중국에 대한 쿠데타 규탄 시위

이에 중국은 4월 들어 미얀마 국경에 군 병력을 집결시키고 있다. 표면적으로 미얀마에서 중국으로 이어지는 석유·가스관을 보호한다는 것이지만, 군부에 반대하는 소수민족 무장단체와 국제사회에 "개입하지 말라"는 경고와 함께 대규모 난민사태에 대비하겠다는 다목적 용도라는 해석도 제기된다.

8위

국가부채 2011년 이후 최대
국가자산 역시 늘어

2020년 국가부채가 1년간 242조원 가까이 증가하고 재정수지적자도 많이 늘어났다. 코로나19 대응을 위한 확장적 재정운용과 연금충당부채 증가 등이 원인인데, 코로나19 상황과 저출산·고령화를 고려하면 2021년 이후에도 지출이 늘어날 수밖에 없어 단기 재정건전성에 '빨간불'이 켜졌다는 우려가 나온다.

국가부채 최대치이나 채무와는 달라

2020회계연도 국가결산보고서에 따르면 2020년 국가 재무제표상 국가부채는 1,985조 3,000억원으로 2019년보다 241조 6,000억원 증가했다. **발생주의 회계***로 국가 재무제표가 작성된 첫해인 2011회계연도 이후 국가부채 규모와 전년 대비 증가폭 모두 최대 기록이다.

발생주의 회계

당해 기간에 해당하는 손익만을 구분해 계산하는 회계다. 프로그램의 예산구조에 맞춰 각 프로그램과 단위사업의 원가정보를 제공해 프로그램의 관리나 계획수립 및 자원배분 즉, 예산편성의 정보를 제공하는 것을 주목적으로 한다. 경제적·재무적 자원의 변동이 발생하는 시점을 거래로 인식하고 회계처리를 한다.

2020년 국가부채가 증가한 것은 코로나19 대응을 위한 국채발행 증가로 확정부채가 111조 6,000억원 늘고, 공무원·군인연금으로 지급해야 할 돈을 현재가치로 환산한 연금충당부채 증가에 따른 비확정부채가 130조 늘어났기 때문이었다. 여기에서 주목할 것은 채무와 부채가 다르다는 것이다. 채무는 반드시 갚아야 하는 빚인 반면 부채는 갚아야만 하는 부채(확정부채) 외에 안 갚을 수도 있는 부채, 즉 비확정형 부채까지를 포함하는 개념이다. 또한 자산을 자본과 부채의 총합으로 보는 원칙에 따라 부채가 증가한 만큼 자산도 증가한다. 결국 2020년에 증가한 국가부채의 절반 이상이 향후 자금확보가 예정된 연금이라는 점에서 일반적인 채무와 다르며, 국채발행분 역시 국민의 미래소득이라는 점에서 부정적

으로만 볼 수 없다. 다만, 경기 악화와 세정 지원 확대로 국가수입이 늘지 않은 가운데 지출이 대폭 늘어 나라살림 적자폭이 커졌다. 통합재정수지 적자가 71조 2,000억원, 관리재정수지 적자가 112조원을 기록했고, 이 때문에 단기적으로는 재정운영에 부담일 수 있다.

2020회계연도 국가결산 주요 내용

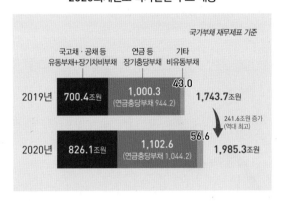

양호한 수준이나 출구전략은 필요

코로나19 상황을 고려하면 지금은 일시적인 채무 증가를 감내하더라도 확장재정을 통해 위기를 조기에 극복하고 경제역동성을 확보하는 게 바람직하다는 것이 정부의 입장이다. 우리나라는 2020년 4차례 추가경정예산(추경) 편성 등 적극적인 재정운용을 통해 실질성장률 −1.0%로 역성장 폭을 최소화했다는 평가를 받는다. 국제통화기금(IMF) 재정수지 전망에 따르면 2020년 한국의 국내총생산(GDP) 대비 재정수지(일반정부수지) 적자비율은 −3.1%로 선진국 평균 −13.3%, 세계 평균 −11.8%보다 낮다. 2019년 대비 2020년 일반정부부채 변화의 폭도 한국은 6.2%포인트(41.9%→48.1%)로 선진국 평균 17.9%포인트(104.8%→122.7%), 세계 평균 14.1%포인트(83.5%→97.6%)보다 작다.

그러나 문제는 당장 '현재진행형'인 코로나19 사태를 고려했을 때 2021년도 대응예산 또한 상당한

규모일 것이 예상된다는 점이다. 손실보상 법제화 등에 따라 재정부담이 가중될 전망이기 때문이다. 정치권 일각에서 주장하는 전국민 재난지원금 지급이 현실화될 경우 수조원의 빚을 추가로 내야 할 수 있다. 또한 코로나19가 종식되더라도 금방 형편이 넉넉해지기는 어렵다. 저출산·고령화가 급속도로 진행되고 있어 복지예산 지출 수요가 눈덩이처럼 불어날 가능성이 있기 때문이다.

정부도 국가채무의 빠른 증가속도, 중장기 재정여건 등을 주시하고 있다. 코로나19 위기 이후 경제회복 추이에 따라 지출 증가속도의 조절을 추진하겠다는 방침이다.

위

출입명부 전원 작성,
위반 시 과태료

앞으로는 코로나19 확산방지를 위해 '사회적 거리두기' 단계와 상관없이 모든 다중이용시설의 관리자, 종사자, 이용자에게 적용되는 '기본방역수칙'을 어기면 과태료가 부과된다. 중앙재난안전대책본부(중대본)는 이 같은 내용을 포함하는 기본방역수칙의 계도기간을 2021년 3월 29일부터 4월 5일까지

시행했다. 이에 따라 앞으로는 기본방역수칙 위반 시 업주에게는 300만원, 이용자에게는 10만원 이하의 과태료를 물리게 된다.

앞으로 출입명부 '외 ○명' 안 돼

기본방역수칙은 '사회적 거리두기' 단계와 상관없이 모든 **다중이용시설***의 관리자, 종사자, 이용자에게 적용되는 새 지침이다. 마스크 착용, 방역수칙 게시·안내, 출입자 명부 관리, 주기적 소독·환기 등 기존의 4가지 수칙에 더해 음식섭취 금지, 유증상자 출입제한, 방역관리자 지정 등 3가지가 새로 추가돼 총 7가지로 이뤄져 있다.

다중이용시설(多衆利用施設)
불특정 다수가 출입하고 이용하는 시설이다. '실내공기질 관리법'에 따르면 도서관·미술관·공연장·체육시설과 버스·철도·지하철·택시 등 대중교통, 쇼핑센터(대형마트·시장·면세점·백화점 등), 영화관, 대형식당, 대중목욕탕 등이 있다. '다중이용업소의 안전관리에 관한 특별법'에서는 화재 등의 재난 발생 시 생명, 신체, 재산상의 피해가 발생할 우려가 높은 시설로 정의한다.

수칙 개수만 늘어난 게 아니라 수칙 내용도 강화됐다. 식당, 카페 등 음식섭취를 목적으로 하는 시설과 음식을 판매하는 부대시설 외에는 음식 먹는 것을 원칙적으로 금지한다. 이전에는 거리두기 단계에 따라 일부 시설에서는 음식을 먹을 수 없었으나, 이제부터는 식당, 카페, 음식판매용 부대시설 외에는

일괄적으로 음식섭취가 불가능하다. 예를 들어 이전에는 미술관, 박물관, 도서관, 경륜·경정·경마장 등지에서 음식물 섭취가 가능했으나, 기본방역수칙이 시행되면서 불가능해졌고 4월 5일부터는 위반 시 과태료까지 부과되고 있다.

기본방역수칙이 적용되는 시설은 총 33개다. 구체적인 시설을 보면 콜라텍·무도장, 직접판매홍보관, 노래연습장, 실내스탠딩 공연장(이상 중점관리시설), 목욕장업, 영화관·공연장, 오락실·멀티방, 실내체육시설, 실외체육시설, 독서실·스터디카페, 스포츠 경기장, PC방, 학원, 이미용업(이상 일반관리시설), 종교시설, 카지노, 경륜·경정·경마장, 미술관·박물관, 도서관, 전시회·박람회, 마사지업·안마소(기타 시설) 등이다. 단, PC방의 경우에는 'ㄷ'자 모양의 칸막이가 있으면 음식을 먹을 수 있다. 별도 식사공간이 마련된 키즈카페와 장시간 이용하게 되는 국제회의장에서도 음식섭취는 예외적으로 허용된다.

▲ 도서관 음식 반입 금지

또 이전에는 거리두기 단계별로 마스크 착용 의무화 시설이 달랐으나 앞으로는 실내 다중이용시설·사업장 모두에서 마스크를 반드시 착용하고 출입명부를 작성해야 한다. 특히 출입명부의 경우 지금까지도 방문자 전원이 작성하게 돼 있었으나 이 원칙이 잘 지켜지지 않았다. 관행적으로 대표자 한 명

만 작성하고 '외 ○명'이라고 기록하는 경우가 많았기 때문이다. 하지만 새로운 기본방역수칙은 방문자 전원에 대해 출입명부 작성을 의무화했다. 귀찮다고 작성을 기피하면 사람당 최대 10만원의 과태료를 물 수 있다. 아울러 유흥주점, 단란주점, 헌팅포차 등 유흥시설과 콜라텍, 홀덤펍은 수기명부가 아닌 전자출입명부를 의무적으로 사용하도록 해 더 정확하게 출입자를 파악할 수 있도록 했다.

위반 많은 업종에 영업금지·운영제한 검토

한편 정부는 코로나19 방역수칙 위반이 많은 업종에 대해서 집합금지 또는 운영제한 강화조치를 다시 검토하고 나섰다. 권덕철 중앙재난안전대책본부 1차장(보건복지부 장관)은 "정부는 감염사례가 많은 시설을 중심으로 대대적인 현장점검을 강화할 것"이라며 "위반업소에 대해서는 무관용 원칙에 따라 엄벌에 처하고, 이런 위반이 다수에서 발생하는 경우 해당 업종에 집합금지를 실시하거나 운영제한을 강화하는 조치를 실행할 것"이라고 밝혔다.

10위

다시 터진 북한의 미사일 도발

북한이 2021년 3월 25일 동해상으로 탄도미사일로 확인된 발사체 2발을 발사했다. 합동참모본부는 "3월 25일 아침 북한이 함경남도 일대에서 동해상으로 미상발사체 2발을 발사했으며, 추가정보에 대해서는 한미 정보당국이 정밀 분석 중에 있다"고 발표했다. **배타적경제수역(EEZ)*** 내에도 낙하하지 않았다는 일본언론 보도로 미뤄 단거리를 비행한 것으로 추정됐다.

바이든정부 출범 후 첫 미사일 발사

탄도미사일 발사는 바이든정부 출범 후 처음이다. 탄도미사일은 사거리와 무관하게 유엔 안전보장이사회(안보리) 결의 위반에 해당해 미국 등 국제사회의 대응이 주목됐다. 앞서 지난 3월 21일 북한이 발사한 것으로 알려진 순항미사일의 경우 유엔 결의에 위배되지는 않는다. 이번 미사일 발사는 북한 김여정 노동당 부부장이 3월 16일 한미연합훈련을 비난하고 최선희 외무성 제1부상도 3월 18일 '적대정책 철회'를 촉구하는 대미담화를 내놓은 뒤에 이뤄졌다는 점에서 주목됐다.

외교부는 북한의 단거리미사일 발사와 관련해 미국, 일본 등과 대응방안 등을 협의했다. 최영삼 외교부 대변인은 3월 25일 정례브리핑에서 "북한이 단거리미사일을 발사한 데 대해 깊은 우려를 표한다"면서 "외교부는 긴밀한 한미공조를 바탕으로 유관국들과 향후 대응에 관한 협의를 강화해나갈 예정"이라고 밝혔다. 외교부는 미국, 일본 등과 북한의 발사 의도 등을 분석하며 대응방안 등을 조율했다.

한 외교부 당국자는 "미국도 이 상황에 대해 굉장히 경각심을 갖고 지켜보고 있다"며 "대북정책 검토 과정이 마무리 단계로 가는 상황인데 당연히 좋은 징조는 아니다"라고 말했다. 이 당국자는 이번 발사의 유엔 안보리 결의 위반여부에 대해 "(미사일 성격에 대한) 정확한 분석이 나와봐야 한다"고 말했다.

안보리 차원에서 대응할 가능성에 대해서는 "안보리가 공개적으로 브리핑을 하거나 대북제재위원회 차원에서 논의한다든지 여러 가능성은 다 열어놓고 할 수 있을 것"이라면서도 "과거 경험에서 봤을 때 단거리미사일을 갖고 결의하거나 제재까지 간 적은 없기 때문에 가능성이 현재로서는 크지 않아 보인다"고 전망했다.

▲ 탄도미사일 발사를 보도한 북한 조선중앙TV

한편 여당인 더불어민주당은 북한의 잇따른 단거리미사일 발사와 관련해 강한 유감을 나타내며 대화 재개를 촉구했다. 김태년 당대표 직무대행은 중앙선대위 부산 현장회의에서 "미국 바이든정부가 대북정책을 검토하는 가운데 벌어진 북한 도발에 깊은 유감을 표한다"고 말했다. 이어 "북한은 한반도 긴장을 고조시키는 군사행동을 중단하고, 평화를 위한 대화에 나서야 한다"고 말했다. 또한 "정부는 굳건한 한미공조를 바탕으로 유관국과 협의를 강화하며 면밀히 대응해달라"고 요청했다.

미사일 발사 두고, 일단 북·미는 수위조절

북한은 탄도미사일 발사를 보도하면서 김정은 국무위원장이 불참했다고 알리는가 하면, 미국 조 바이든 대통령 역시 대북 경고메시지를 내면서도 비핵화를 전제로 대북외교 준비가 돼 있음을 밝히는 등 양국 모두 여지는 남겼다. 조선중앙통신도 "국방과학원이 3월 25일 새로 개발한 신형전술유도탄 시험발사를 진행했다"고만 보도했다.

탄도미사일 발사는 유엔 안보리 제재위반에 해당하는 무력도발이지만 북한은 신중하게 수위를 조절하는 모습이다. 김정은 위원장이 발사현장에 참석하지 않았다는 점이 단적인 예다. 김 위원장은 2020년 3월에 전술유도무기 시범사격을 참관했고 같은 달 4차례나 걸쳐 전선 장거리포병대 훈련과 포병부대 사격 대항경기를 지도했지만, 이번 발사현장에는 모습을 드러내지 않았다. 미국이나 남한에 대한 직접 언급도 없었다. 이날 시험발사를 지도한 리병철 당 중앙군사위원회 부위원장이 "조선반도(한반도)에 존재하는 각종 군사적 위협"이라는 말을 통해 우회적으로 미국과 남측을 겨냥하는 데 그쳤다.

미국 또한 입으로 대북경고를 하면서도 신중한 태도를 견지하고 있다. 바이든 대통령이 취임 후 첫 기자회견에서 "그들(북한)이 긴장고조를 선택한다면 대응이 있을 것이다. 상응한 대응이 있을 것"이라고 경고하는 동시에 "나는 또한 일정한 형태의 외교에 대한 준비가 돼 있다. 그러나 이는 비핵화라는 최종 결과 위에 조건한 것이어야 한다"고 밝혔다. 유엔 안보리도 북한 단거리 탄도미사일 발사와 관련한 회의 소집을 요청했으나, 26일 열린 것은 안보리 회의가 아닌 대북제재위 회의였다. 대사급들이 직접 참석하는 안보리 공식회의에 비해 상대적으로 직위가 낮은

외교관이 모이는 제재위 회의는 무게감이 떨어진다는 평가를 받는다.

한미연합훈련과 미국의 인권문제압박 등으로 북한이 탄도미사일이라는 카드를 꺼냈지만, 곧장 '끝장대결'로 치닫는 것은 서로 꺼리면서 북미가 신경전을 벌이는 모양새다. 조한범 통일연구원 선임연구위원은 "김정은이 한미연합훈련을 중단하라고 했는데 진행됐고, 말레이시아의 북한인 미국 인도, 블링컨 국무장관의 인권 비판 등으로 북한이 존재감을 보여야 하는 상황이었다"며 "북한의 '수세적 도발'이자 북미 신경전의 일환"이라고 설명했다.

11위

'한국 수출 1호' UAE 원전 1호기 상업운전 개시

한국전력(한전)은 아랍에미리트(UAE)정부가 4월 6일 우리나라에서 처음 수출한 원자력발전인 UAE 바라카원전 1호기의 상업운전을 개시했다고 발표했다. 1호기는 2020년 3월 연료장전과 7월 최초임계 도달 이후 출력상승시험과 성능보증시험을 성공적으로 마쳤다. 한국은 이번 1호기를 포함해 자체개발한 수출형 원전인 APR1400 4기(5,600㎿)를 건설하는 UAE 원전사업을 수행 중이다.

원전기술·사업능력 전 세계에 입증

UAE 원전 1호기는 우리나라 최초의 해외원전사업으로 한전이 주계약자로서 사업을 총괄수행하며, 장기적인 운영파트너로서 UAE 원자력공사(ENEC)와 합작투자형태로 참여하고 있다. 또한 국내기업

들이 설계(한국전력기술), 제작(두산중공업), 시공(현대건설·삼성물산), 시운전 및 운영지원(한국수력원자력) 등 사업 전반에 걸쳐 참여했다. 1호기는 아랍지역 최초의 상용원전이기도 하다. 한국의 APR1400 노형을 기반으로 UAE 기후의 환경적 특수성을 반영해 보강·설계했다.

한전 관계자는 바라카원전 상업운전의 개시에 대해 "1호기가 상업운전에 착수함으로써 한국의 원전기술과 시공관리 등 해외원전사업 능력을 전 세계에 입증하게 됐다"고 밝혔다. 이어 "이는 신흥 원전시장에서 제2의 해외원전수출의 교두보가 될 것"이라며 "한국과 UAE 간 교류협력 분야 확대에도 이바지할 것으로 기대한다"고 말했다.

아랍에미리트(UAE) 바라카원전 개요

구분	내용
구성	한국형 원전 APR1400 4기(총5,600mw)
건설	• 1호기 2018년 완공 • 2, 3, 4호기 건설 진행 중 • 준공률 현재 93% 이상
생산전기	UAE 발전용량의 약 25%(전망)
기대효과 (전망)	• 일자리 창출: 건설 분야 14만개 포함 약 22만개 • 수출효과: 21조원, 후속 효과 72조원 • 온실가스 배출: 연 약 2,100만t 감축

자료 / 한국수력원자력

현재 우리나라와 UAE는 설계, 건설, 운영, 핵연료, 정비 등 원전의 전 주기에 걸쳐 협력하고 있다.

UAE 원전은 향후 4개 호기가 모두 상업운전에 돌입하면 UAE 전력수요의 25%를 담당하는 안정적인 기저부하 전력원이 될 전망이다. 특히 차량 320만대에 해당하는 연간 2,100만t의 탄소배출량 저감효과가 있어 청정에너지 공급원으로서 역할도 할 것으로 기대하고 있다.

산업부, 원전수출 적극 지원

산업통상자원부(산업부)는 우리 원전수출 1호기인 UAE 바라카원전의 성공적인 상업운전 개시와 함께 체코, 폴란드 등 해외 신규 원전사업 수주에도 총력을 기울일 방침이라고 밝혔다. 최근에는 해외원전사업 발주가 가시화하고 있고, 중소형 원전에 대한 해외시장의 관심이 많이 증가하는 등 원전수출 환경변화에 대응하기 위해서 '**원전수출 자문위원회***'를 공식적으로 출범시켰다.

원전수출 자문위원회

산업통상자원부가 해외원전사업 수주를 위한 지원체계를 갖추고, 우리 중소 원전기업의 기자재와 부품 수출을 지원하기 위해 원자력·국제통상·외교·안보 등 관련 분야 민간 전문가들로 구성한 자문기구다. 2021년 3월 4일 출범했고, 수출현안과 차세대 수출동력 확보를 위한 전략 등을 모색하는 데 중요한 역할을 담당한다.

산업부는 중소 원전기업을 위해 '원전수출 정보·지원 시스템'도 개설했다. 우리 기업에 해외원전시장 진출정보와 관련 지원제도를 제공하는 국문사이트와 해외 발주처 및 바이어들에게 우리 기업 및 원전 기자재·부품 정보를 제공하는 영문사이트로 구성돼 있다. 주영준 산업부 에너지자원실장은 "주요 원전수출 경쟁국들과 협력을 강화해 우리 중소기업의 원전 기자재·부품 수출을 적극 지원할 것"이라며 "차세대 및 중소형 원전시장 도래에 대비해 수출전략도 함께 모색할 것"이라고 말했다.

역사왜곡과 중국풍 설정 논란
드라마시장을 집어삼키다

역사왜곡과 중국풍 설정에서 비롯한 SBS TV 드라마 '조선구마사' 폐지사태가 드라마시장 전체에 경종을 울렸다. 한결 높아진 시청자 눈높이와 민감해진 감수성, 그리고 변화무쌍한 동북아 외교관계 속에서 특히 시대극 제작은 제작사와 방송사의 철저한 자기검열 없이는 불가능해졌다는 의미다. 특히 온라인을 기반으로 한층 강해진 시청자 파워가 광고주의 제작지원 철회까지 불러올 수 있다는 것을 이번 사태로 확인했다.

▲ '조선구마사'의 사용허가가 철회된 나주영상테마파크

같은 작가의 전작도 논란

'조선구마사'의 경우 방송 후에야 논란이 불거졌지만 되짚어보면 이미 잠재적인 위험이 있었다. **크리처 장르***로 제작하면서 조선 태종기라는 실제 역사를 배경으로 가져온 것부터 리스크는 존재했다. '조선구마사'가 폐지된 배경에는 시청자의 반중정서 외에도 역사왜곡이 큰 부분을 차지했다. 태종시대 주요 인물들의 설정과 복식 등에 픽션이 가미되면서 시비가 일 수밖에 없었고, 실제로 전주 이씨 종친회가 대응에 나서기도 했다.

크리처(Creature) 장르

'크리처'란 '신에 의해 창조된 것'이라는 의미로 보통 기묘한 생물이나 괴물을 뜻하며, '크리처 장르'는 그런 실존하지 않는 괴생명체나 괴수가 나오는 장르를 통칭한다. 호러장르의 하위범주로 외계인이나 좀비, 정체불명의 악마, 귀신, 괴동물 등이 등장하는 장르를 크리처 장르라고 한다.

이처럼 판타지에 실제 역사를 가미하면 시청자에게 몰입감은 주지만, 동시에 위험도 크다는 것은 '조선구마사'를 집필한 박계옥 작가의 전작 '철인왕후'에서도 확인된 바 있다. '철인왕후'도 흥행한 덕분에 가려졌을 뿐 조선 철종기를 배경으로 했다가 작품에 등장한 안동 김씨, 풍양 조씨 종친회가 항의해 제작진이 가상의 성씨로 수정한 사례가 있다. 중국 웹드라마를 원작으로 한 것도 문제가 됐다. 무엇보다 이미 '조선구마사'의 역사왜곡으로 진통을 겪은 '철인왕후'의 박 작가가 집필했다는 점, 제작사가 '철인왕후'와 겹치는 YG스튜디오플렉스와 크레이브웍스라는 점에서 역사왜곡이 다시 발생할 가능성은 예견된 것이었다. 결국 '조선구마사' 폐지사태에 '철인왕후' 역시 역사왜곡 논란이 재조명되면서 '다시 보기'를 전면 중단하고 주연 배우들도 다시 비판받는 등 여진이 계속되고 있다.

JTBC '설강화'는 공개된 시놉시스만으로 방송하기 전부터 역사왜곡 논란에 휩싸이는 등 시대극 시장 전체에 빨간불이 켜진 상황이다. JTBC는 역사왜곡은 없다고 못 박으며 정면돌파를 선택했지만, 준비 중인 시대극 중에는 제작과 고증을 숙고 중인 경우도 적지 않다. tvN에서 하반기에 선보일 드라마 '잠중록'은 중국의 인기 웹소설을 원작으로 한 탓에 가장 깊은 고민에 빠졌다. 한 제작사 관계자는 "중국 원작을 사서 콘셉트만 차용하고 내용은 완전히 바뀔 것임에도 진행에 고민이 많다"고 말했다. 이 밖에 중국 대표 OTT(온라인동영상서비스) 기업 아이치이가 제작에 참여한 tvN의 '간 떨어지는 동거'와 한·중 군주가 연적이 되는 드라마 '해시의 신루' 역시 제작 배경과 설정만으로도 눈총을 받고 있다.

▲ 방송통신위원회에 조선구마사 민원 5,149건 접수

시대극들, 역사고증 강화방안 몰두

시대극의 역사고증이 점차 중요해지면서 홍자매가 준비 중인 '환혼' 등 완전한 판타지 사극 역시 긴장하고 있다. 판타지라 할지라도 설정과 복식 등에서 실제 역사에서 완전히 자유로울 수는 없기 때문이다. 제작진의 의도와 별개로 시청자가 실제 역사적 배경을 떠올리기 시작하면 '끝'이라는 위기의식도 작용하고 있다.

이런 일련에 사태에 대해 방송가에서는 사극을 제작하려는 움직임이 위축되기는 하겠지만 아예 안 할 수는 없는 이상 결국 철저한 고증만이 답이라고 인식하고 있다. 한 방송가 관계자는 "내부에서 시사하는 것과 외부 자문위원이 의견을 주는 것은 확실히 다르다. 기존에 1명으로부터 자문했다면 앞으로는 10명을 선정하는 등 내·외부 모니터링을 강화하는 수밖에 없고 그런 움직임이 일고 있다"고 말했다.

12년 만에 우리나라에서 열린 한러 외교장관회담

2021년 3월 25일 서울 종로구 도렴동에 위치하고 있는 외교부 청사에서 정의용 외교부 장관과 세르게이 라브로프 러시아 외무부 장관의 한러 외교장관회담이 열렸다. 한러 외교장관회담이 우리나라에서 열린 것은 2009년 4월 이후 12년 만이다. 정 장관은 모두발언에서 "1990년 수교 이래 양국관계는 다방면에서 꾸준히 발전해왔다"며 "한국과 러시아는 한반도와 유라시아 평화와 번영을 위한 여정을 함께하는 동반자"라고 밝혔다.

▲ 정의용 외교부 장관과 라브로프 러시아 외무부 장관

"아시아태평양에서 가장 중요한 파트너는 한국"

정 장관은 "문재인 대통령과 푸틴 러시아 대통령 간 5차례 정상회담에 이어 양국은 2020년 코로나19 상황에서도 정상 및 총리 통화, 대통령 특사의 방문 등 활발한 고위급 교류를 계속했다"고 했다. 그러면서 "수교 당시 2억불이던 양국 간 교역량도 30년 만에 100배 이상 늘어났고 인적교류도 역대 최대인 80만명을 기록했다"며 양국 간 교류증가를 고무적으로 평가했다. 아울러 정 장관은 "오늘 회담을 통해 라브로프 장관과 양국관계 현안, 한반도정세, 지역 및 국제정세에 대해 폭넓은 의견을 교환할 것을 기대한다"고 덧붙였다.

라브로프 장관은 모두발언에서 러시아가 개발한 코로나19 백신을 한국기업이 위탁생산하고 있다며 "러시아와 한국이 공동의 노력을 해서 코로나를 이겨낼 수 있다고 확신한다. 이 분야에서는 한국과 러시아가 모범사례가 되고 있다"고 말했다. 또 "지난 30년 동안 러시아와 한국 간 관계가 긍정적으로 발전해왔다"고 양국 간 교역·교류증가를 거론하면서 "이 모든 것을 보면 한국이 아시아태평양 지역에서 러시아에 중요하며, 더욱더 특별한 것은 잠재력이 큰 파트너국인 것을 볼 수 있다"고 강조했다.

—
한러, "북한, 평화노력 함께해야"

두 외교정상은 긴장이 감도는 한반도의 평화정착 방안 등도 논의했다. 정 장관은 회담 뒤 언론발표에서 "우리 측은 한반도의 완전한 비핵화라는 목표의 조기달성을 위해 정부가 여러 노력을 경주하는 가운데 북한이 단거리 탄도미사일로 보이는 발사체를 발사한 데 대해 깊은 우려를 표명했다"고 말했다. 이어 "북측이 2018년 9월 남북정상 간 합의한 대로 한반도를 핵무기와 핵위협이 없는 평화의 터전으로 만들어나가기 위한 우리 노력에 계속 함께해 줄 것을 당부했다"고 덧붙였다.

라브로프 장관은 "러시아와 한국은 역내(한반도) 제반문제의 확실한 해결을 위한 관련국들의 협상프로세스 조속재개 지지입장을 고수하고 있다"고 밝혔다. 1년 넘게 장기 정체된 북미 간 비핵화 대화의 조속한 재개를 촉구한 것이다. 라브로프 장관은 이어 "우리는 한반도를 포함한 동북아 지역의 평화적이고 안정적 정세유지를 위한 노력의 중요성을 강조했다"면서 "이는 당사국들이 군비경쟁 지속과 모든 형태

의 군사활동 강화를 포기하는 것을 의미한다"고 설명했다. 북한이 이날 단거리 탄도미사일 2발을 발사한 것은 물론 한국과 미국의 전력증강노력과 연합훈련 등을 염두에 둔 발언으로 보인다.

▲ 2017년 독일 함부르크에서 개최된 G20에서 만난 한러 정상

양측은 블라디미르 푸틴 러시아 대통령의 방한 문제도 협의했다. 정 장관은 "코로나19 상황이 안정되는 대로 푸틴 대통령의 방한이 조기실현될 수 있도록 함께 노력하기로 했다"고 전했다. 라브로프 장관도 "코로나19 상황이 허용하는 대로 이 문제(협의)를 재개하기로 합의했다"고 밝혔다. 양국은 지난 2019년 푸틴 대통령의 방한에 합의했으나 코로나19 등으로 계속 미뤄져 왔다. 라브로프 장관은 이밖에 2021~2022년 양국 외교부 간 교류계획에 서명했다면서 정 장관의 모스크바 방문을 요청했다고 전했다. 그는 또 러시아가 정세균 국무총리에게 가을 러시아에서 개최될 '오픈 이노베이션*' 포럼에 참석해달라는 초청장을 보냈다고 소개했다.

───────
오픈 이노베이션(Open Innovation)
기업의 혁신을 위한 기술과 아이디어 등을 기업 외부에서 가져와 활용하면서 새로운 상품과 서비스를 만드는 방식을 말한다. 과거에는 R&D를 거쳐 기업 내부에서 주로 상품이 개발되었으나, 오픈 이노베이션을 통하면 기업 내부와 외부를 넘나들며 기업의 혁신을 유도할 수 있다.
───────

반도체 대란에 현대차
생산 멈추는데 대책이 없다

차량용 반도체 수급대란에 한국의 대표 자동차업체인 현대차 생산라인이 속속 멈춰 서는 등 문제가 속출했다. 이에 정부와 자동차업계는 반도체 확보를 위해 안간힘을 쓰고 있으나 결과가 나오지 않는 상황이다. 차량용 반도체 부족은 전 세계적 현상인 데다 공급업체들이 하루아침에 '뚝딱' 공장을 증설해내기는 더 어렵기 때문이다. 현재 우리나라 메모리반도체는 세계 최강이지만 **시스템반도체***인 비메모리 분야에서는 뒤져 있는 게 사실이다. 이에 따라 차량용 반도체를 포함한 시스템반도체에 대한 종합적인 국가 전략을 다시 짜야 한다는 목소리가 높다.

시스템반도체

메모리반도체가 데이터를 저장하는 데 반해 시스템반도체는 연산하고 제어하는 것이다. 시스템반도체가 정식용어는 아니나 산업부가 2019년 5월, '시스템반도체 비전과 전략'을 발표하며 대중적으로 통용되기 시작했다. 메모리반도체 수요는 PC, 서버, 모바일에 집중되어 있으나 시스템반도체는 가전, 차량 등 거의 모든 산업의 디지털화에 따라 수요처가 다양해지고 있다.

사태 장기화 땐 부품업체도 치명적 타격

미·중 갈등으로 불안해진 기업들이 반도체를 사재기하면서 전 세계적으로 반도체 수급대란이 발생했다. 이에 현대차는 차량용 반도체 부족으로 울산 1공장의 휴업을 결정한 데 이어 쏘나타와 그랜저를 생산하고 있는 아산공장도 휴업을 검토하는 등 어려움을 겪고 있다. 반도체 수급대란이 자동차 부품업체에 직격탄이 된 것이다. 정만기 자동차산업연합회 회장은 자동차산업 발전포럼에서 "53개 자동차 부품업체를 대상으로 조사한 결과 응답업체의 48.1%가 차량용 반도체 수급차질로 감산을 하고 있고, 72%는 수급차질이 2021년 말까지 이어진다고 전망하고 있다"고 밝혔다.

조사에 따르면 반도체 수급문제로 20% 이내로 감산한 업체는 64%, 50% 이내로 감산한 업체는 36%로 나타났다. 도요타, 폭스바겐, 포드, GM, 혼다 등 글로벌 자동차업체들 역시 이미 연초부터 줄줄이 일부 공장을 닫거나 생산을 줄이고 있는 상태다. 시장정보업체 IHS마킷은 반도체 부족으로 2021년 1분기 자동차 생산이 100만대, 일본 노무라증권은 2분기 생산량이 160만대 감소할 가능성이 있다는 관측을 내놓기도 했다. 반도체 부족은 자동차업계만의 문제가 아니다. 가전업체에도 영향을 미칠 수 있다. 이미 세계적 가전업체인 월풀이 마이크로컨트롤러 부족으로 전자레인지와 냉장고 등의 생산에 차질을 빚고 있고, 중국의 항저우 로밤 어플라이언스 또한 신제품 출시를 연기했다.

국가 차원 시스템반도체 내재화 추진 요구

노근창, 박찬호 현대차증권 연구원은 최근 보고서에서 "자동차 반도체의 공급부족은 2분기 말부터 일정 부분 해소될 것"이라고 전망했다. 정부도 2021년 3분기나 4분기쯤에는 차량용 반도체의 수급이 균형을 맞출 수 있을 것으로 예상한다고 밝혔다. 그러나 차량용 반도체는 고사양 첨단 반도체는 아니지만 안정성이 중요하기 때문에 공정이 까다로워 쉽게 생산량을 늘리기 어렵다. 이런 상황에서 세계 3위 파운드리(반도체 위탁생산)업체인 글로벌파운드리스(GF)의 톰 콜필드 최고경영자는 최근 방송에 출연해 세계 반도체 부족현상이 2022년 이후까지 이어질 수도 있다고 말해 전망을 어둡게 했다.

문제는 당장 마땅한 대책이 없다는 점이다. 정부는 차량용 반도체를 확보하기 위해 대만정부는 물론 대만 반도체 제조기업 TSMC 측과도 협의를 진행했으나 지금까지 별 소득은 없는 것으로 보인다. 김필수 대림대 자동차학과 교수는 "수요급증 국면에서 자연재해와 화재 등으로 세계 1~3위 차량용 반도체업체가 모두 생산차질을 빚는 바람에 문제가 심각해졌다"고 말했다. 우리나라는 메모리반도체는 세계 최강이지만 글로벌 반도체 시장 비중은 70%로 시스템반도체는 약체다. 차량용 반도체의 경우 세계시장 점유율은 2.3%로 미국(31.4%), 일본(22.4%), 독일(17.7%) 등에 비해 매우 취약하다. 이에 안기현 한국반도체산업협회 전무는 "이젠 국가적 차원에서 시스템반도체 생태계를 만들어 이를 필요로 하는 자동차, 가전, 통신기기 등의 산업에 내재화함으로써 수입의존도를 줄여야 한다"면서 "미국이 반도체 제조시설을 자국에 짓겠다고 나선 것에 주목해야 한다"고 지적했다.

팬데믹에도 온실가스 360만년 이래 최고

산업활동과 이동이 제한된 코로나19의 확산 중에도 지구온난화의 진행을 막지는 못했다는 조사결과가 나왔다. 미국 국립해양대기국(NOAA)은 2021년 4월 7일(현지시간) 현재 지구 대기의 이산화탄소 농도가 360만년을 놓고 평가할 때 최고치를 기록했다고 발표했다. 코로나19로 공장가동과 인구이동이 줄면서 배기가스도 감소해 대기질이 향상됐다는 '부수효과'가 보고되기도 했지만, 결과적으로 단기적 효과에 그친 셈이다.

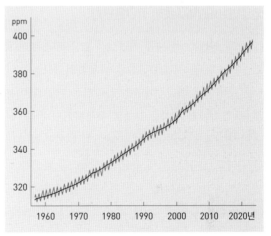

대기 중 이산화탄소 농도 추이

자료 / 미국 국립해양대기국

이산화탄소, 메탄 농도 증가폭 최고치

NOAA는 날씨, 기후, 환경에 영향을 주는 육지와 해양의 상태를 관측하는 책무를 맡고 있는 미국 상무부의 산하기관으로 몬트리올의정서*에 입각해 매년 대표적 온실가스인 이산화탄소와 메탄의 대기 중 농도를 발표하고 있는데, 2020년 세계 이산화탄소 농도가 전년 대비 2.6ppm 상승(총 412.5ppm)해 NOAA가 기록을 시작한 지 63년 만에 다섯 번째로 높은 증가폭을 기록했다고 밝혔다. 이산화탄소보다 지구온난화 유발효과가 큰 메탄의 농도 역시 1년 동안 14.7ppb 증가해 1983년 객관적 측정을 시작한 이후 가장 큰 연간 증가폭을 기록했다. 결과적으로 전 세계가 코로나19로 공장과 상점들이 셧다운됐음에도 온실가스농도가 줄지 않았고, 아울러 지구온난화가 지속됐다는 의미다.

몬트리올의정서(Montreal Protocol)

오존층 파괴물질(ODS : 염화불화탄소, 프레온가스, 할론 등)의 생산과 소비를 단계적으로 중단함으로써 성층권의 오존층을 보호하기 위해 제정한 글로벌협약이다. 1987년 9월에 채택되어 1989년 1월에 발효됐다. 공식명칭은 '오존층 파괴물질에 관한 몬트리올의정서(Montreal Protocol on Substances that Delete the Ozone Layer)'다.

코로나19도 막지 못한 지구온난화

2020년 12월 전 세계 메탄 농도는 1,892.3ppb였다. 이는 10년 전(2010년)과 비교하면 119ppb(약 6%) 증가한 수치다. 메탄은 화석연료 개발과 이용은 물론 습지의 유기물 붕괴로 발생하기도 한다. 북극의 영구동토층이 녹으면서 메탄이 대기로 배출되는 사례도 있다. 여기에 축산의 부산물 등 다양한 원인이 지목된다. 문제는 메탄의 연간 증가량 변동에 어떤 특정 공급원이 원인인지 아직 명확하지 않다는 것이다. NOAA 측은 "화석연료 배출이 메탄 농도 증가에 어떤 영향을 끼치는지 구체적으로 파악되지는 않았다"고 전제한 뒤 "다만 화석연료 사용을 줄임으로써 기후변화를 완화하는 것이 지금 인류가 선택할 수 있는 기후대응대책의 하나가 될 것"이라고 덧붙였다.

이산화탄소의 증가세도 뚜렷하다. 2015년 3월 지구온난화에 의한 기후변화의 임계점이라 할 수 있는 400ppm을 관측 이래 처음으로 넘었고, 이후 꾸준히 상승하고 있다. 제16차 국제연합(UN) 기후변화협약 당사국총회(2010년)는 기온의 폭발적 상승을 막을 수 없는 전환점을 산업화 이전 대비 2℃ 상승으로 보고 지구 평균온도 상승을 2℃ 이하로 억제하기로 합의했다. 그런 의미에서 이산화탄소 농도 400ppm은 산업화 이전 대비 2℃ 상승에 대한 심리적 저지선이다. 그러나 현재 지구 온도는 산업혁명 이후 1.1℃ 올랐고, 그중 400ppm을 꾸준히 넘어선 최근 5년 동안 0.5℃ 올라 위기감이 점점 고조되고 있다.

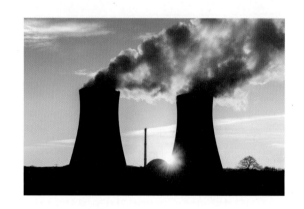

최근 들어 폭염, 가뭄, 홍수, 한파 같은 이상기온이 나타나는 것도 지구온난화와 무관하지 않다. 온실가스에 의해 증가한 열의 90% 이상이 해양에 흡수된다. 이 때문에 정상범주를 벗어난 해양의 온도로 엘니뇨(El Nino)와 라니냐(La Nina)가 일어나면서 대기온도를 해마다 변동시키는 데 큰 영향을 미친다. 한편 지난 360만년간 해수면은 23.8m 상승했고, 기온 상승으로 남극에 나무가 자라기도 했다. 케이트 마블 항공우주국(NASA) 연구원은 "이산화탄소 때문에 지구온난화가 온다는 것은 확실하다"라며 "담배가 폐암을 일으키는 것보다 이산화탄소가 지구온난화를 초래하는 영향관계가 더욱 확실하다"고 설명했다. NOAA는 성명을 통해 "인간의 활동으로 지구의 기후가 변화했다"며 "환경에 미치는 악영향을 완화하려면 화석연료 연소에 따른 가스배출을 거의 제로(0) 상태로 낮춰야 하고, 더 나아가 대기에서 온실가스를 제거하기 위해 다른 노력도 기울여야 한다"고 밝혔다.

16위

"주식 열풍 이 정도?" … '동학개미' 1년 새 80% 증가

2020년 증시를 뜨겁게 달군 **동학개미운동***으로 국내 상장사에 투자한 소액주주가 1년 만에 80% 가까이 늘어난 것으로 나타났다. 코로나19 확산과 정부의 부동산규제로 언택트, 의학 등 코로나 관련 테마주에 개인 주식투자자들이 대거 몰린 결과다.

동학개미운동

코로나19 사태가 장기화되면서 주식시장에서 국내 개인투자자들이 기관과 외국인에 맞서 국내 주식을 대거 사들인 상황을 1894년 반외세운동인 '동학농민운동'에 빗대어 표현하면서 만들어진 신조어다. 한국증시의 주인공인 개미투자자들은 하반기에도 그 위용을 이어갈 것으로 전망되지만 빚을 내서 하는 투자의 규모가 사상 최고치를 경신하는 등 과열투자의 부작용도 있다.

소액주주 2020년 말 기준 4,500만명

기업평가사이트 CEO스코어(대표 박재권)는 국내 상장사 중 2019년과 비교 가능한 2,041개 기업의 소액주주(의결권이 있되 발행주식 총수의 100분의 1에 미달하는 주식을 소유한 주주) 수를 2020년 말 기준 총 4,493만 6,847명으로 발표했다. 이는 2019년 말 2,502만 4,942명에 비해 79.6%(1,991만 1,905명) 증가한 수치다. 이 가운데 코스피 상장기업 752개사의 소액주주 수는 2020년 말 기준

2,551만 3,337명으로 2019년 말 1,378만 1,858명 대비 85.1%(1,173만 1,479명) 늘었다. 같은 기간 코스닥 등록기업 1,289개사의 소액주주도 2019년 1,124만 3,084명에서 2020년 1,942만 3,510명으로 72.8%(818만 426명) 증가했다.

업종별로는 코스피 기업의 경우 포털 등 서비스업의 증가율이 가장 높았다. 2020년 말 기준 이들 서비스업의 소액주주 수는 총 252만 2,641명으로 2019년(103만 6,0201명) 대비 143.5%(148만 6,440명) 증가했는데, 그중 네이버가 4만 3,622명에서 42만 6,807명으로 1년 새 878.4%(38만 3,185명) 늘었다. 카카오도 12만 9,632명에서 56만 1,027명으로 332.8%(43만 1,395명) 증가하면서 가파른 상승곡선을 탔다.

서비스업에 이어 2위를 차지한 업종은 전기전자로 137.4%(275만 2,017명) 증가했다. 삼성전자의 경우에도 2019년 말 56만 8,313명이던 소액주주가 2020년 말 215만 3,969명으로 279%(158만 5,656명) 증가했는데, 이는 코로나19로 반도체와 가전시장이 호황을 보인 데다 삼성전자의 배당정책 확대로 동학개미들이 대거 주주대열에 합류하면서 생긴 현상으로 보인다. 또한 규모 면에서는 삼성전자에 미치지 못하지만 전년 대비 가장 큰 증가폭을 보인 것은 현대에너지솔루션으로 2020년 5,755명에서 2만

2,955명으로 증가해 398.9%의 높은 증가율을 기록했다.

▲ 제52기 삼성전자 정기주주총회 모습

코로나19로 언택트 업종 강세

코로나19 특수로 의약품(123.4%)과 운수창고업(119.7%) 업종도 세 자릿수 증가율을 기록했다. 의약품에서는 신풍제약(859.1%)과 종근당바이오(439.1%)가, 운수창고업에서는 대한항공(346.2%)과 CJ대한통운(164.7%) 등의 소액주주가 많이 늘었다. 코스닥에서는 기계·장비 업종이 2019년 64만 5,695명에서 2020년 127만 8,529명으로 98%(63만 2,834명) 늘어 증가폭이 가장 컸다. 인터넷(97%)과 반도체(92.8%), 화학(87.2%), 제약(85.9%)도 증가율 상위업종에 이름을 올렸다.

개별 기업 중 소액주주 수가 가장 많이 늘어난 곳은 삼성전자다. 시가총액 1위인 삼성전자는 코로나19 사태로 주가가 급락한 2020년 3월 이후 개미들이 집중매수에 나섰다. 이어 현대차가 2019년 14만 1,067명에서 2020년 58만 1,803명으로 44만 736명이 증가해 2위를 차지했고, 카카오(43만 1,395명 증가), 네이버(38만 3,185명 증가), 대한항공(28만 3,018명 증가)도 높은 증가세를 보였다.

노원구 아파트 세 모녀 피살

2021년 3월 26일 노원구 한 아파트에 거주하던 세 모녀가 피살돼 경찰이 수사에 나섰다. 서울 노원경찰서는 노원구 중계동의 한 아파트에서 세 모녀를 살해한 혐의로 25살의 남성 김태현을 조사했다.

▲ 마스크를 벗은 김태현

큰딸이 자신을 안 만나줘 앙심 품어

그는 큰딸 A씨에게 앙심을 품고 범행을 저지른 것으로 밝혀졌다. 범행 당일에는 가족 중 큰딸이 종종 다니던 PC방을 둘러본 뒤 주저하지 않고 피해자들의 주거지로 찾아갔다. 범행에 쓸 도구도 사전에 준비했다. 물품 배송기사로 위장해 피해자들의 집에 들어간 김씨는 집안에 있던 작은딸을 먼저 살해하고, 이어 귀가한 엄마와 큰딸을 살해했다. 김씨는 경찰 조사에서 온라인게임을 통해 알게 된 큰딸이 만남과 연락을 거부하자 앙심을 품고 범행했다고 진술한 것으로 알려졌다. 범행 후 피해자의 주거지에 이틀간 머물렀으며 이 기간에 자해를 시도했다. 갈증이 심하다며 집 냉장고에서 술과 음료를 꺼내 마시기도 했다.

김씨가 이번 범행 전에 수개월간 피해자 중 큰딸을 집요하게 스토킹하며 집착한 정황도 속속 드러나고 있다. 그는 범행 전 큰딸과 연락을 주고받던 중 큰딸이 실수로 노출한 집 주소를 보고 계속 찾아가 만나려고 한 것으로 조사됐다. 큰딸의 연락처가 차단되자 다른 전화번호 등을 이용해 계속 연락을 시도한 것으로도 전해졌다. 주변인들은 경찰 조사에서 큰딸이 범행 수개월 전부터 김씨의 스토킹으로 두려움을 호소했다고 진술했다. 주변인들은 언론 인터뷰에서 큰딸이 집 주소를 알려준 적도 없는데 김씨가 문 앞까지 찾아와 두 사람이 대화해야 했던 적도 있다고 말했다. 경찰이 확보한 메신저 대화기록에서도 큰딸은 1월 말 지인에게 "집 갈 때마다 돌아서 간다. 1층서 스으윽 다가오는 검은 패딩", "나중에 (김씨에게) 소리 질렀다. 나한테 대체 왜 그러냐고"라며 두려움을 호소했다.

이미 성범죄를 포함한 전과 3범

김씨는 과거에도 성범죄를 포함한 전과 3건이 있는 것으로 확인됐다. 자신의 신음을 스마트폰으로 녹음해 여고생에게 수차례 전송했다가 통신매체 이용 음란죄로 3월 10일 벌금 200만원을, 2020년에는 여자 화장실에 몰래 들어가 안을 훔쳐봤다가 성적 목적 다중이용장소 침입죄로 벌금 200만원을 각각 선고받았다. 앞서 미성년자였던 2015년에도 성적인 욕설을 해 모욕죄로 벌금 30만원의 약식명령을 받기도 했다.

처음 사건이 알려졌을 당시 김태현의 신상은 언론에 공개되지 않았다. 그러나 서울경찰청은 4월 5일 오후 경찰 내부위원 3명·외부위원 4명으로 구성된 신상정보 공개 심의위원회를 열어 신상을 밝히기로 결정했다. 외부전문가는 교육자, 변호사, 언론인, 심리학자, 의사, 여성범죄전문가등으로 구성된 신상공개위 인력풀에서 선정했다. 위원회는 김씨의 잔인한 범죄로 사회불안을 야기하고, 신상공개에 관한 국민청원이 접수되는 등 국민적 관심이 집중된 사안임을 고려해 신상을 공개하기로 했다고 밝혔다.

피의자 신상이 공개된 최근 사례로는 ▲ 서울 강서구 PC방 살인사건 김성수 ▲ '어금니 아빠' 이영학 ▲ 아파트 방화·살인사건 안인득 ▲ 전 남편 살인사건 고유정 ▲ '박사방' 운영자 조주빈 ▲ 'n번방*' 개설자 '갓갓' 문형욱 등이 있다. 청와대 국민청원게시판에는 3월 29일부터 김씨의 신상공개를 촉구하는 청원이 시작돼 4월 5일 오후까지 25만 3,496명의 동의를 받았다.

---

n번방

2018년부터 2020년 초까지 메신저프로그램 텔레그램에 생겨난 성착취 관련 대화방이다. 추적이 거의 불가능한 텔레그램의 특성을 악용해 피해자를 협박해 찍은 성범죄영상이 거래됐다. 조주빈이 만든 박사방은 n번방과는 또 다른 성착취 관련 대화방이다. 대학생 언론인 추적단 '불꽃'과 한겨레의 보도로 텔레그램에서 벌어지고 있던 성범죄가 수면 위로 드러났다.

18위

대북전단금지법 시행

통일부는 2021년 3월 30일부터 시행된 '대북전단금지법(남북관계 발전에 관한 법률 개정안)'에 대해 "유연하고 합리적으로 적용해 나가겠다"는 입장을 밝혔다. 이종주 통일부 대변인은 3월 29일 정례브리핑에서 관련 질문에 "법 시행을 준비하는 과정에서도 국내외 인권단체 등과의 소통을 지속해왔다"면서 이같이 말했다.

통일부, "법, 유연하게 적용할 것"

대북전단금지법은 군사분계선 일대에서의 대북확성기 방송, 시각매개물 게시, 전단 등 살포를 할 경우 최대 3년 이하의 징역이나 3,000만원 이하 벌금으로 처벌할 수 있도록 하는 것을 골자로 한다. 이 대변인은 "일부 우려를 제기해주시는 분들이 있었기 때문에 해석지침을 통해서 법의 적용범위도 명확히 했다"고 덧붙였다. 통일부의 '유연한 적용' 방침은 이 법이 표현의 자유를 제한할 수 있다는 국내외 일부 인권단체 등의 우려를 고려한 것으로 보인다.

▲ 대북전단금지법 위헌을 주장하는 태영호 국민의힘 의원

앞서 한반도 인권과 통일을 위한 변호사모임(한변)과 북한동포직접돕기운동, 큰샘, 물망초 등 27개 단체는 2020년 12월 29일 대북전단금지법이 공포되자 헌법소원을 제기하고 효력정지를 신청했다. 한변은 대북전단금지법 시행 하루 전인 3월 29일에도 "대북전단금지법 효력정지와 헌법소원에 대한 헌재의 결정을 촉구한다"고 밝혔다. 한변은 "2020년 헌법소원을 제기하면서 조속한 결정을 촉구했는데, 헌재는 지금까지 아무런 심리·재판을 열지 않았다"면서 이같이 지적했다. 그러면서 "지연된 정의는 정의가 아니다"라며 "헌재가 대한민국을 국제사회에서 인권침해국가로 낙인찍게 하는 '김여정 하명법' 또는 '김정은 폭압체제 수호법'이라 할 악법의 시행을 방치하는 것은 스스로 존재 의의를 부정하고 직무를 유기하는 것"이라고 주장했다.

▲ 2020년 본회의를 통과한 대북전단금지법

그런가하면 보수성향의 단체 법치주의바로세우기행동연대(법세련)는 2020년 12월 "대북전단금지법은 헌법상 과잉금지원칙에 위배되며 **세계인권선언*** 과 자유권 규약(시민적 및 정치적 권리에 관한 국제규약) 등 국제인권기준에도 어긋난다"며 "국가인권위원회(인권위)가 국회에 대북전단금지법을 폐기하고 법안통과에 관여한 국회의원들에게 인권교육을 받도록 권고해달라"고 진정한 바 있다. 그러나 3월 30일 인권위는 이 진정을 기각했다. 인권위는 법세련의 진정을 각하하면서 그 사유로 '국회의 입법행위는 조사대상에서 제외한다'고 규정한 국가인권위원회법 30조를 따른 것이라고 설명했다.

세계인권선언(UDHR)

1948년 12월 10일 유엔 총회에서 채택된 인권에 관한 세계선언문이다. 직접적인 법적 구속력은 없으나 오늘날 대부분 국가의 헌법이나 기본법에 반영되어 있다. 모든 인류가 성별과 인종, 신념, 종교와 관계없이 자유와 존엄성을 갖고 있으며 동일한 권리를 누릴 수 있다는 것이 주요 내용이다.

통일부, "북한 알권리 위해 타인 권리침해 안 돼"

미 국무부는 3월 30일 발표한 '2020 국가별 인권보고서'에서 한국의 중대한 인권이슈 중 하나로 '대북전단살포 불법화를 포함한 표현의 자유제한'을 꼽았다. 통일부는 이에 대해 북한 주민의 알권리 증진 노력이 접경지역 주민의 권리를 침해하는 방식으로 이뤄져선 안 된다고 밝혔다.

통일부 당국자는 "정부도 북한 주민의 알권리 증진과 (북한으로의) 정보유입 확대의 중요성을 분명히 인식하고 노력하고 있다"면서도 "이런 노력이 접경지역 주민의 생명, 신체, 평화 등 타인의 권리를 침해하는 방식으로 이뤄지는 것은 바람직하지 않다"고 답했다. 그러면서 "정부는 국제사회와 국내외 비정부기구(NGO) 등과 협력해 북한 주민들이 외부 세계에 대해 보다 정확한 정보를 실효적으로 얻을 방법을 계속 모색하고 노력해나갈 것"이라고 말했다.

위기의 국내 OTT, 투자확대 · 합종연횡으로 반격 시도

'글로벌 공룡' 넷플릭스에 이어 디즈니플러스까지 진출을 앞두자 국내 **온라인동영상서비스(OTT)*** 업계가 몸집 키우기에 사활을 걸고 있다. 콘텐츠에 대한 투자를 확대하고 이종업계 간 합종연횡을 추진하면서 역전의 실마리를 찾겠다는 전략이다.

온라인영상서비스(OTT ; Over The Top)

'Top(셋톱박스)를 통해 제공됨'을 의미하는 것으로 범용인터넷을 통해 미디어콘텐츠를 이용할 수 있는 서비스를 말한다. 시청자의 다양한 욕구, 온라인동영상 이용의 증가는 OTT서비스가 등장하는 계기가 되었으며 초고속인터넷의 발달과 스마트기기의 보급은 OTT서비스의 발전을 가속화시켰다.

웨이브와 KT, 1조원 콘텐츠 투자전략 발표

최근 SK텔레콤과 지상파 방송3사가 합작운영하고 있는 인터넷 기반 OTT서비스 웨이브는 2025년까지 1조원 규모의 오리지널 콘텐츠 투자를 단행하겠다는 전략을 발표했다. 이를 위해 대주주인 SK텔레콤도 1,000억원에 달하는 추가 유상증자를 결정했다. 이 같은 투자규모는 2019년 웨이브 출범 당시 2023년까지 3,000억원을 투자하겠다고 한 계획과 비교했을 때 7,000억원을 추가투자해야 하는 것이다. 국내 콘텐츠업계 투자로 최대 규모다.

이에 앞서 구현모 KT 대표도 KT 스튜디오지니를 중심으로 한 그룹 콘텐츠전략을 발표하면서 "적어도 다른 국내 사업자보다 투자규모가 클 것"이라고 밝힌 데 이어 1조원대 투자계획을 공언한 바 있다. KT는 이를 바탕으로 2023년까지 국내 최대 규모의 콘텐츠 투자를 통해 원천 지적재산권(IP) 1,000개 이상, 드라마 IP 100개 이상의 콘텐츠 라이브러리를 구축하겠다는 구상이다. 구 대표는 "손실이 나더라도 견디는 것이 중요하다"고 말하며 "콘텐츠사업이 경쟁력을 갖출 때까지 충분히 견디고 지원하겠다"고 강조했다.

▲ 미디어콘텐츠 사업전략을 발표하는 구현모 KT 대표

투자를 계획하고 있는 곳은 또 있다. CJ ENM과 JTBC가 합작한 티빙도 2023년까지 4,000억원에 달하는 투자계획을 밝혔고, 카카오TV도 2023년까지 3,000억원을 들여 240여 개 오리지널 콘텐츠를 만들기로 했다. 왓챠는 2020년 말 360억원 규모의 투자유치에 성공한 것을 계기로 본격적으로 콘텐츠 투자에 나설 계획이고, 쿠팡도 쿠팡플레이에 1,000억원 투자를 준비하고 있는 것으로 알려졌다.

▲ OTT업계와 간담회하는 황희 문체부 장관

플랫폼-콘텐츠, 경계를 뛰어넘는 이종산업 결합도

오리지널 콘텐츠에 대한 투자와 더불어 업계와 플랫폼의 경계를 뛰어넘는 다양한 동맹과 연합도 시도되고 있다. SK브로드밴드는 카카오엔터테인먼트와 제휴해 카카오TV 오리지널 콘텐츠를 SK브로드밴드 플랫폼을 통해 제공하기로 했다. 이는 서로의 강점인 플랫폼과 콘텐츠를 결합해 시너지를 내려는 것으로서 이로써 Btv 시청자도 카카오TV의 오리지널 콘텐츠를 IPTV로 즐길 수 있게 됐다.

LG유플러스와 LG헬로비전, CJ CGV는 한국데이터거래소(KDX)와 미디어 데이터 얼라이언스를 출범했다. 이에 따라 IPTV와 케이블방송, 극장영화 등의 빅데이터가 향후 콘텐츠 제작과 기획, 편성 등에 활용된다. 나아가 이를 활용한 새로운 구독서비스나 공동마케팅 등 신사업 발굴도 가능하다. 웨이브의 경우, 대주주인 SK텔레콤과 아마존이 맺은 커머스 동맹을 통해 아마존의 OTT인 아마존 프라임 비디오와의 제휴로 확대될 수 있다는 전망도 나온다. 업계 관계자는 "국내 OTT시장 규모만으로는 글로벌서비스와 경쟁이 불가능하기 때문에 대규모 투자를 통해 콘텐츠 경쟁력을 갖춰 해외시장으로 진출해야 한다"며 "궁극적으로 글로벌경쟁에서 살아남기 위해선 투자와 함께 다양한 합종연횡도 급물살을 탈 것"이라고 말했다.

노벨평화상 수상자 아비 티그레이 집단학살 주도

2021년 4월 1일 CNN은 내전을 겪고 있는 에티오피아에서 정부군이 반군의 근거지인 에티오피아 북부 티그레이를 습격해 민간인을 집단학살한 증거가 나왔다고 보도했다. 이날 공개한 영상에는 에티오피아 군인들이 비무장한 민간인 남성들을 에워싸고 한 명씩 총으로 쏴 사살한 후 주검을 절벽으로 던져버리는 장면이 고스란히 담겼다. 해당 영상을 분석한 BBC '아프리카의 눈' 탐사보도팀은 해당 장소를 티그레이 북부 마베레 데고로 추정했다.

5명 이상 숨진 학살만 150차례

2020년 11월부터 티그레이 지역에서 정부군과 티그레이인민해방전선(TPLF) 사이의 내전이 계속되면서 정부군이 해당 지역 민간인들을 학살한다는 소식이 전해졌다. 교전으로 수천명이 사망한 데 이어 민간인들도 희생되고 있다는 것이다. 하지만 직접적인 증거가 나온 건 이번이 처음이다.

▲ 티그레이주의 내전을 피해 탈출한 난민

벨기에 겐트대학교의 현지 연구팀도 티그레이분쟁*이 벌어진 이후 현지에서 조사를 벌였고, 학살된 주민의 가족과 친구, 언론 보도 등을 상호검증한 것을 토대로 2일 티그레이에서는 150회에 걸쳐 정부군과 반군·민병대 등에 의한 학살이 이루어졌으며, 그로 인한 희생자 수가 1,900명에 달한다는 보고서를 내놨다. 연구팀은 5명 이상이 사망한 사건을 '학살'로 규정했는데, 3월에만 총 20건이 파악됐다. 그 중에는 티그레이주 최서단 마을인 후레라에서 3일 동안 민간인 250여 명이 학살당한 사건도 포함됐다. 3월 25일에는 반군인 TPLF를 쫓던 접경국 에리트레아의 정부군이 그리자나 마을에서 13명을 살해했는데, 희생자 중에는 2살 영아도 있다고 연구팀은 설명했다. 이런 학살은 대부분 정부군이 반군을 수색하는 도중 약식처형 형식의 사살이나 조직적인 진압에 의해 발생했고, 책임소재가 명확히 규명된 사건만 따졌을 때 14%는 에티오피아 정부군에 의해, 45%는 에티오피아 정부군과 연합한 에리트레아 정부군에 의해 발생했다. 그 외 마이 카드라에서 희생된 600명처럼 티그레이 인근 불법 민병대에 의해 희생된 수도 5%를 차지한다.

티그레이분쟁

2020년 11월 에티오피아 정부군이 티그레이인민해방전선(TPLF)의 습격을 빌미로 대규모 군사작전을 벌이면서 시작됐다. 분리독립 성향이 짙은 티그레이주정부에서 TPLF는 집권당이었다. 정부의 아비 아머드 총리는 티그레이에서 법치를 확립하겠다고 군사작전을 명령했고, 이에 TPLF는 주정부의 수도 메켈레에서 축출된 뒤 무장투쟁을 벌여왔다.

동영상이 공개된 당일 주요 7개국(G7) 외무장관과 유럽연합(EU) 고위대표는 즉각 성명을 내고 "티그레이에서의 인권침해와 탄압 및 국제인도법 위반을 매우 우려한다"며 "에티오피아정부가 인권탄압에 책임을 묻기로 한 약속을 인지하고 있으며 이행하길 기대한다"고 밝혔다. 또한 에티오피아 인권위원회(EHCR)와 유엔 인권최고대표사무소(OHCHR)가 티

그레이분쟁에서 인권탄압을 공동조사하기로 합의한 점도 언급했다.

아비 총리의 학살 지휘, 노벨평화상의 저주?

애초 티그레이분쟁의 시작에는 TPLF에 대한 공격을 지시한 아비 아머드 에티오피아 총리가 있다. 그는 2020년 티그레이의 통치세력인 TPLF에 "사흘 내에 항복하라"며 최후통첩 시한을 제시했고, 이 시간이 지난 후 몇 시간 만에 정부군으로 하여 북부 티그레이 지방의 주요 도시 메켈레를 공격하게 했다. 또한 분쟁이 격화되자 유엔이 민간인 희생을 막아달라고 휴전을 촉구한 것에는 "내정에 간섭하지 말라"고 자신이 트위터에 적었다.

▲ 2019년 노벨평화상을 수상한 아비 아머드 에티오피아 총리

아비 총리는 2019년 노벨평화상을 수상한 인물이다. 20년간 이어져 온 이웃국가들과의 분쟁을 끝내며 동아프리카의 역사적 화해를 주도한 지도자라는 이유였다. 당시 영국 일간지 '가디언'은 "넬슨 만델라, 버락 오바마와 비견되는 흑인 지도자"라고 평가하기도 했다. 그러나 수상 1년 만에 그는 학살의 책임자가 됐다. 그 이유에 대해서는 장기집권을 노리기 때문이라는 분석이 나왔다. 아비 총리에 대한 국제사회의 비난은 이번이 처음이 아니다. 노벨평화상 수상 후 2주도 채 지나지 않아 그의 퇴진을 요구하는 대규모 시위에 직면하기도 했다. 아비 총리의 정적으로 꼽히는 언론사 소유주 자와르 모하메드의 지

지자들이 일으킨 반정부시위가 격화됐을 때 군경이 시위대를 향해 발포했기 때문이었다. 이때 군경과 시위대의 충돌로 경찰관 5명을 포함해 모두 67명이 숨졌고, 213명이 부상당했다. 한편 티그레이분쟁으로 지금까지 200만명의 난민이 발생했고, 400만명 이상이 긴급구호를 받고 있다.

에너지의 혁신거점으로 성장하고 있다. 이러한 여건을 활용해 새만금에 RE(재생에너지)100이 실현되는 국내 최초 스마트그린 산단을 조성하여 스마트그린 산단의 선도모델을 제시하겠다는 계획이다.

새만금 국가산업단지 개요

구분	내용
위치	새만금 국가산업단지 5 · 6공구
면적	3.7km^2(112만평) *산단 전체 : 18.5km^2
사업기간	2010년~2024년
시행자	한국농어촌공사
사업비	2조 5,498억원
주요업종	부품제조, 신재생에너지 등

탄소배출 줄이는 스마트그린 산단 새만금 등에 조성

앞으로 산업단지는 탄소배출을 25% 이상 줄이고 기업의 혁신활동을 지원하기 위해 **스마트그린 산업단지***(산단)로 단계적으로 조성된다. 국토교통부는 제33차 비상경제 중앙대책본부 회의 겸 제11차 한국판 뉴딜 관계장관회의에서 '스마트그린 산단 추진전략'을 확정했다.

스마트그린 산업단지

산업단지를 디지털 기반의 스마트 · 친환경 제조공간으로 전환하는 것으로 2020년 7월 14일 발표된 '한국판 뉴딜 종합계획'의 디지털 · 그린 융복합분야에 포함된 내용이다. 정부는 스마트그린 산단을 한국판 뉴딜 10대 과제 중 하나로 선정하고 에너지자립화, 인프라 및 기업활동의 디지털화, 지속가능한 친환경화라는 3가지 요소를 종합적으로 구현한다는 계획이다.

스마트그린 국가시범산단 조성

현재 조성단계인 국가산단을 대상으로 스마트그린 요소를 종합적으로 구현하는 스마트그린 국가시범산단이 새만금 국가산단을 포함해 총 2~3곳에 조성된다. 새만금은 권역에서 7GW의 대규모 재생에너지를 생산하고 관련 실증사업을 추진하는 등 재생

이와 함께 국가지정 산단을 대상으로 해당 지자체의 제안을 받아 7월 중 사업지 1~2곳을 추가선정한다. 추가 사업지는 탄소배출량 25% 이상 저감을 목표로 스마트그린 산단의 확산모델로서 조성해나갈 계획이다.

해당 사업모델은 에너지자립화, 인프라 및 기업활동의 디지털화, 지속가능한 친환경화라는 3가지 요소를 종합적으로 구현할 예정이다. 새만금 산업단지는 기본계획을 2021년 11월까지 수립하여 2022년 상반기 스마트그린 국가시범산업단지로 지정하고 인프라를 구축해 2023년 기업 입주시점부터 스마트그린 서비스를 제공할 수 있도록 속도감 있게 추진한다.

추가 1~2곳도 2022년 중으로 기본계획수립을 완료하고 스마트그린 국가시범산업단지로 지정해나갈 계획이다. 또한 스마트그린 국가시범산업단지 조성 이후 확산단계(2023~2030년)에서는 주체, 사업범위 등을 다각화하여 2030년까지 스마트그린 산단 총 35개소 지정을 목표로 추진할 계획이다. 더불어

확산단계에서는 탄소배출 감축 목표를 25%에서 단계적으로 상향해나가고, 중장기적으로 신규 산단 지정 시 스마트그린 산단으로의 조성을 의무화하는 방안을 검토하는 등 탄소중립 이행에 능동적으로 대응해나갈 계획이다.

▲ 제11차 한국판 뉴딜 관계장관회의를 주재하는 홍남기 부총리

—
정부역량 집중해 스마트그린 산업단지 지원

정부는 행정적으로 각종 계획 승인 등 행정절차를 신속하게 지원하고, '국토부–사업시행자–지자체'간 협의체를 구성하여 사업 전반을 지원한다. 재정적으로 스마트그린 국가시범산업단지의 기반시설을 지원하고, 입주기업을 대상으로 각 부처에서 추진 중인 사업을 연계하여 산업단지별 맞춤형으로 지원하고자 한다. 또한 산업단지를 조성할 때 지역의 경제와 환경을 동시에 고려하여 조성하도록 세제 감면, 환경 관련 부담금 감면 등 인센티브 방안도 관계부처와 검토하여 마련해나간다는 계획이다.

각 부처의 실증이 필요한 스마트그린 기술 관련 R&D(연구·개발)과제를 스마트그린 산단에 접목하여 테스트베드(Test-bed : 과학 이론, 계산 도구, 신기술에 대해 엄격하고 투명하고 재현 가능한 테스트를 수행하기 위한 플랫폼)로도 활용하도록 하고, R&D 완료 후 상용화가 필요한 기술도 스마트그린 산단에 집적시키는 등 기술개발도 지원한다. 정부는 스마트그린 산단 조성을 위해 '계획수립–조성–입

주–운영'의 모든 단계에 걸쳐 사업체계를 개편하고 다양한 규제완화를 통해 사업촉진을 가속화할 방침이라고 밝혔다.

22위

스토킹처벌법 제정
최대 징역 5년 이하의 처벌

앞으로 지속적인 스토킹을 하다 적발되면 최대 징역 5년 이하의 처벌을 받는다. 국회는 2021년 3월 24일 본회의에서 '스토킹 범죄의 처벌법(스토킹처벌법)' 제정안을 의결했다. 지금까지 경범죄 처벌법상 '지속적 괴롭힘'을 적용해 10만원 이하 벌금형이나 구류, 과료에만 처할 수 있던 스토킹 행위가 무거운 처벌을 받는 정식범죄로 규정된다.

—
지속적·반복적 스토킹 행위, 강력 처벌

지속적·반복적으로 스토킹을 하는 경우 3년 이하의 징역이나 3,000만원 이하의 벌금형에 처해진다. 흉기 등 위험한 물건을 이용하면 5년 이하의 징역이나 5,000만원 이하의 벌금형으로 가중된다. 법은 스토킹 행위를 ▲ 상대방 의사에 반해 접근하거

나 따라다니기 ▲ 주거지 등에서 기다리거나 지켜보기 ▲ 통신매체를 이용해 연락하기 ▲ 물건 보내기 등으로 규정했다. 이런 행위를 지속적·반복적으로 하는 경우가 형사처벌대상이다.

▲ 스토킹범죄처벌법 제정 촉구 토론회

또한 스토킹 행위가 범죄로 나아가지 않도록 스토킹 초기단계에서 경찰이 행위제지나 처벌경고 등의 응급조치를 할 수 있도록 했다. 필요에 따라 100m 이내 접근금지나 통신매체이용 접근금지 등 긴급조치도 할 수 있다. 경찰은 선(先)조치를 한 뒤 지체 없이 검찰을 통해 법원에 사후승인을 청구해야 한다. 검사는 스토킹범죄가 재발할 우려가 있는 경우 직권이나 경찰 신청에 따라 스토킹 행위자를 유치장이나 구치소에 수감하는 잠정조치도 법원에 청구할 수 있다. 법무부는 "향후에도 시대변화에 부합하고 입법공백을 해소하는 법률 제·개정을 지속적으로 추진할 것"이라며 "실효성 있게 국민 인권을 보호하는 등 안전한 사회를 만들 수 있도록 노력할 것"이라고 말했다.

여성단체는 "스토킹처벌법, 실효성 없다"

이번 제정안은 22년 만에 국회 문턱을 넘은 스토킹처벌법이다. 그동안 스토킹범죄 처벌에 관한 법안이 여러 차례 발의됐으나 한 번도 국회를 통과하지 못했다. 그러나 이번 제정에 대해 여성계는 실효성이 없다는 입장이다. 한국여성의전화(여성의전화)

는 '22년 만의 스토킹처벌법 제정, 기꺼이 환영하기 어려운 이유'라는 제목의 논평을 통해 "정부 및 입법부가 여전히 스토킹의 본질을 전혀 이해하지 못하고 있음을 보여준다"고 주장했다.

여성의전화는 "법률안에 따르면 스토킹 행위가 지속적 또는 반복적으로 행해질 때만 '범죄'로 인정받을 수 있다"면서 "단 한 번의 행위만으로도 피해자는 공포나 불안을 느낄 수 있을 뿐만 아니라 공포와 불안을 느껴야만 피해로 인정하는 것은 피해자다움에 대한 강요"라고 지적했다. 이어 "피해자의 입을 막는 **반의사불벌*** 조항의 존속, 피해자가 법원에 직접 신청할 수 있는 피해자보호명령의 부재, 피해자의 일상회복을 위한 지원제도 미비 등 현재 법률안으로는 피해자 보호와 인권보장의 실효성을 담보하기 어렵다"고 비판했다. 아울러 "이번 법률안이 언뜻 동거인과 가족을 피해자의 범주에 포함한 것처럼 보이지만, 이들을 스토킹 '행위'의 대상으로만 규정할 뿐 실질적인 보호조치는 어디에도 없다"고 덧붙였다.

반의사불벌죄
범죄는 성립하지만 일정한 범죄에 대해서만은 피해자의 의사를 가장 우선시함에 따라 피해자가 처벌을 원치 않는다는 명백한 의사표시를 하는 경우 소추할 수 없다. 따라서 이러한 경우 재판을 하지 않으며, 처벌 역시 받지 않게 된다. 재판 진행 중에 의사표시를 할 수도 있는데, 이러한 경우에는 공소기각 판결로 재판은 종료된다.

한편 이수정 경기대 범죄심리학과 교수도 "임시조치를 위반하면 과태료를 부과하는 것으로는 규정 준수를 담보할 수 없다"며 "가정폭력처벌법처럼 위반하면 형사처벌이 가능하도록 개정이 필요하다"고 말했다. 그 밖의 전문가들도 수사기관의 신청과 법원 결정이 필요해 시간이 소요되는 응급조치 외에 '피해자 보호 명령제'를 도입해 보호공백을 해소해야 한다고도 제언했다. 한국여성변호사회 공보이사인 이수연 변호사는 "응급조치가 빠르게 이뤄지지 않을 가능성을 고려해 피해자가 직접 법원에 보호명령을 신청할 수 있도록 해야 적극적인 피해자 보호가 가능하다"고 말했다.

23위

신장 집단학살 공식화
미·중 인권문제 쟁점화

중국정부가 신장 위구르족 집단학살에 책임이 있다는 첫 비정부기구 보고서가 나왔다. 이에 미국은 자신들의 주장을 뒷받침하는 자료가 나왔다며 반색했고, 중국은 거짓주장이라며 일축했다.

유엔의 집단학살방지협약 조항 모두 위반

미국 워싱턴DC의 싱크탱크 뉴라인스연구소는 2021년 3월 9일(현지시간) 인권, 국제법 등 세계 각계 전문가 50여 명이 참여해 신장지역에서 자행되고 있는 탄압 및 집단학살 실태를 '위구르 집단학살'이라는 제목의 50여 쪽짜리 보고서로 내놨다. 보고서는 중국정부가 위구르족에 대해 살인은 물론 성폭행과 성적 학대, 착취 등을 자행하고 있다며 유엔의 '집단살해죄의 방지와 처벌에 관한 협약' 조항을 모두 위반했다고 주장했다. 해당 협약은 집단구성원을 살해하는 것뿐 아니라 육체적·정신적 위해를 가하고 강제이주를 시키는 것까지를 집단살해로 정의하고 있다.

위구르족은 중앙아시아 튀르크계로 중국의 신장 위구르자치구에 살고 있는 소수민족이다. 1944년 국공내전 시 독자적인 임시정부를 수립하고 동튀르키스탄공화국이라고 명명했으나 이후 중국에 의해 병합됐다. 이 과정에서 많은 위구르인들이 터키로 망명했다. 이후 2009년 7월 위구르자치구의 우루무치시에서 1,000명 이상의 위구르족들이 분리독립과 연행자 석방을 요구하며 민중봉기를 일으켰다. 이에 중국정부가 경찰과 군 병력을 투입해 진압에 나서면서 이 지역에 대한 감시와 탄압이 강화됐다. 당시 중국정부의 언론통제에 따라 피해규모가 외부로 정확하게 알려지지는 않았지만, '우루무치 유혈 소요사태'는 1989년 천안문사건 이후 가장 많은 사상자를 낸 시위로 위구르족 비극의 역사로 남았다. 이후 중국 당국은 위구르족에 대한 감시와 통제를 한층 강화해 약 100만명을 재교육이라는 미명하에 수용소에 억류하고 있다. 최근에는 빅데이터와 안면인식 등 첨단기술을 활용해 위구르족에 대한 감시를 강화하고 있는 것으로 알려지고 있다.

▲ 위구르족을 수용한 신장지역의 직업훈련소

이런 가운데 2월에는 영국 BBC방송이 신장 재교육수용소에 수용됐던 위구르족 여성들의 증언을 전했다. 해당 여성들은 신장 신위안현수용소에 9개월간 갇혔다가 풀려난 이들로 여성수용자들이 매일 밤 중국인 남성들에 의해 감시카메라가 없는 일명 '검은 방'으로 끌려가 폭행과 고문, 그리고 윤간을 당했다고 증언했다. 미국정부도 중국이 100만명이 넘는 위구르인들을 강제수용소에 가둬놓은 채 낙태와 고문 등을 저지르고 강제노동을 시키고 있다고 폭로한 바 있다. 토니 블링컨 미국 국무장관도 "신장지역 무슬림들을 상대로 집단학살이 자행됐다는 것이 내 판단이며 이는 변하지 않을 것"이라고 말했다. 유엔은 집단학살을 "국가적, 인종적 혹은 종교적 집단의 전부 또는 일부를 파괴하려는 의도"로 정의하는데, 미국정부가 '집단학살'이란 표현을 공식적으로 사용한 건 지난 2016년 IS(이슬람국가)의 행위를 '집단학살'이라고 규정한 이후 처음이다.

서구의 제재에 중국의 맞불 보복

이에 유럽연합(EU)은 회원국 내 중국의 자산을 동결하는 한편 중국으로의 항공여행 금지조치를 단행했다. 이번 조치는 2020년 12월 새로 마련한 인권제재제도에 기초한 것으로서 EU는 인권유린에 책임이 있는 것으로 여겨지는 이들의 EU 내 자산을 동결하고, 입국을 금지할 수 있게 하는 제도에 동의했다. 미국이 2012년 대러시아 제재를 위해 마련한 **마그니츠키법***과 유사하다. H&M과 나이키를 비롯한 글로벌기업들도 '신장 내 의류 제조공장과 협력하지 않겠다'는 성명을 자사 소셜미디어와 공식홈페이지에 게재하는 등 중국 보이콧에 앞장서고 있다. 많은 위구르족이 망명해 있는 터키를 비롯해 캐나다, 영국, 폴란드 등 서구의 여러 국가들에서도 인권단체와 시민들을 중심으로 중국의 탄압을 규탄하는 시위가 연일 이어지고 있다.

마그니츠키법(Magnitsky Act)

무고한 시민의 고문과 사망에 관련돼 있는 러시아 관리들의 비자를 거부하고 이들의 미국 내 금융자산을 동결하는 내용을 담은 법으로 2012년 11월 16일 가결됐다. 러시아 관리들이 관련된 2억 3,000만 달러의 비리혐의를 폭로한 혐의로 체포되어 재판도 없이 감금되었다가 옥사한 러시아 인권운동가이자 변호사 세르게이 마그니츠키의 이름을 땄다.

EU의 제재에 중국은 크게 반발하고 있다. 장밍주 EU 중국대사는 "(EU의 제재는) 내정간섭이며 근거 없는 비난이다. 대립을 원한다면 우리는 물러서지 않을 것"이라고 경고했고, 위구르족이 박해를 당하고 있다는 지적과 관련해서는 "중국을 혐오하는 이들이 정치적 이익을 위해 거짓말을 하고 있다"고 주장했다. 아울러 중국정부는 위구르족 인권유린과 관련해 거짓말과 거짓정보를 퍼뜨렸다며 영국 기관 4곳과 정치인 등 개인 9명을 제재하는 등 맞불을 놓고 있다. 중국 사회에서도 인권탄압을 비난한 글로벌기업들에 대한 불매운동이 벌어지고 있다.

한편 위구르족 인권탄압과 관련한 논쟁은 2022년 중국 베이징 동계올림픽으로 확대되고 있다. 서구 매체와 전문가들을 중심으로 베이징 동계올림픽을 보이콧해야 한다는 주장도 터져 나오고 있기 때문이다. 릭 스콧 미국 공화당 상원의원 등 12명은 2020년 3월 이미 '국제올림픽위원(IOC)가 2022년 베이징 동계올림픽 개최 결정을 재고해야 한다'는 결의안을 의회에 제출해놨다. 영국을 비롯해 호주, 캐나다 정치권도 보이콧결의안을 추진하는 중에 있다.

24위

김상조 정책실장
임명 1년 9개월 만에 불명예사퇴

2021년 3월 29일 김상조 전 청와대 정책실장이 전격교체됐다. 전임자인 장하성 전 실장(1년 6개월), 김수현 전 실장(7개월)의 임기를 넘어서며 이번 정부의 '최장수 정책실장'으로 기록됐지만, 자신의 부동산계약을 둘러싼 논란이 교체원인이 됐다는 점에서 '불명예퇴진'이란 평가는 피할 수 없게 됐다.

▲ 퇴임인사를 하는 김상조 전 정책실장

임대차 3법 시행 이틀 앞두고 전세금 올려

김 전 실장은 전·월세 상한제를 도입하는 내용의 주택임대차보호법 개정안 등 **임대차 3법***의 시행 이틀 전인 2020년 7월 29일 부부공동명의의 서울 청담동 한신오페라하우스 2차 아파트의 전세보증금을 8억 5000만원에서 9억 7000만원으로 14.1% 올려 세입자와 계약을 갱신했다. 법 시행 후 전세계약을 갱신했다면 불법이 되는 상황이다. 이 때문에 부동산정책에 깊숙이 관여하는 김 실장이 임대차 3법 시행시기를 염두에 두고 계약을 앞당긴 것 아니냐는 의문으로 이어졌다. 결국 지난 2019년 6월 임명된 김 전 실장은 1년 9개월 만에 불명예스럽게 청와대를 나섰다. 김 전 실장은 퇴임인사에서 "부동산투기 근절을 위해 총력을 기울여야 할 엄중한 시점에 크나큰 실망을 드려 죄송하다"고 말했다.

임대차 3법

임대차와 관련된 전월세상한제, 계약갱신청구권제, 전월세신고제 등을 핵심으로 하는 법안이다. 거주 중인 임차인이 원할 경우 2년 단위의 전세계약갱신을 1회에 한해 최대 4년까지 거주할 수 있도록 허용하고, 재계약 시 집주인이 전세금을 5% 이상 올리지 못하도록 하는 것이 골자다.

김 전 실장은 참여연대 출신으로 재벌개혁의 상징과도 다름없었다. 국회청문회에서 도덕성 시비를 뚫고 현 정부의 초대 공정거래위원장에 기용돼 대기업

문제를 다룬 뒤 정권의 요직이라 할 수 있는 청와대 정책실장 자리에 올랐다. 재임기간이 길었던 만큼 각종 정책논란에 휩싸이는 등 많은 부침을 겪었다. 우선 정부의 '아킬레스건'인 부동산문제와 관련, 집값 안정이 좀처럼 이뤄지지 않는 가운데 전세난까지 겹치며 정책 콘트롤타워로서 제대로 된 처방을 내리지 못한다는 비판에 직면했다. 설상가상으로 코로나19 사태가 터지자 정책실의 대응역량이 입길에 오르내리기도 했다. 아울러 각종 현안에서 김 전 실장과 홍남기 경제부총리가 '공동전선'을 펴고 여당 지도부와 대립각을 세우면서 당청갈등 논란이 불거지기도 했다.

그러나 김 전 실장이 코로나19 대유행이라는 특수한 상황에서 나름대로 안정적인 정책관리를 해왔다는 평가도 적지 않다. 그간 여권진용 개편이 있을 때마다 관가와 재계에서 '김상조 경제부총리' 카드가 부상한 것도 그런 배경에서였다. 그러나 이번에 '불명예퇴진'을 한 만큼 김 전 실장이 재기용되는 것은 어렵다는 전망에 무게가 실린다.

김의겸, 노영민, 김조원에 이어 김상조까지

청와대에서 참모들이 부동산문제로 곤욕을 치르는 사례가 이어지고 있다. 현 정부 초·중반기 부동산규제 기조가 아파트값 급등과 무주택자의 분노, 참모들의 '내로남불' 시비, 국정운영 동력저하로 연결되는 모양새다.

지난 2019년 김의겸 전 청와대 대변인의 건물매입은 아파트값 폭등에 한숨짓던 서민들에게 충격을 안겼다. 건물매입 자체보다 투기와의 전쟁을 외치는 여권인사들에 대한 실망감이 더욱 컸다. 김 전 대변인은 2018년 7월 본인 재산 14억원에 은행대출 10억원 등을 더해 서울 동작구 흑석동 재개발 지역

내 25억 7,000만원 상당의 복합건물을 샀다고 이듬해 신고했다. 김 전 대변인은 "청와대에서 나가면 살 집"이라고 해명했으나 비판을 피할 수 없었고, 결국 김 전 대변인은 재산공개 다음 날 사퇴한 뒤 건물을 파는 등 재산상의 손해를 감수해야 했다.

노영민 전 대통령 비서실장도 구설에 올랐다. 청와대 참모들의 다주택 보유로 정부의 집값안정 의지를 의심하는 목소리가 커지자 노 전 실장은 2019년 12월에 이어 2020년 7월 참모들에게 실거주 목적의 1채를 제외한 부동산을 처분하라고 지시했다. 다주택자인 자신이 솔선수범하겠다고도 했다. 그러나 정작 노 전 실장은 서울 반포의 아파트 대신 충북 청주의 아파트를 판 사실이 드러나면서 여론의 뭇매를 맞았다. '똘똘한 한 채'를 챙겼다는 비난 속에 노 전 실장은 결국 "송구하다"고 고개를 숙이고선 아들이 살고 있던 반포 아파트까지 매각했다.

같은 시기 김조원 전 민정수석도 파문을 일으켰다. 김 전 수석은 서울 강남구 도곡동과 송파구 잠실동에 아파트를 보유해 이 중 한 채를 매각해야 했다. 김 전 수석은 잠실의 아파트를 팔기로 했으나 시세보다 2억여 원 비싸게 이를 매물로 내놓는 등 '매각 시늉' 논란을 일으켰다가 '직 대신 집을 선택했다'는 비판 속에 2020년 8월 퇴직했다. 결과적으로 강남 부자와 다주택자를 겨냥한 규제 일변도의 부동산 정책이 이를 입안한 참모들에게 부메랑으로 돌아온 형국이 됐다.

25위

서울 소형아파트값 평균 7억 7,000만원?

최근 1년 사이 집값이 크게 뛰면서 서민들이 서울에서 소형아파트 한 채 마련하기도 쉽지 않은 것으로 나타났다. 강남권과 도심은 물론 외곽지역의 오래된 아파트값까지 급등하면서 고소득 맞벌이 부부의 급여 인상폭으로도 집값 오르는 속도를 따라가기 버거운 수준이 됐다.

60m² 이하 아파트 1년 새 1억 4,000만원 증가

KB국민은행이 발행하는 월간 'KB주택가격동향'에 따르면 2021년 3월 서울의 소형아파트 평균 매매가격이 7억 6,789만원으로 나타났다. 1년 전과 비교해 1억 4,193만원 오른 수치다. 상승률로 보면 22.7% 올랐다. 이는 직전 1년 동안(2019년 3월~2020년 3월) 소형아파트 가격이 7,246만원(13.1%) 상승했던 것과 비교해 2배 가깝게 빠른 증가세로 최근 1년간 집값 상승이 얼마나 가팔랐는지를 보여준다. 1년 전 집을 사려다가 미뤘던 가족이 지금 같은 집을 사려 한다면 1억 4,000만원 넘는 돈이 더 필요해진 것이다. 이번 조사에서 소형아파트는 '전용면적 60m²' 이하를 기준으로 삼았다. 시장에서는 '25평형(공급면적 기준)'으로 불리며 신혼부부 등이 많이 거주한다.

외곽도 '급등', 강남권은 15억원도 넘어

소형아파트가 비교적 많이 몰려 있는 '노도강(노원, 도봉, 강북구)', '금관구(금천, 관악, 구로구)' 등 지역에서도 지은 지 30년이 넘어 낡고 비좁은 아파트 가격이 1년 새 크게 올랐다. 준공 35년 된 노원구 월계동 미성아파트 전용면적 50.14m²는 2021년 3월 17일 7억 9,500만원(2층) 신고가로 거래됐다. 이 아파트는 2020년 상반기까지 6억원이 넘지 않았는데, 1년새 1억 5,000만~2억원 수준으로 오르면서 8억원 돌파를 목전에 두고 있다.

도봉구 창동 쌍용아파트 전용 59.88m²도 2021년 3월 8일 7억 9,000만원(16층) 신고가로 거래되면서 1년 전 6억 1,000만원(9층)에서 1억 8,000만원 올랐다. 구로구에서는 입주 34년째를 맞은 구로동 한신아파트 44.78m²가 2020년 7월 4억원(5층), 12월 5억원(8층)을 차례로 넘긴 뒤 2021년 3월 10일 5억 3,500만원(6층) 신고가로 계약서를 쓰면서 1년 사이 1억 5,000만원가량 올랐다.

서울 소형아파트 평균 매매가격에는 강남권 재건축 등 고가 아파트 매매가격도 반영됐다. 준공 37년이 넘어 현재 수직증축 리모델링을 추진하고 있는 강남구 개포동 삼익대청 51.12m²가 3월 2일 15억 1,500만원(11층)에 거래되는 등 강남권에서는 이제 15억원이 넘는 소형아파트를 쉽게 찾을 수 있다. 이번 조사에서 서울의 중소형아파트 평균 매매가격은 9억 7,629원으로 10억원에 근접한 것으로 조사됐다. 중소형아파트 기준은 전용 60~85m² 이하이다.

전문가들은 서울의 집값이 단기급등에 따른 피로감에 2·4 대책* 등으로 인한 공급 기대감까지 더해지면서 최근 상승세가 한풀 꺾인 분위기이지만, 여전히 서울 외곽의 중저가 단지로 내 집 마련 수요가 유입되고 있다고 분석한다.

2·4 대책
정부가 2021년 2월 4일 부동산 공급확대를 위해 내놓은 대책이다. 이 방안에 따르면 2025년까지 서울을 비롯한 대도시에 83만 6,000가구를 신규 주택으로 공급하며, 이 중 80%(약 67만 가구)를 분양 아파트로 공급한다는 계획이다. 또한 LH, SH 등 공공기관이 직접 재건축과 재개발 사업을 추진하는 공공정비사업을 도입하는 등의 내용도 담고 있다.

박원갑 KB국민은행 부동산 수석연구위원은 "3기 신도시 청약 당첨을 기대할 수 있는 수요는 내 집 마련에 대한 조급함을 덜었겠지만, 소득기준에 걸리는 중산층 등 여건이 애매한 일부는 여전히 서울에서 저평가된 집을 찾아 구매를 저울질하는 것으로 보인다"면서 "정부가 공급계획을 내보인 만큼 시장의 신뢰를 얻는 것이 중요한 시점"이라고 말했다.

26위

백신여권, 국내에도 도입되나

정세균 국무총리는 2021년 4월 1일 코로나19 백신접종 기록을 담은 이른바 '백신여권'을 국내에도 도입하겠다고 밝혔다. 정 총리는 같은 날 정부 서울청사에서 주재한 중앙재난안전대책본부 회의에서 "백신여권 혹은 그린카드를 도입해야 접종을 한 사람들이 일상의 회복을 체감할 수 있을 것"이라며 이같이 말했다. 정 총리는 "정부는 올 초부터 관련 준비를 시작, 스마트폰에서 손쉽게 접종사실을 증명할 시스템 개발을 이미 완료했다"고 소개했다.

백신여권 도입의 국제적 추세에 따라갈 것

정 총리는 "다른 국가에서도 접종여부 확인이 가능하도록 하되 개인정보는 일절 보관되지 않도록 했다. **블록체인*** 기술을 활용해 위변조 가능성을 원천 차단했다"며 "이달 안에 인증 애플리케이션을 공식 개통할 것"이라고 설명했다. 방역당국과 관계부처에는 "국제적인 백신여권 도입 논의에도 적극 참여해 국민들이 보다 편리하게 국내·외를 오갈 수 있도록 미리 대비하라"고 당부했다.

블록체인

개인과 개인이 파일을 공유하는 P2P 방식을 기반으로 한 기술이다. 소규모 데이터들이 체인형태로 연결되어 형성된 '블록'이라는 분산 데이터 저장환경에 관리대상 데이터를 저장함으로써 누구도 임의로 수정할 수 없고 누구나 변경된 결과를 열람할 수 있다.

정부는 이미 지난 3월 9일 세계 각국에서 도입을 추진하고 있는 코로나19 백신여권과 관련해 종합적으로 검토한 뒤 신중하게 결정하겠다는 입장을 밝혔었다. 이상원 중앙방역대책본부 역학조사분석단장은 온라인 정례브리핑에서 관련 질의에 "우리나라도 이에 대해 검토하고 있고 과학적인 근거와 세계적인 추세를 반영해 정책을 결정할 예정"이라고 말했다.

이 단장은 "지금 예방접종을 마친 사람들에 대해 소위 '면역여권', '백신여권'이라고 하는 그런 움직임이 있는 것이 사실"이라면서도 "(다만) 아직 전 세계적으로 통일된 움직임은 없고 예방 접종률이 높아지면서 같이 변화될 수 있다"고 설명했다. 앞서 중앙사고수습본부(중수본)도 백신여권 도입과 관련한 정부 차원의 논의가 이뤄지고 있다고 밝힌 바 있다. 윤태호 중수본 방역총괄반장은 3월 2일 브리핑에서 "국내서도 중앙방역대책본부(방대본)·중수본을 중심으로 논의가 이뤄지고 있다"면서 "실무적인 검토가 상당 부분 진행될 필요가 있다"고 언급했다.

그러나 실제 도입까지는 아직 과제 많아

백신여권은 국제적으로 통용되는 형태의 접종증명서로 유럽연합(EU)과 이스라엘을 비롯한 일부 국가에서 적극적으로 도입을 추진하고 있다. 유럽에 이어 미국도 백신여권 도입을 위한 준비작업에 본격 시동을 건 모양새다. 워싱턴포스트(WP)는 바이든 정부와 민간회사들이 코로나19 백신접종사실을 증명하기 위한 표준방식 개발을 위해 노력하고 있다고 보도했다. 앞서 EU도 다가올 6월 15일부터 백신여권 이용이 가능해진다고 밝혔다. 그 외 다른 나라들도 자체 백신여권 개발을 위해 속도를 내고 있는 상황이다.

하지만 백신여권의 성공적 도입을 위해선 갈 길이 먼 상황이다. 무엇보다 정보보호 및 보건 평등성이 도전과제로 떠올랐다. 미국 당국자들은 모든 미국 국민이 백신을 접종했다는 사실을 입증하는 증명서를 확보할 수 있게 되길 바라고 있지만 동시에 쉽게 해킹되지 않는 시스템과 위조가 불가능한 여권을 확립하길 원한다고 WP는 보도했다. 위조문제는 이미 나타나기 시작한 실정이다.

이와 더불어 유럽에서는 여름 관광철을 앞두고 백신여권이 불평등을 초래할 것이라는 우려도 제기됐다. 우선 유럽 내 자유로운 여행에서 세대별 차이가 나타날 공산이 크다. 유럽 각국은 코로나19 위험에 취약한 고령층에 우선해서 백신을 접종하고 있기 때문에 젊은이들이 백신을 맞기까지 시간이 필요하다. 건강, 생활 등에 관한 소비자잡지 편집자였던 케이 매킨토시는 CNN에 "2021년 여름까지 50세 이상 연령층만 백신을 맞을 것"이라며 "그래서 (백신접종에 대한) 젊은이들의 반발이 있을지 모른다"고 말했다. 경제적 궁핍, 집값, 학자금 대출 등으로 인한 세대 간 불평등이 백신여권의 등장으로 심화할 수 있다는 게 그의 전망이다.

27위

방역실패에 아마존파괴 보우소나루 정치위기

2018년 자이르 보우소나루 브라질 대통령이 당선인 때부터 함께해온 브라질의 외교장관과 국방장관이 사임했다. 여기에 전염성이 강한 변이바이러스 확산으로 코로나19 하루 사망자 수가 사상 처음으로 4,000명(2021년 4월 6일 기준) 선을 넘어서면서 보우소나루 대통령은 국제사회 고립과 방역 및 백신외교 실패라는 총체적 난국에 직면했다.

코로나19 위기 속 정치적 동반자는 사임

이번에 사임한 에르네스투 아라우주 외교부 장관은 최근 들어 상·하원 의장을 포함해 의회로부터 사퇴 압력을 받아왔으며, 특히 상원 외교위원장과 심한 공방까지 벌이며 논란을 초래한 인물이다. 앞선 2018년에는 이전 정부들의 외교정책을 친공산주의 정책이라 비난했고 파시즘과 나치즘이 좌파에서 비롯됐다고 주장해 논란을 야기했다. 특히 그의 친이스라엘 성향은 육류를 포함한 브라질산 제품에 대한 보이콧으로 이어지는 등 아랍권의 집단반발을 사

기도 했다. 코로나19 사태가 본격화한 2020년에도 사회적 격리 등 봉쇄조치를 홀로코스트(유대인 대량학살)가 자행된 집단수용소에 비유해 유대인 사회로부터 비난을 받았다. 여기에 5세대 이동통신(5G) 사업을 둘러싸고 화웨이를 배제해야 한다고 주장하는 등 미국의 중국 때리기에도 적극적으로 동참했다. 이에 정치권과 외교가에서는 그동안 아라우주 장관의 지나친 친미-친이스라엘 노선이 브라질을 국제사회에서 고립시켰고, 코로나19 사태 속에 백신외교에도 실패하면서 인명피해 규모를 키운 책임이 있다는 비판이 계속돼왔다. 이런 가운데 이유는 알려지지 않았지만 페르난두 아제베두 이 시우바 국방부 장관까지 사임하면서 2020년 법무부 장관이 대통령의 직권남용을 비판하며 사퇴한 것과 코로나19 사태 속에 보건부 장관이 세 차례 교체된 데 이어 내각에 변화가 불가피해졌다. 코로나19로 인한 하루 사망자가 4,000명을 넘어선 것도 대통령에 대한 비난여론에 힘을 보탰다.

▲ 코로나19로 사망자가 급증한 브라질의 상파울로공동묘지

현재 브라질은 전염성이 강한 변이바이러스가 확산하면서 병원은 과밀사태를 겪고 있고, 치료를 기다리던 환자들이 사망하는 일도 빈번하게 발생하고 있다. 이제까지 브라질의 누적사망자는 전 세계에서 미국 다음으로 많은 33만 7,000명(4월 8일 기준)에 육박한다. 이에 대해 브라질 출신인 미게우 니콜레리스 미국 듀크대 신경생물학과 교수는 "브라질

의 코로나19 상황은 현재 통제불가능한 원자로 연쇄반응과 같다. 생물학적 후쿠시마"라고 말했다. 이런 상황에서도 보우소나루 대통령은 "방역조치가 비만과 우울증 환자를 비롯해 실업자도 증가시킨다"며 기존 제한조치까지 풀고 있다. 그러면서 24시간 동안 발생한 4,195명의 죽음에 대해서는 아무런 언급을 하지 않아 공분을 샀다. 앞서도 그는 "나는 백신을 접종하지 않을 것이며, 이를 비난하는 사람들은 바보, 멍청이들"이라며 백신접종을 조롱하기도 했다. 그러나 코로나19 신규 확진자 급증세가 계속되고 누적 사망자가 30만명을 넘어서자 전 국민 백신접종을 실시하겠다며 말을 바꿔 논란을 자초했다.

룰라, 2022년 대선 앞두고 지지율 선두

극우보수 성향인 보우소나루 대통령의 지지율이 하락을 거듭하고 있는 가운데 **루이스 이나시우 룰라 다 시우바***(룰라) 전 대통령의 지지율이 2022년 대통령선거(대선)를 앞두고 상승세를 타고 있어 주목된다. 4월 6일(현지시간) 브라질 여론조사업체 XP/이페스피의 조사결과 룰라 전 대통령은 29%를 기록해 28%에 그친 보우소나루 대통령을 1%포인트 차이로 제치면서 대선주자 지지율 조사에서 처음으로 선두로 올라섰다. 양자대결에서는 격차가 더 커서 룰라가 42%, 보우소나루가 38%였다.

루이스 이나시우 룰라 다 시우바

노동운동가 출신의 브라질 제35대 대통령이다. 재임기간 브라질은 높은 경제성장률을 달성하며 채무국에서 채권국으로 전환됐고, 세계 8위 경제국으로 성장했다. 노동빈곤층 대상의 생계비 지원, 최저임금의 현실화 등의 복지정책 등으로도 높은 호응을 얻었다. 퇴임 후 부정부패 혐의로 수감됐으나 최근 관련 재판에 대해 잇따라 무효판결이 나고 있다.

룰라 전 대통령의 상승세는 보우소나루 대통령의 코로나19 방역정책 실패에 따른 국민적 실망과 더

불어 최근 브라질 연방대법원이 룰라 전 대통령에게 실형을 선고한 과거 재판들이 편파적이었다면서 그에게 적용된 각종 혐의들에 잇따라 무효결정을 내리고 있기 때문으로 보인다. 이번 결정을 대법관 전원회의가 받아들이면 룰라 전 대통령의 피선거권이 최종 회복돼 대선 출마가 가능해진다. 룰라가 출마할 경우 2022년 대선은 자이르 보우소나루 현 대통령과의 양자대결로 치러질 가능성이 크다는 관측이다. 한편 지난 3월 룰라 전 대통령을 살해하겠다는 내용의 동영상이 올라와 현지 경찰이 해당 동영상 제작자에 대해 즉각적으로 조사에 착수했다.

28위

페이스북 이용자 개인정보 유출 '한국도 12만명'

2021년 4월 3일(현지시간) 경제매체 '비즈니스인사이더'와 로이터통신은 잘 알려진 한 해킹 온라인 게시판에 페이스북 이용자 5억 3,300만여 명의 개인정보가 사실상 공짜로 공개됐다고 보도했다. 세계 최대 소셜미디어 페이스북 이용자 5억여 명의 전화번호 등 개인정보가 유출된 것이다.

페이스북 "수정한 보안취약점 관련 데이터" 확인

유출된 개인정보는 전 세계 106개 국가의 페이스북 이용자의 것으로 여기에는 전화번호와 페이스북 아이디, 이름, 거주지, 생일, 이력, 이메일주소, 성별 등이 포함됐다. '비즈니스인사이더'는 유출된 개인정보 중 일부를 알려진 페이스북 이용자 전화번호와 맞춰보는 식으로 검증한 결과 일치했다고 전했다. 그러나 페이스북은 사건과 관련해서 유출된 개

인정보는 "아주 오래된 것"이란 짤막한 입장을 발표했다. 그러면서 페이스북 이용자들에게 별도로 개인정보 유출사실을 알려 2차 피해에 대비하게 하는 등의 대응을 일체 하지 않고 있다.

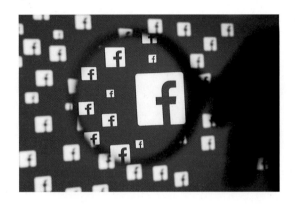

이스라엘의 사이버범죄 정보업체 허드슨록의 공동창업자 겸 최고기술책임자(CTO)인 앨런 갤 또한 이 데이터베이스가 2021년 1월부터 해커들 사이에서 돌던 페이스북 관련 전화번호들과 똑같은 것으로 보인다고 말했다. 갤 CTO가 2021년 1월 14일 자신의 트위터 계정을 통해 공개한 개인정보 판매사이트의 캡처화면을 보면 이집트 사용자 4,400만여 명을 비롯해 튀니지 4,000만명, 이탈리아 3,500만명, 미국 3,200만명, 영국 1,100만명, 사우디아라비아 2,800만명, 프랑스 2,000만명이 뒤를 이었다. 아시아에선 인도 600만명, 중국 67만명, 일본 43만명 순으로 개인정보가 유출됐다. 우리나라 페이스북 사용자 12만 1,000여 명의 개인정보도 유출된 것으로 파악된다.

이용자 사적정보, 사회공학적 공격 이용 가능성

갤 CTO는 몇 년 된 데이터라 해도 유출된 개인정보를 이용해 다른 사람 행세를 하거나 로그인 정보를 빼돌리려는 사이버 범죄자에게는 유용할 수 있다고 경고했다. 갤 CTO는 "많은 페이스북 이용자의 전화번호 같은 사적정보가 담긴 이 정도 크기의 데이터베이스는 분명히 나쁜 이들이 **사회공학적 공격*** 이나 해킹을 시도하는 데 이용할 것"이라고 말했다. 그는 이미 정보가 유출된 만큼 보안 측면에서 페이스북이 할 수 있는 일은 별로 없다면서도, 다만 페이스북이 이용자들에게 잠재적 피싱이나 사기에 당하지 않도록 주의하라고 통지할 수는 있다고 말했다.

사회공학적 공격

시스템이 아닌 그 시스템을 운영하는 사람의 취약점을 공략하여 원하는 정보를 얻는 해킹기법이다. 개인정보를 통해 개인의 감정이나 인지·심리 상태를 공략한다. 특별한 기술이 아닌, 사람들의 방심이나 실수를 기반으로 암호나 정보를 알아낸다. 지인·기관 등을 사칭해 돈·정보를 요구하는 피싱, 링크를 통한 휴대폰 해킹방법인 스미싱 등이 대표적인 사회공학적 공격이다.

페이스북의 이용자 개인정보유출은 이번이 처음이 아니다. 2016년에는 미국 대선을 앞두고 영국 정치컨설팅업체 케임브리지 애널리티카가 정치광고를 위해 페이스북 이용자 8,000만명의 데이터를 수집했다가 뒤늦게 드러나 큰 논란이 된 바 있으며, 2019년에도 페이스북 이용자 2억 6,700만여 명의 개인정보가 유출됐다.

29위

삼성전자 1분기 영업이익↑ '어닝서프라이즈'

삼성전자가 시장의 우려를 깨고 1분기에 영업이익이 9조원을 넘어서는 '어닝서프라이즈(깜짝실적)'를 기록하며 쾌조의 스타트를 끊었다. 반도체 수익이 기대에 못 미쳤지만 스마트폰(모바일)과 프리미엄 TV, 가전 등 완성품들이 시장에서 선전한 결과로 2021년 연간 실적향상에 대한 기대감을 높였다.

삼성전자는 1분기의 경영실적을 잠정집계한 결과 매출 65조원, 영업이익 9조 3,000억원을 달성했다고 밝혔다. 2020년 동기(매출 약 52조 4,000억원, 영업이익 6조 2,300억원) 대비 매출은 17.48%, 영업이익은 44.19% 증가한 것이다. 이는 역대 매출 최대치를 기록했던 2020년 3분기(66조 9,600억원)에 버금가는 수준이며, 영업이익 측면에서도 8조 9,000억원으로 예상됐던 시장의 전망치를 크게 웃도는 호실적이다.

2020년 4분기 실적(매출 61조 5,500억원, 영업이익 9조 500억원)도 넘어섰다. 삼성전자가 부문별 실적은 공개하지 않았으나 전문가들은 당초 예상보다 부진했던 반도체 실적을 코로나19로 **보복소비***가 늘어난 스마트폰과 TV, 가전 등 세트부문이 만회한 것으로 보고 있다. 특히 1분기 스마트폰을 담당하는 모바일(IM) 부문의 예상 영업이익이 4조 3,000억원 안팎으로 분기실적을 견인한 것으로 분석된다. 당초 3월에서 1월로 출시시기를 앞당긴 플래그십 모델 갤럭시 S21과 보급형 갤럭시 A시리즈 판매가 호조를 보인 영향이다.

보복소비

과소비로 소비욕구를 해소하는 것이다. 돈을 쓰지 못한 보상심리에서 비롯한다. 해외여행을 취소하거나 결혼을 축소하는 등 거액을 쓸일이 줄어든 대신 명품과 같은 고가제품 판매량 증가세를 보이는 것이 보복소비 사례다. 명품업체는 이러한 현상을 노려 제품가격을 인상하는 것으로 소비시장을 공략하기도 한다. 코로나19로 인한 소비위축이 고급 가전제품 판매증가로 이어진 것이 그 예다.

특히 갤럭시 S21은 출시 57일 만인 3월 26일 기준으로 판매량이 100만대를 돌파했다. 2019년 출시된 갤럭시 S10에 비해서는 열흘 정도 느리지만 2020년 S20에 비해서는 한 달가량 빠른 기록이다. 증권가는 1분기 삼성전자의 스마트폰 출하량이 당초 전망치보다 많은 7,500만~7,600만대로 추정했다. 수익성이 뛰어난 갤럭시 버즈 등 웨어러블 제품의 매출증가도 영업이익개선에 영향을 미쳤다는 분석이다.

▲ 삼성전자 갤럭시 S21

TV를 포함한 소비자 가전부문도 코로나19의 '펜트업(억눌린)', '집콕' 수요 덕분에 2020년 말의 상승세를 이어갔다. 연초 네오(Neo) QLED 등 고가의 신제품 출시로 기존 프리미엄 QLED TV와 LCD TV의 프로모션을 강화한 것이 판매증대로 이어졌다. 맞춤형 가전 '비스포크'가 신혼부부 등 젊은 층을 중심으로 인기를 끌었고, 최근 해외판매를 본격화한 것도 실적개선에 영향을 미쳤다. 증권가는 TV와 생활가전이 포함된 소비자 가전(CE) 부문의 1분기 영업이익이 1조원에 육박한 것으로 본다.

이에 비해 반도체 1분기 영업이익은 3조 5,000억~3조 6,000억원 정도로 예상된다. 2020년 1분기(4조 1,200억원)는 물론 환율(원화 강세) 영향이 컸던 2020년 4분기 (3조 8,500억원)에 못 미친 성적이다. 차량용 중심이긴 하지만 글로벌 반도체 공급부족 사태가 삼성전자에는 그다지 호재로 작용하지 못한 셈이다. 연초부터 D램 고정가격(기업 간 거래가격)이 상승했지만 대체로 6개월 이상 장기계약을 맺는 거래 특성상 1분기 실적에 오른 가격이 곧바로 반영되지 않았고, 극자외선(EUV) 등 공정개선 전환도 비용증가로 이어졌다. 미국 텍사스주의 한파로 인한 오스틴공장의 가동중단도 뼈아팠다. 증권업계는 오스틴 파운드리공장의 재가동이 한 달 이상 지연되면서 매출 기준으로 3,000억원 안팎의 손실이 발생했고, 이로 인해 영업이익 감소에도 영향을 미쳤을 것으로 추정한다.

전문가들은 2분기에는 1분기와 반대로 반도체 중심의 실적개선을 기대했다. D램 가격 상승이 2분기부터 본격 반영되고 낸드플래시도 상승세로 전환하면서 2분기에는 반도체가 실적개선을 견인할 전망이다. 이에 비해 스마트폰의 경우 신제품 출시 효과가 없고, 최근 반도체 등 부품 공급부족으로 글로벌 기업들의 모바일과 가전 등 세트부문도 일부 공급차질이 발생하면서 1분기보다 수익이 감소할 것이라는 관측이 많다. 도현우 NH투자증권 애널리스트는 "D램 등 메모리반도체 가격상승이 2분기부터 본격화하면서 삼성전자의 연간 실적에도 긍정적인 영향을 미칠 것"이라며 "2021년 전사 영업이익이 49조원에 달할 것으로 예상한다"고 말했다. 다만 미국과 중국의 반도체 패권다툼이 더욱 거세지면서 '샌드위치' 신세인 삼성전자의 불확실성이 더욱 커졌다는 점에서 일부 우려의 목소리도 나오고 있다.

30위

일본 고교교과서 검정 발표
"독도는 일본땅", 주장 강화

교도통신은 일본 문부과학성이 2021년 3월 30일 교과용 도서 검정조사심의회를 열고 2022년부터 고등학교 1학년이 사용할 교과서 검정결과를 발표했다고 보도했다. 보도에 따르면 이날 오후 도쿄도 지요다구에 있는 문부과학성 청사에서 열린 검정조사심의회에서 296종의 고교 1학년용 교과서가 검정심사를 통과했다.

─
일본의 독도영유권주장, 강하게 담겨

검정심사를 통과한 역사총합(종합), 지리총합, 공공 등 3개 사회과목 교과서 30종에는 모두 독도와 **조어도(중국명 댜오위다오, 일본명 센카쿠)분쟁*** 관련 기술이 포함됐다. 문부과학성은 종전처럼 독도와 조어도에 대해 '일본 고유의 영토'라는 등의 일본 정부의 견해를 정확히 기술하라고 요구하는 검정 자세였다고 교도통신은 전했다. 이번에 검정을 통과한 고교 1학년용 사회과 교과서에선 일본의 독도영유권주장이 강화·확대된 것으로 알려졌다.

조어도분쟁

조어도는 일본 오키나와에서 약 300km, 대만에서 약 200km 떨어진 동중국해상의 8개의 무인도다. 현재는 일본이 실효지배하고 있으나 중국과 대만도 영유권을 주장하고 있다. 조어도는 지정학적으로 군사전략의 요충지이고, 해저자원까지 매장되어 있어 현재까지 영유권분쟁이 이어지고 있다.

5년 전인 2016년 검정을 통과해 이듬해부터 사용된 고교 1학년용 4개 사회과목, 35종의 교과서 가운데 27종(77.1%)에도 "다케시마(일본이 주장하는 독도의 명칭)는 일본 고유 영토", "한국이 불법 점거하고 있다"는 등의 일본영유권주장이 포함된 바 있다. 이후 일본정부는 2022년부터 개편되는 지리총합 등 일부 고교 사회과목에서 독도는 일본 고유 영토라고 가르치게 하는 학습지도요령을 2018년 3월 30일 고시했다. 일본정부는 교과서 내용을 학습지도요령과 그 해설서, 교과서 검정 등 3단계로 통제한다. 학습지도요령은 다른 두 단계의 기준이 되는 최상위 원칙이다. 일본이 일방적인 독도영유권주장을 교과서에 싣고 학생들에게 가르치면 일제강점기 징용이나 일본군 위안부 동원 등 역사문제로 악화한 한일관계를 더 어렵게 할 가능성이 있다.

▲ 독도를 '다케시마'로 표시한 일본의 역사교과서

위안부 관련사실도 모호하게 기술해

아울러 검정을 통과한 고교 역사교과서 가운데는 일본군 위안부 동원 강제성이나 위안소 운영과정에서 벌어진 인권침해 및 폭력을 명확하게 드러내지 않고 모호하게 기술한 책들도 많았다. 다이이치가쿠슈샤의 교과서에는 한반도 출신 여성을 위안부로 강제동원한 것에 관해 "많은 여성이 위안부로 전지(戰地)에 보내졌다", "여성이 위안부로 전지에 보내졌다"고 각각 기술됐다. 이에 비춰보면 피해자를 동원한 주체가 누구인지를 명확하게 하지 않아 누구에게 책임이 있는지를 이해하기 어렵게 한 셈이다. 일본군 위안부문제를 둘러싼 한일갈등이 증폭하는 가운데 미래세대의 역사인식 차이는 갈수록 벌어질 것으로 우려되는 대목이다.

또한 도쿄서적의 교과서는 "전시하에서는 위안소가 각지에 설치돼 많은 여성의 인권이 짓밟혔다", "일본인이나 일본의 식민지 지배하, 일본의 점령하에 있던 많은 사람이 위안부로서 종군하도록 (시킴을) 당했다"고 기술했다. 미묘한 표현에서 피해자들이 자발적으로 위안부가 된 것이 아니라는 점을 짐작할 가능성도 있으나 엄밀하게 말하면 강요당했다는 역사적 사실을 흐리는 표현이다.

한편 우리 정부는 3월 30일 일본이 '독도는 일본 땅'이라는 왜곡된 내용이 담긴 고등학교 교과서를 검정 통과시킨 데 대해 "강력히 항의하며 즉각적인 시정을 촉구한다"고 밝혔다. 정부는 이날 오후 일본 교과서 검정결과에 관한 외교부 대변인성명을 통해 "일본정부가 자국 중심의 역사관에 따라 과거의 사실을 있는 그대로 기술하지 않은 교과서를 검정통과시켰다"며 이같이 말했다. 정부는 "역사적·지리적·국제법적으로 명백한 우리 고유의 영토인 독도에 대한 허황된 주장이 담긴 교과서를 일본정부가 또다시 검정 통과시킨 데 대해 개탄을 금하기 어려우며 이를 강력히 규탄한다"고 강조했다.

31위

아시아 최대 현대미술 축제
제13회 광주비엔날레 개막

아시아 최대 규모의 현대미술 축제인 제13회 광주비엔날레*가 2021년 4월 1일 개막해 5월 9일까지 39일간 진행됐다. '떠오르는 마음, 맞이하는 영혼'을 주제로 광주비엔날레 전시관, 국립광주박물관, 국립아시아문화전당, 양림동 호랑가시나무 아트 폴리곤, 광주극장 등 광주 대표 문화시설에서 40개국 69명의 작가가 450여 점의 작품을 선보였다. 특히 코로나19 상황을 고려해 온라인전시가 강화됐다. 당초

2020년 9월 열릴 예정이었던 제13회 광주비엔날레는 코로나19 확산에 두 차례 연기됐으며 행사기간도 73일에서 39일로 축소됐다.

비엔날레(Biennale)

이탈리아어로 '2년마다'라는 뜻으로 미술분야에서 2년마다 열리는 전시행사. 세계 각지에서 열리는 비엔날레 중 가장 역사가 길며 권위 있는 것은 베니스비엔날레. 우리나라는 1995년 제45회 전시부터 독립된 국가관을 개관하여 참가하고 있다.

※ 세계 3대 비엔날레 : 베니스(이탈리아), 상파울루(브라질), 휘트니(미국)

광주비엔날레재단은 2021년 3월 31일 오후 7시 30분 광주비엔날레광장에서 개막식을 열고 전시 시작을 알렸다. 개막식에는 황희 문화체육관광부 장관, 이용섭 광주시장, 김용집 광주시의회 의장, 장휘국 광주시 교육감, 이병훈 국회의원, 이형석 국회의원, 김나윤 광주시의회 교육문화위원회 위원장, 윤범모 국립현대미술관장, 민정기 참여작가, 이철우 5·18기념재단 이사장, 김선정 광주비엔날레 대표이사 등이 참석했다. 코로나19 상황을 고려해 방역 수칙을 준수하며 최소한의 규모로 치러졌다. 김선정 대표이사는 개막사에서 "전무후무한 팬데믹이라는 시대적 난관 속에서 27년 동안 축적된 노하우 아래 창설배경을 기리면서 차질 없이 행사를 준비했다."며 "인간과 환경, 과거와 현재 등 다양한 형태의 연대와 만나고, 인류가 축적한 다채로운 사고의 틀을 사유하고 성찰하는 장으로서 역할을 할 것이다"고 밝혔다.

주제전, GB커미션, 파빌리온, 5·18 특별전

주제전은 그동안 서구사회와 근대를 지탱해온 합리성과 이성의 이분법에서 더 나아가 비서구세계에 자리한 전 지구적인 생활체계와 공동의 생존을 위한 예술적 실천에 방향성을 뒀다. 전시, 온라인저널, 출판물 등 온·오프라인이 유기적으로 순환하는 현대미술 축제의 가능성과 실험정신을 극대화하는 데 초점을 맞췄다. 다양한 국가의 작가가 참여해 전시공간의 역사와 장소적 특성에 맞춘 작품을 전시했는데, 특히 메인 전시공간인 5개 전시실은 각기 다른 주제로 연출됐다. 5·18민주화운동의 상처를 예술로 승화하고자 태동한 광주비엔날레 창설취지에 맞춰 1전시실이 최초로 무료개방됐다.

2018년 제12회 광주비엔날레에서 첫선을 보인 광주비엔날레커미션(이하 GB커미션)과 파빌리온 프로젝트도 더욱 확장됐다. 5·18의 역사적 현장인 옛 국군광주병원을 비롯해 문화전당, 광주문화재단에서 광주의 역사를 담은 다양한 작품도 선보였다.

온라인전시 강화, 관람객 안전·편의에 만전

이번 비엔날레는 전시장을 직접 방문하지 않더라도 공식 웹사이트, 유튜브, 누리소통망(SNS) 등 온라인으로 전시를 접할 수 있었다. 또한 온라인 사전예약제를 운용하며 시간당 300명까지 전시장에 입장할 수 있게 했다. 국립광주박물관을 제외하고 모든 전시관은 매주 월요일 휴관하며 개관시간은 오전 9시에서 오전 10시(오후 6시 마감)로 늦췄다. 오디오서비스인 애플리케이션 '큐피커'를 통해 참여작가의 작품해설을 들을 수 있게 제공했고, 전시장에는 방역소독을 담당할 인공지능 로봇도 운행했다.

한편 코로나19 장기화로 지친 시민들을 위로하기 위해 광주비엔날레 전시관 외벽에 미디어파사드를 펼쳤다. 광주 곳곳에 있는 전시공간을 운행하는 셔틀버스로 편의를 도왔고, 그 외에도 온라인으로도 진행되는 아트스쿨, 작가 워크숍 등을 세 차례 마련해 관람객들의 참여를 높였다. 시대

시대변화 vs 비혼조장
비혼가정 방송출연 논란

2021년 3월 25일 청와대 국민청원게시판에 눈의 띄는 청원이 올라오면서 때아닌 '정상가족' 논란이 일었다. 논란의 주인공은 2020년 11월 정자기증을 통한 시험관시술로 아기를 출산한 일본 출신 방송인 후지타 사유리 씨다. 청원인은 KBS 2TV 육아 관련 예능프로그램에 사유리 씨의 출연이 확정된 것을 두고 '비혼모 출산 부추기는 공중파 방영을 즉각 중단해주세요'라는 제목의 글을 남겼다. '정상가족'이 아닌 방송인의 출연이 올바른 가족관을 헤칠 수 있다는 게 청원의 골자다. KBS 시청자청원 게시판에도 사유리 씨의 방송출연을 반대하는 글들이 상당수 게시됐고, 이에 해당 프로그램의 시청자 게시판은 댓글 작성을 막아놓은 상태다. 일부 종교단체들도 비혼을 부추기고 올바른 가족관을 저해한다는 이유로 반대하고 있다.

사유리 씨의 방송출연을 반대하는 이들의 논리의 전제는 '결혼으로 맺어지지 않은 가족은 정상이 아니다'라는 것이다. 그러나 2020년 혼인건수 21만 4,000건에 출산율이 0.84명으로 통계 작성 이후 역대 최저를 기록한 것을 감안하면 '정상가족'이 과연 '결혼한 두 부모 가정'이어야 하는가 하는 지적이 나온다. '정상'이라는 개념이 시대에 따라 변할 수 있는 만큼 비혼가정을 비정상으로 보는 인식은 지극히 편협하고 시대착오적 사고와 발상에서 비롯됐다는 것이다.

현재 우리나라는 2004년 모든 국민이 '건강한 가정'을 지향해야 한다는 취지로 제정한 건강가정기본법(건가법)으로 가족과 가정에 대해 정의를 내리고 있다. 이 법은 '가족'을 '혼인 · 혈연 · 입양으로 이루어진 사회의 기본단위'로, '가정'을 '가족구성원이 생계 또는 주거를 함께하는 생활공동체로서 구성원의 일상적인 부양 · 양육 · 보호 · 교육 등이 이루어지는 생활단위'로, '건강가정'을 '가족구성원의 욕구가 충족되고 인간다운 삶이 보장되는 가정'으로 규정한다. 그러나 한국한부모연합은 "이 법이 우리 사회에 '건강하지 않은 가정'을 전제하며 한부모가족에 대한 부정적 편견과 차별을 재생산하고 있다"고 주장한다. 이혼, 혹은 사별 후 자녀를 키우는 가정, 미 · 비혼 출산 후 자녀를 키우는 가정을 '예방해야 하는 가정문제' 및 '위기가족'으로 지칭하며 현재 한국사회에 등장한 다양한 가족형태를 반영하지 못하고 있다는 지적이다.

[비혼가정 방송출연]

찬성 · 다양한 가족의 형태 이미 존재

우리 모두에게는 주체적이고 당당하게 살아갈 권리가 있으며, 그것이 가능한 사회가 행복한 사회다. 가족형태가 소위 정상범주에 속해야만 구성원 모두가 행복한 것도 아니며, 모두에게 똑같은 가족의 형태와 가치관을 강요할 수는 없다. 각자의 가치관, 삶의 경로와 환경에 따라 얼마든지 천차만별의 가족형태가 형성될 수 있는 것이다.

시대가 변하면서 우리 사회에는 다양한 가족의 형태가 생겼고, 이미 존재하고 있다. '가족'에 있어 '정상', '비정상'을 논하는 게 무의미해졌다는 말이다. 사유리 씨의 가족 역시 다양한 가족의 형태 중 하나일 뿐이다. 이에 대한 우려는 우리 사회가 아직 변화에 낯설어하고 있다는 증거다. 통계청 조사에 따르면 2016년 24.2%였던 '결혼하지 않고도 자녀를 가질 수 있다'는 인식은 2020년에는 30%로 5%포인트 이상 상승했다. 사회인식도 많이 변한 것이다. 그런 의미에서 비혼가정의 방송출연은 그것이 옳든 그르든 새로운 시대의 흐름을 참고하는 기회가 될 수 있을 것이다. 지금 우리가 치열하게 지켜야 할 것은 오늘을 살아가는 우리의 삶이지 오래되고 무의미해진 제도나 관습 그 자체는 아님을 다시 한 번 생각해야 할 때다.

좋아요 👍 정상가족의 기준이 무엇인가?

- 비혼을 비롯해 다문화, 미혼모, 한부모가족 모두 사회 속에서 차별 없이 공존해야 한다.
- 다양한 가정을 보여주는 것도 공영방송의 의무다.
- 우리 사회에 필요한 것은 '건강가정기본법'이 아닌 '보편적 가족법'이다.

반대 · 비혼을 부추기는 것

경제적인 문제로 결혼 자체를 기피하는 젊은이들이 점차 많아지고 있다. 이럴 때일수록 공영방송은 올바른 가족관을 제시하고 결혼을 장려하며 정상적인 출산을 장려하는 시스템과 프로그램을 만들어야 할 것이다. 그런데 이런 때에 '비혼모'를 고정출연시킨다는 것은 바람직하고 지속가능한, 건강한 가정이라는 가치를 지향하고 확산시켜야 하는 공영방송의 의무를 저버리는 행위가 아닐 수 없다. 청소년들이나 청년들에게 비혼출산이라는 비정상적인 방식이 마치 정상인 것처럼 오해하게 만들 뿐만 아니라 비혼출산을 부추기게 될 것이다.

우리나라에서는 불법이기는 하나 외국인인 만큼 정자를 기증받아 아이를 출산한 것까지는 개인적인 선택으로 이해할 수 있다. 그러나 아이는 아버지의 부재 속에서 성장해야 하고 그 가운데에서 정신적 혼란과 고통을 겪을 수밖에 없다. 그럼에도 예능프로그램의 특성상 아이의 혼란이나 고통은 외면당하고 미화될 가능성이 크다. 미래세대에게 잘못된 환상을 심어줄 수 있는 것이다. 사회의 가치관과 윤리를 공동체가 함께 노력해 지켜내야 한다. 변화가 현실이라고 해서 잘못된 방향을 방관하거나 조장해서는 안 된다. 시대

싫어요 👎 비혼가정은 정상이 아니다

- 애초에 정자기증이 우리나라에서는 불법이다.
- 비혼에 대한 환상과 오해를 양산해 출산율을 더 떨어뜨리게 만들 것이다.
- 결혼과 가정에 대한 가치관 형성에 매우 편파적이고 좋지 않은 영향을 끼칠 것이다.

작은 정부 VS 큰 정부
공기업 민영화 논란

기밀사항인 내부정보를 이용해 개발지역에 투기를 한 한국토지주택공사(LH) 직원들이 드러나 공분을 산 것을 계기로 공기업 민영화를 주장하는 목소리가 커지고 있다. 여기에 2021년 4·7 보궐선거에서 서울과 부산시장 후보자들이 각 분야의 공기업을 민영화하겠다는 선거공약을 들고 나오면서 불을 지핀 모양새다. 특히 부산시장 선거에 나섰던 박형준(국민의힘) 후보는 우체국 민영화와 더불어 보건의료공약이라는 이름으로 의료민영화·영리화 공약을 내걸었고, 서울시장 선거에 나선 정동희(무소속) 후보도 서울시 공기업 13%를 매각해 민영화하겠다고 공약했다.

▲ 3기 신도시 관련 투기의혹을 받는 LH

공기업(公企業, Public Enterprise)이란 사회공공의 복리를 목적으로 중앙정부 또는 지방정부가 출자하여 설립되었거나 지분이 대부분 정부에게 속해 있는 기업으로서 각자에게 고유한 사업영역을 부여하고 경영에 대한 책임은 스스로 지는 기업이다. 우리나라의 공기업 비중은 매년 공정거래위원회(공정위)가 발표하는 '상호출자제한 기업집단(대기업) 지정현황'에서 공기업이 제외된 2017년 이전 자료를 통해 유추했을 때 자산총액 10원이 넘는 기업은 12개사로 전체의 40%여를 차지하고, 자산규모로도 전체에 35%를 넘는다. 즉, 우리나라는 시장경제를 표방하면서도, 다른 나라들에 비해 공기업의 비중이 큰 편에 속한다. 이는 국가주도 경제발전을 이룬 나라들에서 보이는 특징이기도 하다.

이런 이유로 군사정부가 종식되고 국민투표에 의한 대통령 직선제가 자리를 잡자 2000년 이후 선거 때마다 공기업의 민영화는 화두로 떠오르곤 했다. 특히 이명박정부는 감세에 따른 손실을 메운다는 이유로 대통령 후보 때부터 퇴임 때까지 줄기차게 공기업의 민영화를 추진했다. 그중에서 대표적인 것이 상수도·청주공항 및 인천국제공항·가스 민영화였고, 그 외에도 철도 관세권 회수(철도 민영화), 영리병원 도입(의료 민영화), KS인증 민영화를 추진했다. 심지어 전기와 KBS 및 MBC 방송까지 민영화대상이었다. 한편 공기업의 민영화에 대한 주장은 신자유주의 경제정책에 기반을 두고 있다. 사적자본에게 소유권과 경영권을 넘긴다는 뜻에서 '사유화' 또는 '사영화'로도 부르고, 시장매커니즘으로 공공서비스를 넘긴다는 뜻에서 '시장화'라고도 부른다.

[공기업 민영화]

찬성 경쟁적 산업구조로 전환된다

기업이나 서비스가 '비시장적인' 공적영역에 존재하게 되면 필연적으로 민간기업, 민간서비스보다 비효율적으로 경영될 수밖에 없다. 그렇게 되면 결국 부실화되어 적자상태에 빠지게 된다. 이렇듯 국가가 소유하고 경영하는 공기업이나 공적 사업영역이 비효율적이고 방만하게 운영되어 부실화되면 경쟁력도 떨어지게 되어 국가경쟁력이 약화된다. 또한 정부는 부실 공기업들의 적자를 보존해주기 위해 국민의 세금을 투입할 수밖에 없다. 이런 문제를 해결해 공기업을 건전하고 경쟁·발전할 수 있는 기업으로 전환시키기 위해 나온 정책이 바로 민영화다.

기업은 경쟁을 통해 발전한다. 경쟁이 있어야 소비자에게 선택받기 위해 서비스를 개발하고 개선하려 노력하기 때문이다. 선택에 있어 가장 중요한 요소인 가격경쟁력을 확보하기 위해서도 보다 좋은 품질의 서비를 보다 낮은 가격으로 제공하기 위해 노력한다. 그러나 독과점 형태로 운영되는 공기업은 경쟁을 할 필요가 없다. 그렇기 때문에 독과점으로 창출된 막대한 수익을 소비자가를 낮추는 것으로 국민에게 돌려주기보다는 직원의 성과급이나 관련 로비자금으로 사용하고 있는 것이다.

반대 공공부문의 사회적 역할이 있다

민영화란 단순하게 '민간'에게 소유권과 사업권을 넘기는 것이 아니다. '사적자본'에게 '공적자산'을 파는 행위다. 큰돈을 들여 매수한 민간기업의 최종 목표는 공공의 이익이 아니라 수익창출이다. 물론 일시적으로 가격이 떨어질 수는 있다. 경쟁을 해야 하기 때문이다. 그러나 경쟁을 위한 가격인하는 재투자를 불가능하게 한다. 종국에 서비스의 질이 저하될 것이다. 그리고 경쟁에서 최종적으로 승리하거나 막대한 손실이 예상되는 경우에는 손실보상 차원에서 가격을 올릴 수밖에 없다. 2021년 1월 텍사스주에 몰아친 한파로 설비투자를 소홀히 했던 민간 전력회사들이 막대한 손실을 입자 평소 MWh당 50달러였던 전기요금을 9,000달러까지 올린 것이 그 예다.

또한 공기업이 민영화되면 먼저 선진화와 기업구조 개선이라는 명목으로 정리해고를 단행한다. 그러나 '수익성'을 기준으로 경제를 평가하던 사조가 점차 퇴조하고 '안전성과 고용창출력'을 중시하는 방향으로 시대의 의제가 이동하고 있다. 이에 기초해 자금과 정책방향도 이동하고 있다. 이런 변화의 기준으로 본다면 공기업 민영화는 더더욱 정당성을 갖기 어렵다. 시대

좋아요 👍 경제는 소비자 위주가 되어야

- 공기업이 고객인 국민에게 횡포를 부려도 국민은 다른 대응수단이 없다.
- 정치적인 논리에 의해 운영되면 그 혜택이 일부 소수에게만 제공되기 쉽다.
- 경쟁이 있어야 최고의 서비스를 제공하기 위한 노력을 한다.

싫어요 👎 공공사업은 돈벌이 대상 아냐

- 결국 신자유주의와 국제금융자본에 국민경제가 굴복하게 된다.
- 민간기업은 공익성을 위해 자신을 희생하는 일은 하지 않는다.
- 민영화된 기업이 가장 먼저 하는 일은 구조조정, 즉 정리해고다.

01 4·7 보궐선거에서 (　　　) 후보가 서울시장에 당선됐다. 부산시장 당선인은 박형준 후보다.

02 정부가 LH 사태 및 공직자의 불법투기 엄벌을 위해 (　　　)을/를 발표했다.

03 2020년 흑인 남성 조지 플로이드가 경찰의 가혹행위로 사망하자 흑인의 생명도 중요하다는 (　　　) 구호가 시위에서 사용됐다.

04 (　　　)은/는 이집트와 시리아가 주축이 된 아랍연합군과 이스라엘이 수에즈운하의 통제권을 두고 벌어진 전쟁이다.

05 (　　　)은/는 일정기간 중 업무가 많은 주의 근로시간을 늘리고 업무가 적은 주의 근로시간을 줄여 평균치를 주 52시간 내로 맞추는 제도다.

06 (　　　)은/는 5세대 이동통신 이후의 표준 무선통신 기술을 의미한다.

07 (　　　)이/가 미얀마 국경에 군 병력을 집결시키고 있다. 석유·가스관 보호차원이라고 하지만 대규모 난민사태 대비까지 다목적 용도라는 해석이다.

08 코로나19 확산방지를 위해 기본방역수칙이 강화됐다. 이로 인해 출입자 (　　　)이/가 출입명부를 작성해야 한다.

09 한국전력은 UAE정부가 우리나라에서 처음 수출한 원자력발전인 (　　　) 1호기의 상업운전을 개시했다고 발표했다.

10 SBS에서 방영됐던 드라마 (　　　)이/가 역사왜곡논란으로 폐지됐다.

11 2019년 한국과 러시아는 러시아 (　　　) 대통령의 방한에 합의했으나 코로나19 등으로 계속 연기되고 있다.

12 (　　　)은/는 연산과 제어 기능을 하며 이는 가전, 차량 등에 활용된다.

13 (　　　)은/는 오존층 파괴물질의 생산과 소비를 단계적으로 중단함으로써 성층권 오존층을 보호하기 위해 제정한 글로벌 협약이다.

14 2020년 주식시장이 뜨겁게 달궈지며 소액주주가 1년 새에 80% 가까이 늘어났다. 소액주주가 가장 많이 늘어난 개별 기업은 (　　　)(이)다.

15 (　　　)의 시행으로 군사분계선 일대에서의 대북확성기 방송, 시각매개물 게시 등을 하면 처벌받을 수 있다.

16 (　　　)은/는 'Top(셋톱박스)를 통해 제공됨'을 의미하는 것으로 범용 인터넷을 통해 미디어콘텐츠를 이용할 수 있는 서비스를 말한다.

17 2019년에 노벨평화상을 수상한 (　　　) 에티오피아 총리는 티그레이분쟁의 원인으로 지목된다.

18 (　　　)은/는 산업단지를 디지털 기반의 스마트 · 친환경 제조공간으로 전환하는 것으로 '한국판 뉴딜 종합계획'에 포함된 내용이다.

19 2021년 3월 (　　　)이/가 제정됐다. 이는 지속적인 스토킹을 하다가 적발되면 최대 징역 5년 이하의 처벌을 받는 것을 골자로 한다.

20 중국정부의 신장 (　　　) 강제수용 · 노동에 서구국가는 중국에 경제제재를 단행했다.

21 (　　　)은/는 임대차와 관련된 전월세상한제, 계약갱신청구권제, 전월세신고제 등을 말한다.

22 정세균 국무총리가 (　　　)을/를 국내에 도입하겠다고 밝혔다. 이는 블록체인 기술을 활용해 위변조를 방지한다.

23 코로나19 방역실패 등으로 보우소나루 브라질 대통령의 지지율이 하락하는 가운데 (　　　) 전 대통령의 지지율이 상승세를 타고 있다.

24 (　　　)은/는 돈을 쓰지 못한 보상심리에서 비롯한 것으로 과소비를 통해 소비욕구를 해소하는 것을 말한다.

25 삼성전자가 2021년 1분기 영업이익이 9조원을 넘어서며 (　　　)을/를 기록했다.

26 (　　　)은/는 아시아 최대 규모 현대미술 축제다. 비엔날레는 2년마다라는 뜻의 이탈리아어로 미술분야에서 2년마다 열리는 전시행사다. 시대

---

01 오세훈　**02** 3 · 29 투기대책　**03** Black Lives Matter(BLM)　**04** 욤키푸르전쟁　**05** 탄력근로제　**06** 6G　**07** 중국
08 전원　**09** 아랍에미리트(UAE) 바라카원전　**10** 조선구마사　**11** 푸틴　**12** 시스템반도체　**13** 몬트리올의정서　**14** 삼성전자
15 대북전단금지법　**16** 온라인동영상서비스(OTT)　**17** 아비 아머드　**18** 스마트그린 산업단지　**19** 스토킹처벌법　**20** 위구르족
21 임대차 3법　**22** 백신여권　**23** 루이스 이나시우 룰라 다 시우바　**24** 보복소비　**25** 어닝서프라이즈　**26** 광주비엔날레

필수 시사상식

시사용어브리핑

NTF(Non Fungible Token : 대체불가토큰) 다른 토큰과 대체·교환될 수 없는 가상화폐

▶ 과학·IT

하나의 토큰을 다른 토큰과 대체하거나 서로 교환할 수 없는 가상화폐다. 2017년 처음 시장이 만들어진 이래 미술품과 게임아이템 거래를 중심으로 빠른 성장세를 보이고 있다. NTF가 폭발적으로 성장한 이유는 희소성 때문이다. 기존 토큰의 경우 같은 종류의 코인은 한 코인당 가치가 똑같았고, 종류가 달라도 똑같은 가치를 갖고 있다면 등가교환이 가능했다. 하지만 NTF는 토큰 하나마다 고유의 가치와 특성을 갖고 있어 가격이 천차만별이다. 또한 어디서, 언제, 누구에게 거래가 됐는지 모두 기록되어서 위조가 쉽지 않다는 것이 장점 중 하나다.

왜 이슈지?

테슬라 최고경영자(CEO) 일론 머스크의 아내이자 가수인 그라임스가 **NTF** 기술이 적용된 디지털 그림을 경매에 내놓아 20분 만에 65억 원을 벌었다.

자본주의 키즈 자본주의와 함께 자란 MZ세대

▶ 경제·경영

자본주의가 익숙한 MZ세대를 뜻한다. 김난도 서울대학교 교수가 자신의 저서 '트렌드코리아 2021'에서 제시한 2021년 10대 키워드 중 하나다. 자본주의와 함께 자라며 시장원리를 몸으로 익힌 이들은 투자, 적금 등에 관심을 쏟고 투철한 경제관념을 자랑한다. 또한 소비자로서의 주체성이 강하기 때문에 PPL(간접광고)에 거부 감이 없지만 협찬을 받았으면서 받지 않은 척하는 뒷광고에는 큰 거부감을 가진다. 자신의 욕망 실현에 거침이 없으면서도 돈은 계획 있게 쓴다는 점이 한 번뿐인 인생을 즐기기 위해 내일이 없는 것처럼 돈을 소비하는 '욜로(YOLO)'와 다르다.

왜 이슈지?

MZ세대 사이에서 주식 등 다양한 재테크에 대한 관심이 뜨겁다. 소위 **자본주의 키즈**라 불리는 이들을 위해 카카오는 1,000원 미만의 금액은 자동 저금되는 잔돈금융서비스를 선보였다.

금융소비자보호법(금소법) 소비자의 권익을 증진하기 위해 만들어진 금융법

금융상품 판매 시 소비자의 권익을 증진하는 것을 목적으로 만들어진 금융법이다. 2020년 3월 국무회의에서 의결됐고, 2021년 3월 25일에 시행됐다. 이로써 불공정영업행위 및 허위 · 과장광고를 금지하는 6대 판매규제가 모든 금융상품으로 확대적용됐다. 이를 어기면 징벌적 과징금을 내야 하며, 과징금 또한 5,000만원에서 1억원으로 인상됐다. 금융소비자를 위한 청약철회권 · 위법계약해지권을 보장하는 제도도 포함됐다. 금융위원회가 관리하는 은행을 대상으로 하기 때문에 2021년 3월 기준 농협, 수협, 새마을금고, 산림조합 등은 금소법 대상에서 제외됐다.

왜 이슈지?

2021년 3월 첫 시행된 **금융소비자보호법**으로 펀드 등 상품가입을 하는 시간이 길어졌다. 상품설명서를 하나하나 읽어주고 녹취를 하는 등 가입절차가 추가됐기 때문으로 나타났다.

줌 피로(Zoom Fatigue) 줌(ZOOM)에 피로를 느끼는 현상

화상으로 대화를 나누게 해주는 줌(ZOOM) 프로그램에 피로감과 스트레스를 느끼는 것을 말한다. 코로나19로 재택근무와 재택수업을 해야 하는 날이 늘어나면서 줌과 같은 화상플랫폼을 통해 회의, 수업에 참여하는 경우가 증가하고 있다. 이 때문에 내내 감시를 당하는 느낌을 받는 경우가 발생하며 직접적으로 대면할 때보다 기술적으로 신경 써야 하는 것에 극도의 피로감을 호소한다. 줌 피로는 팬데믹 시대가 만들어낸 신조어 중 하나다.

왜 이슈지?

코로나19가 장기화되면서 줌으로 화상회의를 하는 것에 피로감을 느끼는 이른바 **줌 피로**를 호소하는 회사원들이 늘어나고 있다.

기획부동산 땅을 거짓으로 분양해 이득을 취하는 것

거짓으로 땅을 분양해 이득을 취하는 것을 의미한다. 원래 존재하던 고유단어가 아니고, 언론에서 부동산사기 사례를 소개하면서 만들어진 합성어다. 기획부동산을 판매하는 이들은 땅 구매에 관심을 가지는 이에게 해당 토지가 개발될 것이기 때문에 큰돈을 벌 수 있다고 꼬드기며 매매를 권유한다. 하지만 매매토지는 임야를 수십, 수백 개로 쪼개 팔기 때문에 공동 소유주가 수십 명에서 수백 명까지 이르기도 한다. 또한 개발이 사실상 불가능에 가까운 토지이기 때문에 기획부동산을 믿고 구매했지만 아무런 금전적 이득을 취할 수 없는 피해자가 발생하고 있다.

왜 이슈지?

한국토지주택공사(LH)에서 비롯된 부동산투기 의혹을 수사 중인 정부합동특별수사본부(특수본)이 **기획부동산**도 집중적으로 수사하기로 했다.

배배테크   배액배상으로 하는 재테크

▶ 사회 · 노동 · 교육

배액배상과 재테크를 합친 신조어다. 배액배상이란 매도인이 부동산을 파는 과정에서 갑자기 매매를 취소하는 경우 매수인에게 계약금 두 배를 물어주는 것을 뜻한다. 가격이 급등하는 부동산시장 속에서 위약금 두 배를 물어주더라도 계약을 취소하는 것이 이득이라고 생각하는 매도인이 늘어났다. 법적으로 중도금을 지불하면 부동산계약을 파기할 수 없기 때문에 매도인의 배액배상을 방지하기 위해 매수인이 미리 중도금을 내는 현상도 발생함에 따라 '강제 중도금'이라는 신조어도 함께 만들어졌다. 반면 이를 투기로 악용하는 사례도 생겨나고 있는데 이것을 배배테크라고 한다.

> **왜 이슈지?**
>
> 아파트 값이 껑충 뛰고 있는 수도권과 지방 등에서 배상배액 사례가 증가하자 이러한 세태를 풍자하는 **배배테크**라는 말이 나왔다.

인스타그래머블(Instagrammable)   인스타그램에 올릴 만한 게시물

▶ 사회 · 노동 · 교육

'인스타그램에 올릴 만한' 이라는 뜻을 가진 단어다. 사진을 주로 올리는 SNS인 인스타그램(Instagram)과 '할 수 있는'이라는 뜻의 접미사 '-able'을 합친 말이다. 최근 인스타그램은 많은 사람의 의식주에 지대한 영향을 끼치고 있다. 특히 젊은 세대가 카페, 식당 등을 방문할 때는 인스타그램에 사진을 게시할 만한 장소를 찾아가는 것이 중요한 기준이 됐다. 이러한 현상은 마케팅업계에서도 감성 마케팅을 펼치기 위한 핵심적인 요소로 평가받는다.

> **왜 이슈지?**
>
> 전시회 등에도 **인스타그래머블** 바람이 불고 있다. 관객이 참여하고 직접 사진도 찍을 수 있는 전시회가 인증샷을 남기려는 관객들로 문전성시를 이루고 있다.

히든 챔피언(Hidden Champion)   사람들에게 잘 알려지지 않은 강소기업

▶ 경제 · 경영

사람들에게 잘 알려지지 않았지만 자신의 분야에서 강한 경쟁력을 가진 강소기업을 의미한다. 독일 경영학자 헤르만 지몬이 자신의 저서 '히든 챔피언'에서 해당 용어를 처음 언급한 뒤 알려지게 됐다. 헤르만 지몬에 따르면 히든 챔피언이 되기 위해서는 세계시장이나 대륙에서 1~3위의 점유율을 차지해야 하며 매출액은 40억 달러를 초과하면 안 된다. 또한 대중에게 잘 알려지지 않아야 하는 세 가지 조건을 모두 충족해야 한다. 히든 챔피언은 특정 한 가지 분야와 세계시장 공략에 집중한다. 또한 고객친화적인 성격을 가진 것 또한 이들의 특징이다.

> **왜 이슈지?**
>
> 2021년 3월 19일 부산시가 혁신성과 성장 잠재력을 가진 우수기업을 발굴하는 2021년 부산형 **히든 챔피언**(히든테크) 기업공모를 한다고 밝혔다.

설탕세 당류를 넣은 식품에 부과하는 세금

설탕 등 당류를 넣은 식품에 세금을 부과하는 것이다. WHO(세계보건기구)가 국민의 비만을 방지하고 세수확보가 가능한 설탕세를 도입할 것을 전 세계 국가에 권유하며 생겼다. 설탕세는 콜라와 같이 단 청량음료에 매기는데 설탕 함유량과 지불해야 할 세금이 비례한다. 2018년부터 설탕세를 도입한 영국은 음료 100ml당 당분 함유량이 기준치를 넘어가면 세금을 부과하고 있다. 영국 외에도 멕시코, 노르웨이, 헝가리, 태국 등 전 세계 30여 개의 국가가 설탕세를 도입했다. 설탕세는 소비자에게 부담만 줄 뿐이라는 반응과 세금을 제도화함으로써 실제 국민의 건강을 증진할 수 있다는 반응으로 나뉜다.

왜 이슈지?

강병원 더불어민주당 의원은 2021년 2월 당류가 들어간 음료를 제조하거나 수입 · 판매하는 업자 등에게 **설탕세**, 즉 건강부담금을 부과하는 내용의 '국민건강증진법 개정안'을 대표발의했다.

스낵컬처(Snack Culture) 어디서든 즐길 수 있는 문화

어디서든 과자를 먹을 수 있듯이 장소를 가리지 않고 가볍고 간단하게 즐길 수 있는 문화스타일이다. 과자를 의미하는 '스낵(Snack)'과 문화를 의미하는 '컬처(Culture)'를 더한 합성어다. 출퇴근시간, 점심시간은 물론 잠들기 직전에도 향유할 수 있는 콘텐츠로 시간과 장소에 구애받지 않는 것이 스낵컬처의 가장 큰 장점이다. 방영시간이 1시간 이상인 일반 드라마와 달리 10~15분 분량으로 구성된 웹드라마, 한 회차씩 올라오는 웹툰, 웹소설 등이 대표적인 스낵컬처로 꼽힌다. 스마트폰의 발달로 스낵컬처시장이 확대됐고 현대인에게 시간 · 비용적으로 부담스럽지 않기 때문에 지속적으로 성장하고 있다.

왜 이슈지?

일상에서 짧게 볼 수 있는 콘텐츠가 인기를 끌고 있다. 드라마 '철인왕후'는 숏폼 스핀오프를 선보였고, 짧은 동영상으로 영어를 배울 수 있는 어플리케이션 등도 **스낵컬처**를 활용한 경우다.

큐어넌 트럼프 미국 전 대통령을 지지하는 음모론자

트럼프 미국 전 대통령을 지지하는 음모론자들이다. 2021년 1월 바이든 미국 대통령 당선에 분노해 미국 연방의사당을 불법으로 난입하면서 이들의 존재가 세상에 알려지게 됐다. 큐어넌은 알파벳 '큐(Q)'와 익명이라는 뜻의 '어나니머스(Anonymous)'를 합친 말이다. 이들의 활동은 Q라는 닉네임을 쓰는 유저가 극우성향 온라인 커뮤니티인 4채널에 음모론을 올린 것으로 시작됐다. 큐어넌 신봉자는 오바마 미국 전 대통령과 힐러리 클린턴 미국 전 행정부장관 등을 악마를 따르는 소아성애자 집단으로 규정하고 이들이 미국을 이끌고 있다고 주장한다. 이들은 트럼프 3월 재당선설과 클린턴 구속설을 주장했지만 빗나갔다.

왜 이슈지?

페이스북 측은 미국 사용자를 638개의 하위집단으로 구분해 집단별 백신불신 정도를 살펴봤다. 문건은 **큐어넌** 연관집단에서 백신을 의심하는 정서가 팽배하다고 밝혔다.

마진콜(Margin Call) 펀드의 투자원금이나 선물계약 시 예치증거금에 손실이 생겨 지불해야 하는 추가증거금

경제 · 경영

펀드의 투자원금이나 선물계약 시 예치증거금에 손실이 생겨서 추가로 지불해야 하는 증거금을 마진콜이라고 한다. 원래는 선물거래 시 사용하는 용어였으나 펀드에서도 통용되고 있다. 증거금이 부족한 부분을 보완하라는 연락을 받는다는 뜻에서 '콜(Call)'이라는 단어가 붙었다. 지불재촉 연락이기 때문에 돈을 빌린 투자자에게만 연락이 간다고 여길 수 있지만 대출을 해준 회사도 마진콜을 당할 수 있다. 계약을 유지하기 위해서는 투자자가 빠른 시간 내에 부족한 증거금을 채워야 한다. 펀드회사의 경우 마진콜을 받았음에도 불구하고 증거금을 보충하지 못한다면 신뢰를 잃을 수 있기 때문에 주의해야 한다.

> **왜 이슈지?**
>
> 한국계 미국인 투자자 빌 황이 이끄는 개인투자사 아케고스 캐피털 매니지먼트는 투자은행들과 파생상품인 총수익스와프(TRS) 등을 통해 대규모 차입거래를 하다가 **마진콜**에 몰려 큰 손실을 봤다.

덤벨경제(Dumbbell Economy) 체력증진을 목적으로 운동에 들이는 돈

사회 · 노동 · 교육

체력증진을 목적으로 운동에 들이는 돈을 뜻한다. 운동기구인 아령을 뜻하는 '덤벨(Dumbbell)'과 '경제(Economy)'를 합친 말이다. MZ세대(1980년대 초~2000년대 초에 태어난 세대) 사이에서 일과 삶의 균형을 찾는 뜻의 워라밸에 대한 관심이 지대해졌고, 삶의 질을 향상시키는 것에 집중하며 운동에 대한 관심과 여기에 지출하는 비용이 늘어났다. 동시에 건강식품, 운동복, 운동기구뿐만 아니라 운동량을 측정해주는 웨어러블 디바이스, 운동 어플리케이션 등의 매출도 늘어났다. 코로나19 이후에는 사회적 거리두기 등으로 집에서 머무는 시간이 늘어남에 따라 실내에서 운동하는 '홈트(홈트레이닝)' 관련 소비도 상승했다.

> **왜 이슈지?**
>
> 2020년 10월 기준 우리나라 피트니스센터가 1만개를 돌파한 것으로 알려졌다. 이는 주 52시간 근무에 따른 여가시간의 증가와 MZ세대를 중심으로 **덤벨경제**가 성장한 것이 이유였다.

백신여권 백신을 맞은 사람에게 수여하는 디지털 인증서

국제 · 외교

코로나19 백신을 맞은 사람에게 해외여행, 콘서트 관람 등을 허용하는 디지털 인증서다. 뉴욕주가 미국 최초로 도입했는데 백신여권을 인증한 사람에 한해 결혼식 참석과 경기장 참여를 가능하게 했다. 뉴욕주 외에도 미국정부, EU 등이 백신여권 도입을 논의 중에 있다. 백신여권은 코로나19로 침체된 경제와 관광산업을 회복하기 위해 고안됐다. 긍정적 전망도 있지만 인증서를 도용 · 위조할 수 있고 백신을 맞았음에도 코로나19에 걸려 전파할 수 있다는 우려를 낳고 있다.

> **왜 이슈지?**
>
> 정세균 국무총리가 코로나19 백신접종 기록을 담은 이른바 **백신여권**을 국내에 도입하겠다고 밝혔다. 정 총리는 정부가 2021년 초부터 관련 준비를 시작해 시스템 개발을 이미 완료했다고 소개했다.

인슈어테크(Insurtech) <small>기술을 보험서비스에 활용하는 것</small>

인공지능, 데이터분석과 같은 기술을 보험서비스에 활용하는 것을 말한다. 보험을 뜻하는 '인슈어런스(Insuarance)'에 기술을 뜻하는 '테크놀로지(Technology)'를 더한 단어다. 인슈어테크를 가능하게 하는 주요 기술은 4차 산업혁명의 대표기술인 인공지능, 빅데이터, 사물인터넷(IoT), 블록체인 등이다. 보험사는 위의 기술을 이용해 마케팅은 물론 위험관리와 상품개발 등에 힘쓰고 있다. 인슈어테크는 빅데이터 등을 활용해 수집한 개인정보를 바탕으로 소비자에게 맞춤형 상품을 제공할 수 있고, 이에 따라 소비자가 필요한 상품에 가입할 수 있다는 장점이 있다.

왜 이슈지?

문화체육관광부와 국립국어원은 '**인슈어테크**'를 대체할 쉬운 우리말로 '보험정보기술'을 선정했다고 밝혔다.

라떼파파 <small>육아에 적극적으로 참여하는 아빠</small>

육아에 적극적으로 참여하는 아빠를 의미한다. 한 손에 라떼(커피)를 들고 다른 한 손으로는 유모차를 끄는 스웨덴 남성의 모습에서 유래한 말이다. 1974년 스웨덴정부는 여성인력활용의 중요성을 깨달은 뒤 세계에서 처음으로 부부 육아휴직제도를 도입했다. 남녀의 동등한 육아책임을 강조하면서 적극적으로 육아정책을 펼쳤고 이러한 국가적인 노력 아래 라떼파파가 등장할 수 있  었다. 남녀 모두에게 육아하기 좋은 환경을 제공하며 국가적 · 기업적으로 육아에 대한 인식을 바꿨다.

왜 이슈지?

볼보자동차가 전 세계 자사 직원에게 24주, 약 6개월간 유급육아휴직을 주기로 했다. 이를 통해 **라떼파파**가 확대될 것으로 보인다.

쿼드(Quad) <small>미국, 일본, 인도, 호주 4국가가 모여 구성한 안보협의체</small>

미국, 일본, 인도, 호주로 구성된 안보협의체다. 2007년 당시 아베 신조 일본총리의 주도로 시작됐으며 2020년 8월 미국의 제안 아래 공식적인 국제기구로 출범했다. '법치를 기반으로 한 자유롭고 개방된 인도 · 태평양(FOIP ; Free and Open Indo-Pacific)' 전략의 일환으로 시진핑 중국주석이 이끄는 일대일로를 견제하기 위한 목적도 갖고 있다. 이 때문에 반(反)중국의 성격을 가지고 있는데 당시, 미국은 쿼드를 인도-태평양판 나토(NATO, 북대서양조약기구)로 추진했다. 한편 쿼드는 한국, 뉴질랜드, 베트남이 추가로 참가하는 쿼드 플러스로 기구를 확대하려는 의지를 내비치기도 했다.

왜 이슈지?

외교부가 미국 주도의 협의체 '**쿼드(Quad)**'에 참여하는 국가들과 기후변화 대응 및 코로나19 백신 등의 분야에서 협력할 수 있다는 입장을 밝혔다.

시사상식 기출문제

01 2020년을 마무리하며 교수들이 선정한 '올해의 사자성어'는? [2021년 MBC충북]

① 아시타비(我是他非)
② 목불견첩(目不見睫)
③ 안하무인(眼下無人)
④ 후안무치(厚顔無恥)

해설

아시타비(我是他非)는 나는 옳고 상대는 틀렸다는 뜻을 담은 사자성어다. '내가 하면 로맨스, 남이 하면 불륜'이라는 뜻의 '내로남불'을 한자어로 옮긴 것이다. 2020년 12월 교수신문에서는 교수 906명을 대상으로 설문조사를 진행해 '아시타비'를 2020년을 대표하는 '올해의 사자성어' 1위로 선정했다. 코로나19로 정치, 사회 전반에 소모적인 투쟁이 반복된 것을 선정 이유로 꼽았다.

02 2019년 12월 영구 정지된 경주 소재의 원자력 발전소는? [2021년 MBC충북]

① 한울원전 1 · 2호기
② 고리원전 1호기
③ 신고리원전 5 · 6호기
④ 월성원전 1호기

해설

월성원전 1호기는 국내 최초의 가압중수로형 원자력발전소로, 1983년 4월 22일 경주 월성에서 가동을 시작했다. 설계 당시 수명은 30년으로 2012년까지였으나 원자력안전위원회(원안위)의 승인을 받아 수리한 뒤 설계수명을 2022년까지로 연장했다. 그러나 일본 후쿠시마 원전사태 이후 노후 원전에 대한 점검이 시작되면서 2019년 12월 고리 1호기(2017년 6월 정지)에 이어 국내에서 두 번째로 영구 정지됐다.

03 검경수사권 조정 이후 검찰이 직접수사할 수 있는 6대 범죄가 아닌 것은? [2021년 경향신문]

① 선거범죄
② 강력성범죄
③ 대형참사
④ 방위사업범죄

해설

6대 중대범죄 사안은 부패범죄 · 경제범죄 · 공직자범죄 · 선거범죄 · 방위사업범죄 · 대형참사까지 대통령령으로 정한 범죄를 말한다. 2021년 1월 검경 수사권 조정에 따라 검찰수사는 6대 범죄와 4급 이상 공직자 관련 수사나 3,000만원 이상의 뇌물 등으로 수사범위가 한정됐다. 정부에서는 중대범죄를 별도로 수사할 전담기구로 중대범죄수사청 신설을 추진 중이다.

04 2021년 2월 화성에 착륙한 미항공우주국의 탐사선은? [2021년 경향신문]

① 리질리언스
② 퍼서비어런스
③ 인저뉴어티
④ 예제로 크레이터

해설

퍼서비어런스(Perseverance)는 미항공우주국(NASA)의 15번째 화성탐사선이자 5번째 탐사용 로버이다. 2020년 7월 30일 발사된 뒤 4억 7,100만km를 비행했다. 이후 2021년 2월 18일(현지시간) 화성의 고대 삼각주로 추정되는 '예제로 크레이터(Jezero Crater)'에 안착했다. '공포의 7분'으로 불리는 화성 대기권 진입, 하강, 착륙(EDL)의 고난도 비행을 수행한 결과다. 소형 헬리콥터 '인지뉴어티'를 장착한 것이 특징이다.

05 2020년 8월 이스라엘과 UAE, 바레인이 관계 정상화를 위해 맺은 협정은? [2021년 경향신문]

① 로메협정
② 센겐협정
③ 아브라함협정
④ 파리기후협정

해설

아브라함협정(Abraham Accord)은 2020년 8월 13일 바레인, 아랍에미리트와 이스라엘 사이에 맺어진 협정이다. 협정명칭은 유대교·이슬람교의 공통조상인 아브라함(Abraham)에서 따왔다. 이 협정으로 이스라엘은 팔레스타인 분쟁 이후 아랍국가와 72년 만에 수교했으며, 아랍에미리트는 아랍국가 중 이집트(1979), 요르단(1994)에 이어 이스라엘과 평화협정을 맺은 세 번째 국가다.

07 2021년 치안경찰과 수사경찰을 분리해 새롭게 출범한 수사조직은? [2021년 헤럴드경제]

① 국가수사본부
② 특별수사본부
③ 중대범죄수사청
④ 고위공직자범죄수사처

해설

국가수사본부(국수본)는 검경 수사권 조정 이후 경찰이 1차적 수사종결권을 갖게 되면서 경찰청 산하에 2021년 1월 1일 공식 출범한 수사기관이다. 경찰수사의 컨트롤타워 역할을 수행해 한국판 FBI라 불린다. 경찰청 산하에 있지만 수사의 독립성을 위하여 경찰청장도 국수본의 수사를 구체적으로 지휘·감독할 수 없다. 다만 테러 등 국가의 중대한 위기 시에는 경찰청장이 국수본장을 통해 개별 사건의 수사지시를 내릴 수 있다.

06 다음 중 저자와 책이 잘못 연결된 것은? [2021년 헤럴드경제]

① 토마 피케티 – 〈21세기 자본〉
② 한나 아렌트 – 〈마키아벨리의 가면〉
③ 리처드 도킨스 – 〈눈 먼 시계공〉
④ 움베르트 에코 – 〈장미의 이름〉

해설

한나 아렌트(Hanna Arendt)는 독일 태생의 유대인 철학 사상가로 〈인간의 조건〉, 〈예루살렘의 아이히만〉 등의 대표저서를 남겼다. 그는 현대의 대표적인 정치철학자로서 '악의 평범성'을 개념화하고 공공성의 문제를 탐구하였다. 〈마키아벨리의 가면〉은 정치철학자 루이 알튀세르의 도서이다.

08 코로나19 백신공동구매와 배분을 위해 설립된 국제백신공급기구는? [2021년 SBS]

① 코백스 퍼실리티
② 코백스 AMC
③ 유니세프
④ UNICEF

해설

코백스 퍼실리티(COVAX Facility)는 21년 말까지 전 인구의 20%까지 백신균등공급을 목표로 설립된 국제백신공급기구이자, 165개 국가들이 백신을 공동구매하고 배분하기 위한 국제 프로젝트다. 세계보건기구(WHO)의 주관하에 감염병혁신연합(CEPI)은 백신개발을, 세계백신면역연합(GAVI)은 백신공급을 담당한다. 코백스 AMC를 통해 백신구매능력이 부족한 취약국가에 코로나19 백신을 지원하고 있다.

09 협상 마지막 단계에서 작은 조건을 붙여 필요한 것을 받아내는 전략은?

[2021년 지방공기업평가원]

① 살라미 전술
② 레드헤링 기법
③ 더블마인드 기법
④ 니블링 전략

해설
니블링 전략(Nibbling Tactics)은 협상 마무리 단계에서 작은 것을 요구해 얻어내 약간의 양보를 받는 것이다. '야금야금 먹는다'는 뜻의 '니블(Nibble)'이라는 단어에서 착안했다. 대부분의 협상가는 그동안의 협상에 들인 시간이나 성과를 망치는 것을 주저하기 때문에 상대방의 니블링을 받아들일 경향이 크다. 상대가 수용하는 것을 전제로 상대요구를 받아들일 의사가 있다고 맞받아치는 역니블링(Counter Nibbling)도 있다.

10 소프트웨어 개발자들이 소규모로 모여 만든 회사는?

[2021년 지방공기업평가원]

① 소호
② 조이드벤처
③ 유니콘기업
④ 잡노마드

해설
소호(SOHO ; Small Office Home Office)란 영어로 '소규모 사무실', '가정 사무실'의 앞 글자를 따서 만든 신조어로 IT산업의 발달로 가능해진 소규모 자영업을 말한다. 주로 대기업과 계약을 맺고 재택근무를 하는 소프트웨어 프로그래머들이나, 집 혹은 작은 사무실에서 하는 통신판매업, 컴퓨터통신 제공업 등이 대표적인 소호로 꼽힌다. 비대면 산업의 확산, 컴퓨터와 정보기술의 발달로 더욱 각광받고 있다.

11 아시아 · 태평양 지역의 대규모 인프라 투자 지원을 위해 설립된 중국 주도의 은행은?

[2021년 서울교통공사]

① AIIB
② TPP
③ RCEP
④ IMF

해설
AIIB(Asian Infrastructure Investment Bank)는 우리나라를 포함한 전 세계 57개국을 회원국으로 2016년 1월에 출범한 국제금융기구다. 자본금을 기반으로 융자, 지분투자 등을 통해 아시아 · 태평양 지역 개발도상국의 인프라개발자금을 지원할 목적으로 설립되었다. 아시아개발은행(ADB), 세계은행(WB) 등에 대항하는 중국 주도의 경제공동체이다. 2021년 창립 5주년 만에 개도국에 누적 24조 3,100억원을 투자했다.

12 기준범위, 기준, 범위합계를 조건으로 지정해 합계를 구하는 엑셀 함수는?

[2021년 서울교통공사]

① ISNUMBER
② COUNIF
③ SUMIF
④ SUMIFS

해설
SUMIF 함수는 고려해야 할 조건을 '=SUMIF(기준범위, 기준, 범위합계)'의 수식을 걸고 계산한다. 반면 SUMIFS 함수는 SUMIF의 수식에 기준범위를 추가해 동시에 여러 조건을 동시에 충족할 수 있어 활용 폭이 더 넓다.

13 각국 정부와 지도자의 연결이 적절하지 않은 것은? [2021년 한국디자인진흥원]

① 영국 – 보리스 존슨 총리
② 일본 – 스가 요시히데 총리
③ 미국 – 조 바이든 대통령
④ 인도 – 나렌드라 모디 대통령

해설
인도의 대통령은 람 나트 코빈드(Ram Nath Kovind)다. 2017년 7월 인도의 제14대 대통령으로 선출됐다. 인도는 의원내각제이기 때문에 대통령은 상징적인 존재이며 총리가 행정부 수반으로 실질적인 권력을 행사한다. 나렌드라 모디(Narendra Modi)는 인도의 총리다. 인도 총리 중 5번째로 연임에 성공했으며 하층 카스트 제도 출신 중에 인도 총리까지 오른 첫 번째 인물이다.

14 올림픽 오륜기에 대한 설명으로 적절하지 않은 것은? [2021년 전라북도장애인체육회]

① 올림픽 개회 선언과 동시에 계양한다.
② 제1회 아테네 올림픽부터 계양되었다.
③ 근대 올림픽을 상징하는 깃발이다.
④ 폐막식에서 차기 올림픽 개최지 시장에 넘겨준다.

해설
올림픽 오륜기는 흰 바탕에 파랑, 노랑, 검정, 초록, 빨강의 동그라미가 그려진 근대 올림픽을 상징하는 깃발이다. 개회 선언과 동시에 계양하고, 폐회가 선언됨과 동시에 강하한다. 1920년 제7회 앤트워프(벨기에) 올림픽부터 계양됐다. 올림픽 폐막식에서 개최 도시의 시장이 다음 올림픽 개최 도시의 시장에게 오륜기를 넘겨준다. 다음 올림픽까지 오륜기는 차기 개최지 시청에 보관된다.

15 윤리적 소비의 예시로 들 수 없는 것은? [2021년 세종시교육청]

① 공정무역을 통해 원두를 수입한 A기업
② 동물가죽제품을 불매하는 B씨
③ 지역화폐로 지역특산품을 구매한 C씨
④ 텃밭에서 D씨가 직접 기른 유기농 토마토

해설
윤리적 소비(Ethical Consumption)는 소비행위가 인류, 사회, 환경에 가져올 영향을 고려하여 소비하는 것을 뜻한다. 윤리적 소비의 주요시장은 '공정무역', '친환경 농식품', '로컬푸드', '유기농 생활용품' 등이며 대안적 소비활동으로 '지속가능한 가치실천'을 목표로 한다. 따라서 환경을 생각하는 구매운동 뿐만 아니라 해로운 제품 불매, 로컬소비나 공동체화폐 사용하기 등이 윤리적 소비의 대표적인 예이다.

16 지정된 조사관이 공무원의 권력남용을 감시, 조사하는 행정통제제도는? [2021년 경기교통공사]

① 데마고그
② 크레덴다
③ 옴부즈맨
④ 거버넌스

해설
옴부즈맨(Ombudsman) 제도는 정부의 부당한 행정조치를 시민들로부터 신고 받아 조사하고 국민의 권리가 잘 보호되고 있는지 감시하는 제도다. 1809년 스웨덴에서 시작되었으며 옴부즈맨은 스웨덴어로 '대리자, 후견인, 대표자'를 뜻한다. 현재 영국, 프랑스 등 40여 개 국가에서 채택 중이며 우리나라에서는 별개의 직책이나 부서는 없지만 비슷한 제도로 국민신문고나 청와대 국민청원제도가 있다.

시사상식 예상문제

01 다음 중 미국의 4대 IT기업을 뜻하는 'FANG' 의 구성원이 아닌 것은?

① 페이스북(Facebook)
② 애플(Apple)
③ 넷플릭스(Netflix)
④ 구글(Google)

해설
미국 'FANG'은 페이스북(Facebook), 아마존(Amazon), 넷플릭스(Netflix), 구글(Google)을 가리킨다. 애플(Apple) 을 포함시킨 5대 IT기업은 'FAANG'이라고도 부른다.

02 '성당 음악'이라는 뜻의 이탈리아어에서 유래 한 말로, 무반주 성가대 음악을 뜻하는 것은?

① 아리아
② 엘 시스테마
③ 세레나데
④ 아카펠라

해설
• 아카펠라(A Cappella)
카펠라는 '성당'이라는 뜻이며, 교회전통에 따라 악기 없이 음성으로만 화음을 구성한 노래라는 뜻이다.
• 아리아(Aria)
중창·합창 등으로 이루어진 대규모 성악곡을 뜻한다.

03 다음 중 2020년 노벨상과 가장 관련이 없는 과학연구 분야는 무엇인가?

① 유전자 가위
② 암흑물질
③ C형 간염 바이러스
④ 블랙홀

해설
2020 노벨생리의학상은 'C형 간염 바이러스'를 발견한 학자들이 수상했고, 노벨물리학상은 '블랙홀'을 발견한 학자들이 수상했으며, 노벨화학상은 '유전자 가위'를 발 명한 학자들이 수상했다. '암흑물질'은 2019 노벨물리학 상을 수상한 학자들과 관련된 연구 분야이다.

04 다음 중 일본·중국·대만이 영유권 분쟁을 벌이고 있는 곳은?

① 조어도
② 대마도
③ 남사군도
④ 북방열도

해설
조어도는 일본명 '센카쿠', 중국명 '댜오위다오'라고 한 다. 현재 일본이 실효 지배하고 있으나 중국과 대만도 영유권을 주장하고 있다. 조어도는 역사적으로 중국영토 였지만 청일전쟁에서 일본이 대만을 점령하면서 현재까 지 일본의 관할 아래 있게 되었다.

05 다음 사례와 관련된 현상은 무엇인가?

> 1964년 미국 뉴욕의 주택가에서 한 여성이 강도에게 살해되는 35분 동안 이웃주민 38명이 아무도 신고하지 않은 사건과 관련됐으며 '방관자 효과'라고 불린다.

① 제노비스 증후군
② 갈라파고스 효과
③ 언더독 효과
④ 브래들리 효과

[해설]
제노비스 증후군은 주위에 사람들이 많을수록 어려움에 처한 사람을 돕지 않는 현상을 뜻하는 심리학 용어다.
② 기술·서비스가 독자적인 형태로 개발을 가속하여 국제 표준과 동떨어지고 내수시장 여건도 충분하여 아무런 혁신이 일어나지 않고 종국에 도태되는 현상을 가리킨다.
③ 경기나 정치에서 약자에게 연민을 느끼고 응원하게 되는 것을 말한다.

06 올림픽에 대한 설명으로 옳지 않은 것은?

① 2022년 동계올림픽은 중국 베이징에서 개최된다.
② 2021년 하계올림픽은 일본 도쿄에서 열린다.
③ 사격은 근대5종경기 중 하나다.
④ 올림픽 관리위원회 IOC는 그리스에 본부를 둔다.

[해설]
IOC는 스위스 로잔에 본부를 둔 국제올림픽기구다.
① 중국은 2022년 2월 4일부터 2월 20일까지 수도 베이징에서 동계올림픽을 개최한다.
② 2021년에 도쿄 하계올림픽이 열린다.
③ 쿠베르탱이 근대 올림픽을 실시하면서 만든 종목이다. 근대5종경기로는 사격, 펜싱, 수영, 승마, 크로스 컨트리가 있다.

07 IT 용어에 대한 설명이 옳지 않은 것은?

① 클라우드 컴퓨팅 : 여러 곳에서 데이터 접근
② 제로레이팅 : 요금 걱정 없이 사용하도록 유도된 애플리케이션
③ U커머스 : TV를 통한 전자상거래
④ 스푸핑 : 해킹 등 사이버범죄행위

[해설]
U커머스는 무제한(Unlimited)이고 포괄적(Umbrella)이며, 장소에 구애받지 않는(Ubiquitous) 전자상거래를 말한다. E커머스(전자상거래), M커머스(모바일 전자상거래), T커머스(웹TV 전자상거래)등을 포괄한 개념이다.

08 다음에서 설명하는 것은 무엇인가?

> • 구리보다 100배 이상 전기가 잘 통한다.
> • 강철보다 200배 이상 단단하다.
> • 늘리거나 구부려도 전기적 성질을 잃지 않는다.

① 시그마
② 리튬
③ 베크렐
④ 그래핀

[해설]
그래핀은 구리보다 100배 이상 전기가 잘 통하고, 실리콘보다 100배 이상 전자이동성이 빠르다. 강도는 강철보다 200배 이상 강하며, 다이아몬드보다 2배 이상 열전도성이 높다. 또한, 빛을 대부분 통과시키기 때문에 투명하며 신축성도 매우 뛰어나다.

09 다음 한국 애니메이션 중 박스오피스 관객 순위가 가장 높은 작품은 무엇인가?

① 〈점박이 : 한반도의 공룡 3D〉
② 〈넛잡 : 땅콩 도둑들〉
③ 〈마당을 나온 암탉〉
④ 〈천년여우 여우비〉

해설

2020년 기준으로 한국 극장에 개봉한 애니메이션 박스오피스 관객 순위는 〈마당을 나온 암탉(2011)〉이 약 220만명으로 가장 높다. 다음은 〈점박이 : 한반도의 공룡 3D(2011)〉가 약 105만명, 〈천년여우 여우비(2007)〉가 48만명이고 〈넛잡 : 땅콩 도둑들(2013)〉이 47만명 순이다.

11 다음 중 가장 오래된 역사를 자랑하는 전시회 · 공연은 무엇인가?

① 넥스트웨이브 페스티벌
② 도큐멘타 전시회
③ 베니스 비엔날레 전시회
④ 아모리 쇼

해설

베니스 비엔날레 전시회
비엔날레는 '2년마다'라는 뜻의 이탈리아어로, 1895년 이탈리아 베니스에서 처음 열렸으며, 국제미술전시회의 대명사가 되었다. 그밖에도 상파울루 비엔날레, 이스탄불 비엔날레, 하바나 비엔날레, 요하네스버그 비엔날레, 우리나라의 광주 비엔날레 등이 있다.

10 문학 관련용어와 그 내용으로 적절하지 않은 것은?

① 노벨문학상 : 2020 노벨문학상은 페터 한트케가 수상했다.
② 창조 : 우리나라 최초의 순수문예 동인지다.
③ 부커상 : 세계3대 문학상 중 하나다.
④ 수필 : 문학의 3대장르 중 하나다.

해설

2020 노벨문학상은 루이즈 글릭이 수상했다. 그는 〈야생 붓꽃〉, 〈아베르노〉 등의 작품을 썼다. 2019 노벨문학상은 페터 한트케가 수상했다. 오스트리아 작가 페터 한트케는 〈관객모독〉, 〈긴 이별을 위한 짧은 편지〉 등의 작품을 썼다.

12 보기에서 설명하는 용어는 무엇인가?

> 국가의 유지와 발전을 위해서는 지도자가 도덕적 관념이나 종교적 정신에 구애됨이 없이 수단과 방법을 가리지 않아야 한다.

① 콘클라베
② 계몽주의
③ 마키아벨리즘
④ 톨레랑스

해설

마키아벨리즘은 군주의 현실주의적인 통치를 주장한다. 이는 정치적 목적을 위해서는 반도덕적인 수단도 정당화된다는 정치사상이다.

13 각국 지도자에 대한 설명으로 적절하지 않은 것은?

① 에마뉘엘 마크롱 프랑스 대통령 : 보수 · 진보 통합 정당 '앙 마르슈'를 이끌고 원외정당으로 대선에 당선되었다.
② 차이잉원 대만 총통 : '하나의 중국'을 지지하는 친중파이다.
③ 무함마드 빈 살만 사우디아라비아 왕세자 : 여성의 운전을 허용하는 등 개혁적인 정책을 펴고 있다.
④ 나렌드라 모디 인도 총리 : 인도 경제성장의 근간인 3D로 민주주의(Democracy), 인구(Demography), 수요(Demand)를 제시했다.

해설
차이잉원은 대만 14 · 15대 총통으로, 2016년 취임 이후, 단독 미국 방문을 결행하는 등 중국 정부와 계속해서 마찰을 빚고 있다.

14 미국, 캐나다, 멕시코 3개 국가가 관세와 무역장벽을 폐지하고 자유무역권을 형성한 협정을 무엇이라 하는가?

① NAFTA 협정
② 케네디 라운드
③ 제네바 관세 협정
④ 우루과이 라운드

해설
북미자유무역협정이라고도 불리는 NAFTA(North American Free Trade Agreement) 협정은 북아메리카 지역 경제의 자유무역을 촉진하기 위해 1992년 10월에 체결됐다. 다만, NAFTA는 역내 보호무역주의적 성격을 띠고 있어 여러 수출국들에게는 장벽이 되고 있다.

15 다음에서 설명하는 것은 무엇인가?

> • 소득이 어느 정도 균등하게 분배되는지 평가하는 데 이용된다.
> • 로렌츠곡선에서 구해지는 면적비율로 계산한다.

① 빅맥지수
② 베타계수
③ 지니계수
④ 엥겔계수

해설
지니계수는 소득분포의 불균형 정도를 나타내는 지표다. 상류층에서 많은 소득을 가져갈수록 지니계수는 0에서 1로 높아진다.

16 부실기업을 정리하는 회사나 그 자금을 가리키는 말은?

① 뮤추얼펀드
② 리츠펀드
③ 헤지펀드
④ 벌처펀드

해설
벌처펀드(Vulture Fund)는 대머리독수리를 뜻하는 단어 'Vulture'에서 유래한 표현이다. 파산위기의 기업이나 부실채권에 투자해 사업정리로 수익을 내거나 정상화시킨 후 비싼 값에 팔아 고수익을 노린다.

취업! 실전문제

최종합격 면접공략

한국도로공사는 실무진면접과 경영진면접을 치른다. 실무진면접은 공사 직무수행에 필요한 직무역량면접이며 PT면접과 토론면접으로 구성되어 있다. 경영진면접은 지원자의 기본역량과 인성을 파악하기 위한 면접으로 두 차례의 면접 모두 블라인드로 실시된다. 출신 지역, 학교 등과 같은 개인 신상과 관련된 발언을 하면 불이익이 있으니 이를 조심해야 한다.

PT면접

PT면접은 면접자 1명과 면접관 3명으로 진행된다. 25분의 준비시간 동안 주어진 기사와 자료를 읽고 A4 1장으로 요약하여, 4분 정도 발표 후 8분간 면접관들의 질문에 대답하는 방식이다. 발표가 끝난 후 질문이 많은 편이므로 이에 대비해야 한다. PT발표에 관한 질문뿐 아니라 인성질문도 이어지므로 사전에 준비해 당황하지 않도록 한다.

기출문제

- 한국도로공사에서 관리하는 시설물의 종류와 이를 어떻게 관리하면 좋을지에 대해 발표해보시오.
- 휴게소에 대한 이용객들의 불만과 수요감소에 따른 해결방안에 대해 발표해보시오.
- 관내 휴게소 개선방안에 대해 발표해보시오.
- 유휴부지를 어떻게 활용할 것인지 그에 대한 특징과 장단점에 대해 발표해보시오.
- 업무 처리 순서에 대해 발표해보시오.
- 지원한 직무에서 한국도로공사가 개선해야 할 점은 무엇이라고 생각하는가?
- 상사가 부당한 지시를 한다면 어떻게 할 것인가?
- 종교에 대한 신념과 법이 상반된다면 어떤 것을 우선으로 할 것인가?
- 공사의 유휴부지 활용 방안에 대해 발표해보시오.
- 청년실업 해소 방안에 대해 발표해보시오.
- 고속도로 입체화 방안에 대해 발표해보시오.
- 사회적 가치 실현 방안에 대해 말해보시오.
- 공공기관의 사회적 책임 강화 방법에 대해 발표해보시오.
- 자율주행자동차 시행의 문제점과 개선방안에 대해 발표해보시오.
- 한국도로공사의 사회적 가치 실현 방법에 대해 발표해보시오.
- 빅데이터를 활용한 고속도로의 안전성 개선방안에 대해 발표해보시오.
- 고속도로 터널 내 화재 시 재난대처방안에 대해 발표해보시오.

2

토론면접

토론면접은 면접자 4~6명이 한 조가 되어 미리 준비된 자료를 읽고 해결방안을 도출하는 방식으로 진행된다. 면접관은 4명이며, 주제와 다른 방향으로 흘러갈 경우 면접관의 개입이 있을 수 있다. 토론면접의 면접관들은 면접자들의 태도를 주의하여 보므로 조원 간에 거친 말싸움이나 자기 의견만을 주장하는 등의 독선적인 모습은 지양해야 한다. 20분간의 준비시간을 가진 후 30분 동안 토의를 한다.

> **기출문제**

- 유휴부지 활용 방안에 대해 토론하시오.
- 고속도로 이용률을 올릴 방안에 대해 토론하시오.
- 고속도로 개선점과 그 방안에 대해 토론하시오.
- 비정규직의 정규직화 방안에 대해 토론하시오.
- 고속도로 유지관리에 IT기술을 접목하려고 한다. 이에 대한 아이디어를 토의하시오.
- 터널사고 예방 및 대응방안을 토의하시오.
- 휴게소의 낮은 이용률을 높일 수 있는 방안에 대해 토의하시오.
- 근로자 지원 프로그램 활성화 방안에 대해 토의하시오.
- 재난 대처 실효성과 타당성에 대해 토의하시오.

3

경영진면접

경영진면접은 면접자 4명과 면접관 4명으로 진행되는 다대다 면접이다. 약 30분 동안 편안한 분위기에서 진행되며, 간단한 자기소개 후 면접관의 공통질문에 면접자들이 돌아가며 대답하는 방식이다. 경험 위주로 물어보므로 이에 대비하여 경험 중심의 예상 답변을 준비해 놓는 것이 좋다.

> **기출문제**

- 1분 자기소개를 해보시오.
- 원칙을 지켰던 경험에 대해 말해보시오.
- 직무와 관련하여 어떤 일을 하고 싶은가?
- 인턴직 수행 시 가장 요구되는 능력이 무엇이라고 생각하는가?
- 본인만의 스트레스 관리법은 무엇인가?
- 조기출근과 야근을 해도 괜찮은가?
- 지원동기 및 포부에 대해 말해보시오.
- 상사의 횡령 등 비리행위 목격 시 어떻게 대처할 것인가?
- 상대방에게 설득당한 경험에 대해 말해보시오.
- 규율을 지킨 경험이 있는가?
- 시간과 예산이 부족할 때 어떻게 프로젝트를 수행하겠는가?
- 한국도로공사의 서비스 중 이용해본 것은 무엇인가?
- 자기개발은 어떤 것을 하고 있는가?
- 고객의 불만을 해결했던 경험을 말해보시오.

한국가스공사의 면접전형은 직무PT면접과 직업기초면접으로 이루어져 있다. 직업기초면접, 직무PT면접이 각 4할 미만 또는 직업기초면접과 직무PT면접 합산 평균이 6할 미만 시 과락이다. 고득점순으로 선발하고 보통 다대1면접으로 진행된다.

1

직무PT 면접

직무PT면접은 직무와 관련하여 제시된 주제 또는 상황에 대해 응시자 개인별 일정시간(약 20~30분) 동안 워드프로세서 등을 활용하여 자료작성 후 주제를 발표하는 형식으로 진행한다. 또한, 직업기초면접은 한국가스공사 핵심가치, 인성검사 결과 및 입사지원서를 기반으로 개인별 직무를 수행하는 데 필요한 기초적인 역량을 평가한다.

기출문제

- 4차 산업혁명과 관련하여 한국가스공사에서 할 수 있는 일에 대하여 발표해보시오.
- 미세먼지 문제를 해결하기 위해 우리 공사가 나아가야 할 방향과 그에 대한 본인의 역할은 무엇인가?
- 개폐기와 차단기의 차이점에 대하여 발표해보시오.
- 공사 업무 중 마케팅 방안에 대하여 발표해보시오.
- 공급관리자 교육참여율을 높이는 방법에 대하여 발표해보시오.
- 공사 사업 중 천연가스 사업에 대하여 발표해보시오.
- 기록물관리전문요원으로서 문제 상황을 어떻게 해결하겠는가?
- 기록물과 도서의 차이점에 대하여 발표해보시오.
- LNG산업의 미래에 대하여 발표해보시오.
- 공사에 대한 민원의 해결방안에 대하여 발표해보시오.
- 신재생에너지원의 중요도에 대하여 발표해보시오.
- 안전관리에 대한 아이디어를 제시해보시오.
- 불산가스 누출 사고에 대한 원인을 검토하고 대책을 강구해보시오.
- 안전한 가스 저장시설의 운영에 필요한 기술들에 대해서 발표해보시오.
- 가스 저장시설을 옮기려고 하는데 지역주민들의 반대가 심하다면, 이에 대한 해결방안을 제시하시오.
- 원유의 정제과정에 대하여 설명해보시오.
- 이상기체와 실제기체의 차이를 설명해보시오.
- 레이놀즈수를 정의하고 층류와 난류의 특성을 설명해보시오.
- 캐비테이션의 방지법에 관해 설명해보시오.
- 허용응력설계법과 극한강도설계법에 대해서 설명해보시오.

직업기초면접을 위해서는 보도자료, 최신이슈 등 직무와 관련된 내용을 파악한 뒤 하나를 주제로 정하고 말해보는 연습이 필요하다. 자기소개서 내용에 대한 숙지와 함께 평가요소에 대하여 한국가스공사의 핵심가치를 반영한 답변을 준비할 필요가 있다.

직업기초 면접

기출문제

- 공백기 동안 무엇을 했는가?
- 지원한 분야와 관련하여 가장 열정적으로 해보았던 경험에 대해 말해보시오.
- 전공에 대한 지식을 업무에 어떻게 녹여낼 것인지 말해보시오.
- 분쟁 시 어떻게 해결할지 그 과정을 말해보시오.
- 포기하지 않고 일을 완수한 경험을 말해보시오.
- 창의적인 경험으로 문제를 해결했던 적이 있는가?
- 트라우마 극복 방법을 말해 보시오.
- 우리 공사에 지원하게 된 동기는 무엇인가?
- 한국가스공사가 하는 일에 대하여 알고 있는가?
- 지원자가 입사하게 된다면 하고 싶은 업무는 무엇인가?
- 업무와 관련해 동료와 충돌이 발생한다면 어떻게 대처하겠는가?
- 직장상사가 만취했다면 어떻게 할 것인가?
- 상사와의 의견충돌이 있다면 어떻게 할 것인가?
- 학생과 직장인의 차이점은 무엇이라 생각하는가?
- 지원자만의 좌우명이나 생활신조가 있는가?
- 현재 국내 환경문제 중 가장 큰 관심사인 미세먼지 문제를 해결하기 위해 한국가스공사가 나아가야 할 방향과 그에 관한 본인의 역할은 무엇이라고 생각하는가?
- 본인의 성실함에 점수를 준다면 몇 점이라고 생각하는가?
- 가장 최근에 접한 우리 공사의 기사가 있다면 무슨 내용이었는지 말해보시오.
- 한국가스공사에 대하여 생각나는 단어 한 가지를 말해보시오.
- 안전한 업무 추진을 위한 방안으로 무엇이 있겠는가?
- 다른 직장을 다니고 있는데, 이직하려는 이유가 무엇인가?
- 최근 본 사람 중 가장 열정적인 사람은 누구인가?
- 직장인으로서 타협과 자기주장은 몇 대 몇이 가장 이상적이라고 생각하는가?
- 새로운 사람들을 만날 때, 빨리 친해지는 본인만의 방법이 있는가?

대기업 적성문제

01 삼성병원

1. 수리논리

01 서 주임과 김 대리는 공동으로 프로젝트를 끝내고 보고서를 제출하려 한다. 이 프로젝트를 혼자 할 경우 서 주임은 24일이 걸리고, 김 대리는 16일이 걸린다. 처음 이틀은 같이 하고, 이후엔 김 대리 혼자 프로젝트를 하다가 보고서 제출 하루 전부터 같이 하였다. 보고서를 제출할 때까지 총 며칠이 걸렸는가?

① 11일　　　　② 12일　　　　③ 13일　　　　④ 14일　　　　⑤ 15일

해설 프로젝트를 끝내는 일의 양을 1이라고 가정한다. 혼자 할 경우 서 주임이 하루에 할 수 있는 일의 양은 $\frac{1}{24}$이고, 김 대리는 $\frac{1}{16}$이며, 함께 할 경우 $\frac{1}{24}+\frac{1}{16}=\frac{5}{48}$만큼 할 수 있다. 문제에서 함께 한 일수는 3일간이며, 김 대리 혼자 한 날을 x일이라 하면 총 일의 양에 대한 방정식은 다음과 같다.

$$\frac{5}{48}\times 3+\frac{1}{16}\times x=1 \rightarrow \frac{5}{16}+\frac{1}{16}\times x=1 \rightarrow \frac{1}{16}\times x=\frac{11}{16} \rightarrow x=11$$

따라서 김 대리가 혼자 일하는 기간은 11일이고, 보고서를 제출할 때까지 3+11=14일이 걸린다.

02 서울시의 고등학교를 대상으로 축구 대항전이 진행된다. 총 80개의 학교가 참가했으며 5팀이 한 리그에 속해 리그전을 진행하고 각 리그의 우승팀만 토너먼트에 진출한다. 최종 우승팀에는 전체 경기 수에 2,000원을 곱한 금액을 상금으로 주고, 준우승팀에는 전체 경기 횟수에 1,000원을 곱한 금액을 상금으로 준다고 할 때, 상금의 총 금액은 얼마인가?(단, 리그전은 대회에 참가한 모든 팀과 서로 한 번씩 겨루는 방식이고, 부전승은 주최 측에서 임의로 선정한다)

① 520,000원　　② 525,000원　　③ 530,000원　　④ 535,000원　　⑤ 540,000원

해설 80팀을 5팀씩 묶어서 리그전으로 진행하면 16개의 리그가 만들어 진다. 한 리그에 속한 5명이 서로 한 번씩 경기를 진행하면 4+3+2+1=10회의 경기가 진행된다. 즉, 리그전으로 진행되는 경기 수는 10×16=160회이다.
다음으로 토너먼트 방식으로 경기를 진행하면 16팀이 경기에 참가하게 된다. 토너먼트 경기 수는 참가 팀이 n팀이라고 하면 $(n-1)$번이므로 총 16-1=15회의 경기가 진행된다. 즉, 최종 우승팀이 나올 때까지의 경기 수는 160+15=175회이다.
우승팀의 상금은 175×2,000=350,000원이고, 준우승팀의 상금은 175×1,000=175,000원이다. 따라서 총 상금은 350,000+175,000=525,000원이다.

03 다음은 2020년도 국가별 국방예산 그래프이다. 그래프를 이해한 내용으로 옳지 않은 것은?(단, 비중은 소수점 이하 둘째 자리에서 반올림한다)

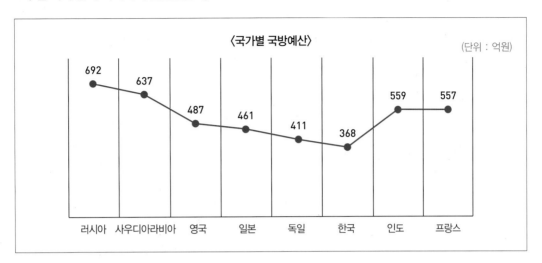

① 국방예산이 가장 많은 국가와 가장 적은 국가의 예산 차이는 324억원이다.

② 사우디아라비아 국방예산은 프랑스 예산보다 15% 미만 많다.

③ 인도보다 국방예산이 적은 국가는 5개 국가이다.

④ 영국과 일본의 국방예산 차액은 독일과 일본의 국방예산 차액의 55% 이상 차지한다.

⑤ 8개 국가 국방예산 총액에서 한국이 차지하는 비중은 약 8.8%이다.

해설 독일과 일본의 국방예산 차액은 $461-411=50$억원이고, 영국과 일본의 차액은 $487-461=26$억원이다.

따라서 영국과 일본의 차액은 독일과 일본의 차액의 $\frac{26}{50} \times 100 = 52\%$를 차지한다.

① 국방예산이 가장 많은 국가는 러시아(692억원)이며, 가장 적은 국가는 한국(368억원)으로 두 국가의 예산 차액은 $692-368=324$억원이다.

② 사우디아라비아 국방예산은 프랑스 예산보다 $\frac{637-557}{557} \times 100 \fallingdotseq 14.4\%$ 많다.

③ 인도보다 국방예산이 적은 국가는 영국, 일본, 독일, 한국, 프랑스이다.

⑤ 8개 국가 국방예산 총액은 $692+637+487+461+411+368+559+557=4,172$억원이며,

한국이 차지하는 비중은 $\frac{368}{4,172} \times 100 \fallingdotseq 8.8\%$이다.

※ 제시된 명제가 모두 참일 때, 빈칸에 들어갈 명제로 가장 적절한 것을 고르시오. (4~5)

04

> **전제1.** 영화를 좋아하는 사람은 드라마를 싫어한다.
> **전제2.** _____
> **결론.** 음악을 좋아하는 사람은 영화를 싫어한다.

① 드라마를 좋아하는 사람은 영화를 싫어한다.

② 영화를 싫어하는 사람은 드라마를 좋아한다.

③ 드라마를 싫어하는 사람은 음악을 싫어한다.

④ 드라마를 좋아하는 사람은 음악을 싫어한다.

⑤ 음악을 싫어하는 사람은 드라마를 좋아한다.

> **해설** '영화를 좋아한다'를 A, '드라마를 좋아한다'를 B, '음악을 좋아한다'를 C라 하면, 첫 번째 명제와 마지막 명제는 각각 A →
> ~B, C → ~A이다. 이때, 첫 번째 명제의 대우는 B → ~A이므로 마지막 명제가 참이 되려면 C → B 또는 ~B → ~C
> 가 필요하다. 따라서 빈칸에 들어갈 명제는 '드라마를 싫어하는 사람은 음악을 싫어한다'가 적절하다.

05

> **전제1.** 허리에 통증이 심하면 나쁜 자세로 공부했다는 것이다.
> **전제2.** 공부를 오래 하면 성적이 올라간다.
> **전제3.** _____
> **결론.** 성적이 올라가지 않았다는 것은 나쁜 자세로 공부했다는 것이다.

① 성적이 올라갔다는 것은 좋은 자세로 공부했다는 것이다.

② 좋은 자세로 공부한다고 해도 허리의 통증은 그대로이다.

③ 성적이 올라가지 않았다는 것은 공부를 별로 하지 않았다는 증거이다.

④ 좋은 자세로 공부한다고 해도 공부를 오래 하긴 힘들다.

⑤ 허리에 통증이 심하지 않으면 공부를 오래 할 수 있다.

> **해설** '좋은 자세로 공부한다'를 A, '허리의 통증이 심하지 않다'를 B, '공부를 오래하다'를 C, '성적이 올라간다'를 D라고 하면, 첫
> 번째 명제는 ~B → ~A, 두 번째 명제는 C → D, 네 번째 명제는 ~D → ~A이므로 네 번째 명제가 도출되기 위해서는
> 빈칸에 ~C → ~B 또는 B → C가 필요하다. 따라서 대우 명제인 ⑤가 답이 된다.

06 7층 아파트에 각 층마다 1명씩 거주하며, 현재 5명이 입주해 있다. E가 새로 입주하려 하는데 가능한 층 수는?(단, E는 애완동물이 없다)

- 주민 간 합의를 통해 1~2층은 애완동물을 키우는 사람에게만 입주를 허용하였다.
- A는 개를 키우고 있다.
- B는 A보다 높은 곳에 살고 있고 홀수 층에 산다.
- C는 B 바로 아래층에 살고 애완동물이 없다.
- D는 5층에 산다.

① 1층   ② 2층   ③ 4층
④ 6층   ⑤ 7층

해설 우선 E는 애완동물이 없기 때문에 1층과 2층에는 입주할 수 없다. 그리고 5층에는 D가 살고 있기 때문에 남은 층은 3, 4, 6, 7층이다. A는 개를 키우고 있기 때문에 1층이나 2층에 살고 있을 것이고 남은 B와 C가 어느 층에 살고 있을지를 유추해야 하는데 B는 A보다 높은 홀수 층에 살고 있으므로 3층이나 7층에 살고 있다. 그런데 B의 바로 아래층에 사는 C가 애완동물이 없으므로 C는 6층에 살고 있다. 따라서 B는 7층에 산다. 즉, E가 입주할 수 있는 층은 3층 또는 4층이다.

07 어느 모임에서 지갑 도난 사건이 일어났다. 여러 가지 증거를 근거로 혐의자는 A, B, C, D, E로 좁혀졌다. A, B, C, D, E 중 한 명이 범인이고, 그들의 진술은 다음과 같다. 각각의 혐의자들이 말한 세 가지 진술 중에 두 가지는 참이지만, 한 가지는 거짓이라고 밝혀졌을 때, 지갑을 훔친 사람은 누구인가?

A : 나는 훔치지 않았다. C도 훔치지 않았다. D가 훔쳤다.
B : 나는 훔치지 않았다. D도 훔치지 않았다. E가 진짜 범인을 알고 있다.
C : 나는 훔치지 않았다. E는 내가 모르는 사람이다. D가 훔쳤다.
D : 나는 훔치지 않았다. E가 훔쳤다. A가 내가 훔쳤다고 말한 것은 거짓말이다.
E : 나는 훔치지 않았다. B가 훔쳤다. C와 나는 오랜 친구이다.

① A   ② B   ③ C
④ D   ⑤ E

해설 A와 C가 공통적으로 'D가 훔쳤다'라고 하고 있으므로 먼저 살펴보면, 'D가 훔쳤다'가 참일 경우 D의 '나는 훔치지 않았다'와 'A가 내가 훔쳤다고 말한 것은 거짓말이다'가 모두 거짓이 되므로, 한 가지만 거짓이라는 문제의 조건에 어긋난다. 따라서 'D가 훔쳤다'는 거짓이고, A의 진술에 따라 A와 C는 훔치지 않았으며, D의 발언에서 'E가 훔쳤다'가 거짓이므로 E도 훔치지 않았다. 따라서 지갑을 훔친 사람은 B이다.

1. 의사소통능력

01 다음 빈칸에 들어갈 문장으로 가장 적절한 것은?

> 오늘날 인류가 왼손보다 오른손을 선호하는 경향은 어디서 비롯되었을까? 오른손을 귀하게 여기고 왼손을 천대하는 현상은 어쩌면 산업화 이전 사회에서 배변 후 사용할 휴지가 없었다는 사실과 관련이 있을 법하다. 맨손으로 배변 뒤처리를 하는 것은 불쾌할 뿐더러 병균을 옮길 위험을 수반하는 일이었다. 이런 위험성을 낮추는 간단한 방법은 음식을 먹거나 인사할 때 다른 손을 사용하는 것이었다. 기술 발달 이전의 사회는 대개 왼손을 배변 뒤처리에, 오른손을 먹고 인사하는 일에 사용했다.
>
> 나는 이런 배경이 인간 사회에 널리 나타나는 '오른쪽'에 대한 긍정과 '왼쪽'에 대한 반감을 어느 정도 설명해 줄 수 있으리라고 생각했다. 그러나 이 설명은 왜 애초에 오른손이 먹는 일에, 그리고 왼손이 배변 처리에 사용되었는지 설명해주지 못한다. ＿＿＿＿＿＿＿＿＿＿＿＿＿＿ 따라서 근본적인 설명은 다른 곳에서 찾아야 할 것 같다.
>
> 한쪽 손을 주로 쓰는 경향은 뇌의 좌우반구의 기능 분화와 관련되어 있는 것으로 보인다. 보고된 증거에 따르면, 왼손잡이는 읽기와 쓰기, 개념적 · 논리적 사고 같은 좌반구 기능에서 오른손잡이보다 상대적으로 미약한 대신 상상력, 패턴 인식, 창의력 등 전형적인 우반구 기능에서는 상대적으로 기민한 경우가 많다.
>
> 나는 이성 대 직관의 힘겨루기, 뇌의 두 반구 사이의 힘겨루기가 오른손과 왼손의 힘겨루기로 표면화된 것이 아닐까 생각한다. 즉 오른손이 원래 왼손보다 더 능숙했기 때문이 아니라 뇌의 좌반구가 인간의 행동을 지배하는 권력을 갖게 되었기 때문에 오른손 선호에 이르렀다는 생각이다.

① 동서양을 막론하고 왼손잡이 사회는 확인된 바 없기 때문이다.

② 기능적으로 왼손이 오른손보다 섬세하기 때문이다.

③ 모든 사람들이 오른쪽을 선호하는 것이 아니기 때문이다.

④ 양손의 기능을 분담시키지 않는 사람이 존재할 수도 있기 때문이다.

⑤ 현대사회에 들어서 왼손잡이가 늘어나고 있기 때문이다.

> **해설** 빈칸 앞의 내용은 왼손보다 오른손을 선호하는 이유에 대한 가설을 제시하고, 이러한 가설이 근본적인 설명을 하지 못한다고 주장한다. 그러면서 빈칸 뒷부분에서 글쓴이는 왼손이 아닌 '오른손만을 선호'하는 이유에 대한 자신의 생각을 드러내고 있다. 즉, 앞의 가설대로 단순한 기능 분담이라면 먹는 일에 왼손을 사용하는 사회도 존재해야 하는데, 그렇지 않기 때문에 반박하고 있음을 추론해볼 수 있으므로 빈칸에는 사람들이 오른손만 선호하고 왼손을 선호하지 않는다는 주장이 나타나야 한다. 따라서 빈칸에 들어갈 문장으로는 ①이 적절하다.

02 다음 글의 주제로 올바른 것은?

> 우리사회는 타의 추종을 불허할 정도로 빠르게 변화하고 있다. 가족정책도 4인 가족 중심에서 1~2인 가구 중심으로 변해야 하며, 청년실업률과 비정규직화, 독거노인의 증가를 더 이상 개인의 문제가 아닌 사회문제로 다뤄야 하는 시기이다. 여러 유형의 가구와 생애주기 변화, 다양해지는 수요에 맞춘 공동체 주택이야말로 최고의 주거복지사업이다. 공동체 주택은 공동의 목표와 가치를 가진 사람들이 커뮤니티를 이뤄 사회문제에 공동으로 대처해 나가도록 돕고, 나아가 지역사회와도 연결시키는 작업을 진행하고 있다.
>
> 임대료 부담으로 작품활동이나 생계에 어려움을 겪는 예술인을 위한 공동주택, 1인 창업과 취업을 위해 골몰하는 청년을 위한 주택, 지속적인 의료서비스가 필요한 환자나 고령자를 위한 의료안심주택은 모두 시민의 삶의 질을 높이고 선별적 복지가 아닌 복지사회를 이루기 위한 노력의 일환이다. 혼자가 아닌 '함께 가는' 길에 더 나은 삶이 있기 때문에 오늘도 수요자 맞춤형 공공주택은 수요자에 맞게 진화하고 있다.

① 주거난에 대비하는 주거복지 정책
② 4차 산업혁명과 주거복지
③ 선별적 복지 정책의 긍정적 결과
④ 수요자 중심의 대출규제 완화
⑤ 다양성을 수용하는 주거복지 정책

해설 제시된 글은 빠른 사회변화 속 다양해지는 수요에 맞춘 주거복지 정책의 예로 예술인을 위한 공동주택, 창업 및 취업자를 위한 주택, 의료안심주택을 들고 있다. 따라서 이 글의 주제로 올바른 것은 다양성을 수용하는 주거복지 정책이다.

03 다음 문장을 논리적 순서대로 알맞게 배열한 것은?

> (가) 이번에 개소한 은퇴연구소는 연구조사팀, 퇴직연금팀 등 5개 팀 외에 학계 인사와 전문가로 구성된 10명 내외의 외부 자문위원단도 포함된다.
> (나) 은퇴연구소를 통해 일반인들의 안정된 노후준비를 돕는 지식 기반으로서, 은퇴 이후의 건강한 삶에 대한 다양한 정보를 제공하는 쌍방향의 소통 채널로 적극 활용할 계획이다.
> (다) A회사는 10일, 우리나라의 급격한 고령화 진전 상황에 따라 범사회적으로 바람직한 은퇴준비의 필요성을 부각하고, 선진형 은퇴설계 모델의 개발과 전파를 위한 국내 최대 규모의 '은퇴연구소'를 개소했다.
> (라) 마지막으로 은퇴연구소는 은퇴 이후의 생활에 대한 의식과 준비 수준이 아직 선진국에 비해 크게 취약한 우리의 인식 변화를 위해 사회적 관심과 참여를 유도할 계획이다.

① (다)-(가)-(나)-(라)　　　② (다)-(나)-(라)-(가)　　　③ (나)-(가)-(라)-(다)
④ (라)-(다)-(가)-(나)　　　⑤ (가)-(나)-(라)-(다)

해설 제시문은 A회사가 국내 최대 규모의 은퇴연구소를 개소했고, 이를 은퇴 이후 안정된 노후준비를 돕고 다양한 정보를 제공하는 소통의 채널로 이용하며 은퇴 이후의 생활이 취약한 우리의 인식 변화를 위해 노력할 것이라는 내용의 글이다. (다) A회사가 국내 최대 규모의 은퇴연구소를 개소 → (가) 은퇴연구소는 체계화된 팀을 구성 → (나) 일반인들의 안정된 노후준비를 돕고, 다양한 정보를 제공할 것 → (라) 선진국에 비해 취약한 우리의 인식을 변화시키기 위한 노력 순으로 연결되어야 한다.

🔒 01 ① 02 ⑤ 03 ①

04 A의 태도에서 나타난 문제점은?

- A : 아, 이해를 못하겠네.
- B : 무슨 일 있어?
- A : C 대리 말이야. 요즘 이래저래 힘들다고 너무 심각하길래 친구한테 들었던 웃긴 얘기를 해줬더니 오히려 화를 내는 거 있지? 지금까지 자기 얘기 들은 거 맞느냐고. 나는 기분 좀 풀라고 한 말인데.

---

① 상대의 말에 집중하지 않고 다른 생각을 했다.

② 상대의 입장보다 자신의 생각에 비추어 판단했다.

③ 다른 사람의 문제인데 지나치게 자신이 해결해 주려고 했다.

④ 분위기를 고려하지 않고 농담을 했다.

⑤ 내용에 대해 잘 생각하지 않고 너무 빨리 동의했다.

해설 A는 대화의 분위기를 풀어볼 목적으로 농담을 하였다. 실제로 적절한 농담은 대화에서 긍정적인 기능을 하지만 상대방의 상황이 매우 좋지 않을 때에는 자신의 기분을 대수롭지 않게 대한다고 느낄 수 있기 때문에 오히려 역효과가 나기 쉽다.

05 다음 중 갈등에 대한 설명으로 옳은 것은?

① 의사소통의 폭을 줄이면서, 서로 접촉하는 것을 꺼리게 된다.

② 갈등이 없으면 항상 의욕이 상승하고, 조직성과가 높아진다.

③ 승리하기보다는 문제를 해결하는 것을 중시한다.

④ 목표달성을 위해 노력하는 팀은 갈등이 없다.

⑤ 갈등은 부정적인 요소만 만든다.

해설 갈등이 발생하면 서로에 대해 이해하지 않고, 배척하려는 성향이 있기 때문에 갈등 당사자 간에 의사소통이 줄어들고, 접촉하지 않으려 한다.
② 조직의 갈등은 없거나 너무 낮으면 조직원들의 의욕이 상실되고, 환경변화에 대한 적응력과 조직성과는 낮아지게 된다.
③ 갈등이 승리를 더 원하게 만든다.
④ 목표달성을 위해 노력하는 팀이라면 갈등은 항상 있게 마련이다.
⑤ 갈등은 새로운 해결책을 만들어주는 기회가 될 수 있다.

06 사람이 모이면 그 안에는 문화가 생긴다. 즉, 조직을 이루는 구성원 사이에서 공유된 생활양식이나 가치를 '조직문화'라고 한다. 조직문화가 갖는 특징으로 가장 적절하지 않은 것은?

① 구성 요소에는 리더십 스타일, 제도 및 절차, 구성원, 구조 등이 있다.

② 조직 구성원들에게 일체감과 정체성을 준다.

③ 조직의 안정성을 유지하는 데 기여한다.

④ 조직 몰입도를 향상시킨다.

⑤ 구성원들 개개인의 다양성을 강화해준다.

해설 조직문화는 구성원 개개인의 개성을 인정하고 그 다양성을 강화하기보다는 구성원들의 행동을 통제하는 기능을 한다. 즉, 구성원을 획일화·사회화시킨다.

07 다음 사례를 읽고 A씨의 행동을 미루어 볼 때, 어떤 피드백을 주는 것이 가장 적절한가?

> A씨는 2년차 직장인이다. 그러나 같은 날 입사했던 동료들과 비교하면 좋은 평가를 받지 못하고 있다. 요청받은 업무를 진행하는 데 있어 마감일을 늦추는 일이 허다하고, 주기적인 업무도 누락하는 경우가 많기 때문이다. 그 이유는 자신이 앞으로 해야 할 일에 대해서 계획을 수립하지 않고 즉흥적으로 처리하거나 혹은 주변에서 급하다고 요청이 오면 그제야 하기 때문이다. 그로 인해 본인의 업무뿐만 아니라 주변 사람들의 업무도 늦어지거나, 과중되는 결과를 낳아 업무의 효율성이 떨어지게 되었다.

① 업무를 진행할 때 계획적으로 접근한다면 좋은 평가를 받을 수 있을 거야.

② 너무 편한 방향으로 업무를 처리하면 불필요한 낭비가 발생할 수 있어.

③ 시간도 중요한 자원 중의 하나라는 인식이 필요해.

④ 자원관리에 대한 노하우를 쌓는다면 충분히 극복할 수 있어.

⑤ 업무와 관련하여 다른 사람들과 원활한 소통을 한다면 낭비를 줄일 수 있어.

해설 A씨의 행동을 살펴보면, 무계획적인 업무처리로 인하여 일이 늦어지거나 누락되는 경우가 많다는 것을 알 수 있다. 이러한 행동에 대해서 적절한 피드백으로는 업무를 계획적으로 진행하라는 맥락인 ①이 적절하다.

1. 한국사

01 밑줄 친 '왕'의 재위 기간에 있었던 일로 옳은 것을 〈보기〉에서 모두 고른 것은?

> 왕이 백관을 불러 금나라를 섬기는 문제에 대한 가부를 의논했는데 모두 섬길 수 없다고 하였다. 그런데 이자겸과 척준경 둘만이 말하기를, "금나라가 날로 강해질 뿐 아니라 우리 국경과 인접해 있어 섬기지 않을 수 없습니다. 또 작은 나라가 큰 나라를 섬기는 것은 옛날 제왕이 취한 도리니, 마땅히 사신을 먼저 보내 방문해야 합니다."라고 하니 그대로 따랐다.
>
> ─『고려사』

━━━━━━━━━━━━━ ● 보기 ● ━━━━━━━━━━━━━

ㄱ. 수도를 강화도로 옮겼다.
ㄴ. 노비안검법을 시행하였다.
ㄷ. 묘청이 서경 천도를 주장하였다.
ㄹ. 김부식이 『삼국사기』를 편찬하였다.

① ㄱ, ㄷ ② ㄴ, ㄷ ③ ㄷ, ㄹ ④ ㄴ, ㄹ

해설 제시문은 이자겸이 자신의 정치적 기반을 유지하기 위해 금의 사대 요구를 수락하는 장면이다(1125). 당시의 왕은 인종으로, 이때는 이자겸의 난과 묘청의 서경 천도 운동 등으로 문벌귀족사회의 모순이 드러나고 있을 무렵이다. 『삼국사기』는 인종의 명에 의하여 김부식이 편찬한 역사서이다.
　ㄱ. 최우는 몽골과의 장기 항전을 대비하기 위하여 강화도로 천도하였다(1232).
　ㄴ. 고려 광종은 노비안검법을 시행하여 호족 세력을 약화시켰고, 국가 재정을 확충하였다(956).

02 고려 시대 원 간섭기에 대한 설명으로 적절하지 않은 것은?

① 문벌귀족이 권력을 장악하였다.
② 왕실의 호칭과 관제가 격하되었다.
③ 원이 정동행성 등을 설치하여 내정에 간섭하였다.
④ 응방, 결혼도감 등을 설치하여 인적 · 물적 자원을 수탈하였다.

해설 원 간섭기에는 친원 세력이 권력을 장악하였고 이들을 권문세족이라 불렀다.
　② 왕실의 호칭은 폐하는 전하, 태자는 세자 등으로 격하되었다.
　③ 정동행성(일 원정준비 기관), 만호부(군사 간섭), 다루가치(감찰관) 등을 통해 내정에 간섭하였다.
　④ 응방에서 '매', 결혼도감에서 '공녀' 등을 수탈하였고, 그 외에도 많은 특산물을 수탈하였다.

03 대한민국 임시정부에 대한 설명으로 옳지 않은 것은?

① 3·1운동을 주도하여 전개했다.

② 국내외를 연결하는 비밀 행정 조직망을 만들었다.

③ 한국광복군을 창설하였다.

④ 임시정부의 기관지로 독립신문을 간행하였다.

해설 대한민국 임시정부는 3·1운동 직후인 1919년 4월에 중국 상하이에서 김구, 이승만을 중심으로 대한민국의 광복을 위하여 조직한 정부이다. 국민이 국가의 주인이 되는 민주 공화정을 채택했다.
② 연통제와 교통국을 이용하여 비밀조직의 운영과 외교활동에 전념했다.
③ 한국광복군을 조직하여 일본에 선전포고를 하고 광복을 위한 국내진공작전을 계획했으나 일본의 항복으로 무산되었다.
④ 독립신문을 발행하여 임시정부와 독립군의 활동을 국내외에 알렸다.

04 다음과 같은 내용이 발표된 배경으로 가장 적절한 것은?

> 옛날에는 군대를 가지고 나라를 멸망시켰으나 지금은 빚으로 나라를 멸망시킨다. 옛날에 나라를 멸망케 하면 그 명호를 지우고 그 종사와 정부를 폐지하고, 나아가 그 인민으로 하여금 새로운 변화를 받아들여 복종케 할 따름이다. 지금 나라를 멸망케 하면 그 종교를 없애고 그 종족을 끊어버린다. 옛날에 나라를 잃은 백성들은 나라가 없을 뿐이었으나, 지금 나라를 잃은 백성은 아울러 그 집안도 잃게 된다. … 국채는 나라를 멸망케 하는 근원이며, 그 결과 망국에 이르게 되어 모든 사람이 화를 입지 않을 수 없게 된다.

① 일제는 황무지 개간권을 요구하여 막대한 면적의 황무지를 차지하였다.

② 우리나라 최초의 은행인 조선은행이 설립되면서 자금 조달이 어려워졌다.

③ 외국 상인의 활동 범위가 넓어지면서 서울을 비롯한 전국의 상권을 차지하였다.

④ 일제는 화폐 정리와 시설 개선 등의 명목으로 거액의 차관을 대한제국에 제공하였다.

해설 제시문은 국채보상운동에 관한 내용이다. 국채보상운동은 일본이 조선에 빌려 준 국채를 갚아 경제적으로 독립하자는 운동으로 1907년 2월 서상돈 등에 의해 대구에서 시작되었다. 『대한매일신보』, 『황성신문』 등 언론기관이 자금 모집에 적극 참여했으며, 남자들은 금연운동을 하였고 부녀자들은 비녀와 가락지를 팔아서 이에 호응했다. 일제는 친일 단체인 일진회를 내세워 국채보상운동을 방해하였고, 통감부에서 국채보상회의 간사인 양기탁을 횡령이라는 누명을 씌워 구속하는 등 적극적으로 탄압했다. 결국 양기탁은 무죄로 석방되었지만 국채보상운동은 좌절되고 말았다.

🔒 01 ③ 02 ① 03 ① 04 ④

05 다음은 전력사용에 대한 절약현황에 관한 설문조사 자료이다. 이에 대한 설명으로 옳은 것은?(단, 인원과 비율은 소수점 이하 둘째 자리에서 반올림한다)

〈전력사용에 대한 절약현황〉

(단위 : %)

구분	2018년				2019년			
	노력 안함	조금 노력함	노력함	매우 노력함	노력 안함	조금 노력함	노력함	매우 노력함
남성	2.5	38.0	43.7	15.8	3.5	32.4	42.1	22.0
여성	3.4	34.7	45.1	16.8	3.9	35.0	41.2	19.9
10대	12.4	48.1	22.5	17.0	13.1	43.2	25.8	17.9
20대	10.4	39.5	27.6	22.5	10.2	38.2	28.4	23.2
30대	11.5	26.4	38.3	23.8	10.7	21.9	42.7	24.7
40대	10.5	25.7	42.1	21.7	9.4	23.9	44.0	22.7
50대	9.3	28.4	40.5	21.8	9.5	30.5	39.2	20.8
60대 이상	10.0	31.3	32.4	26.3	10.4	30.7	33.2	25.7

① 남성과 여성 모두 2019년에 전년 대비 노력함을 선택한 인원은 증가했다.

② 2018~2019년 모든 연령대에서 노력 안함의 비율은 50대가 가장 낮다.

③ 여성 조사인구가 매년 500명일 때, 매우 노력함을 택한 인원은 2019년도에 전년 대비 15명 이상 늘어났다.

④ 2019년의 60대 이상 조금 노력함의 비율은 전년 대비 2% 이상 증가했다.

⑤ 각 연령대별 매우 노력함을 선택한 비율은 2018년 대비 2019년에 모두 증가하였다.

해설 여성 조사인구가 매년 500명일 때, 2018년의 매우 노력함을 택한 인원은 500×0.168＝84명이고, 2019년은 500×0.199＝99.5명으로 2019년도는 전년 대비 15.5명이 더 늘어났다.

① 남성과 여성 모두 정확한 조사대상 인원이 제시되어 있지 않아서 알 수 없다.

② 2019년에 모든 연령대에서 노력 안함의 비율이 가장 낮은 연령대는 40대이다.

④ 2019년의 60대 이상 조금 노력함의 전년 대비 증감률을 구하면, $\frac{31.3-30.7}{31.3}\times100≒1.9\%$만큼 감소했다.

⑤ 2018년 대비 2019년에 연령대별 매우 노력함을 선택한 비율이 50대와 60대 이상은 감소했다.

06 다음은 김포공항의 2017년과 2018년 에너지 소비량 및 온실가스 배출량에 대한 자료이다. 이에 관련한 〈보기〉의 설명으로 옳은 것을 모두 고르면?

〈김포공항 에너지 소비량〉

(단위 : TOE)

구분	에너지 소비량									
	합계	건설 부문				이동 부문				
		소계	경유	도시가스	수전전력	소계	휘발유	경유	도시가스	천연가스
2017년	11,658	11,234	17	1,808	9,409	424	25	196	13	190
2018년	17,298	16,885	58	2,796	14,031	413	28	179	15	191

〈김포공항 온실가스 배출량〉

(단위 : 톤CO2eq)

구분	온실가스 배출량				
	합계	고정 연소	이동 연소	공정 배출	간접 배출
2017년	30,823	4,052	897	122	25,752
2018년	35,638	6,121	965	109	28,443

● 보기 ●

ㄱ. 에너지 소비량 중 이동 부문에서 경유가 차지하는 비중은 2018년에 전년 대비 10%p 이상 감소하였다.

ㄴ. 건설 부문의 도시가스 소비량은 2018년에 전년 대비 30% 이상 증가하였다.

ㄷ. 2018년 온실가스 배출량 중 간접 배출이 차지하는 비중은 2017년 온실가스 배출량 중 고정 연소가 차지하는 비중의 5배 이상이다.

① ㄱ   ② ㄴ   ③ ㄱ, ㄷ

④ ㄴ, ㄷ   ⑤ ㄱ, ㄴ, ㄷ

해설 ㄴ. 건설 부문의 도시가스 소비량은 2017년에 1,808TOE, 2018년에 2,796TOE로, 2018년의 전년 대비 증가율은 $\frac{2,796-1,808}{1,808} \times 100 ≒ 54.6\%$이다. 따라서 옳은 설명이다.

ㄷ. 2018년 온실가스 배출량 중 간접 배출이 차지하는 비중은 $\frac{28,443}{35,639} \times 100 ≒ 79.8\%$이고,

2017년 온실가스 배출량 중 고정 연소가 차지하는 비중은 $\frac{4,052}{30,823} \times 100 ≒ 13.1\%$이다.

그 5배는 13.1×5＝65.5%로 2018년 온실가스배출량 중 간접 배출이 차지하는 비중인 79.8%보다 작으므로 옳은 설명이다.

ㄱ. 에너지 소비량 중 이동 부문에서 경유가 차지하는 비중은 2017년에 $\frac{196}{424} \times 100 ≒ 46.2\%$이고,

2018년에 $\frac{179}{413} \times 100 ≒ 43.3\%$로, 전년 대비 2.9%p 감소하였으므로 틀린 설명이다.

1. 수리능력

01 민섭이는 가족여행을 하려고 한다. 총 경비의 $\frac{1}{3}$은 숙박비이고, $\frac{1}{3}$은 왕복 항공권 비용이다. 숙박비와 항공권 비용을 쓰고 남은 경비의 $\frac{1}{6}$은 교통비로 사용하고, 이외의 나머지 경비를 40만원으로 책정할 때, 총 경비는 얼마로 예상하고 있는가?

① 138만원

② 140만원

③ 142만원

④ 144만원

⑤ 146만원

> **해설** 총 경비를 x만원이라고 하자.
> - 숙박비와 항공권비용 : $\frac{2}{3}x$만원
> - 교통비 : $\left(\frac{1}{3}x \times \frac{1}{6}\right)$만원
>
> 교통비까지 쓰고 남은 경비는 $\left(\frac{1}{3}x \times \frac{5}{6}\right)$만원이고, 40만원이므로 $\frac{1}{3}x \times \frac{5}{6} = 40 \rightarrow x = 144$
> 따라서 총 경비는 144만원이다.

02 K부서에는 부장 1명, 과장 1명, 대리 2명, 사원 2명 총 6명이 근무하고 있다. 새로운 프로젝트를 진행하기 위해 K부서를 2개의 팀으로 나누려고 한다. 팀을 나눈 후의 인원수는 서로 같으며, 부장과 과장이 같은 팀이 될 확률은 30%라고 한다. 대리 2명의 성별이 서로 다를 때, 부장과 남자 대리가 같은 팀이 될 확률은?

① 41%

② 41.5%

③ 42%

④ 42.5%

⑤ 43%

> **해설** 각 팀은 3명씩 구성된다. 부장과 과장이 같은 팀일 경우, 나머지 4명 중 팀원으로 남자 대리를 뽑을 확률은 25%이다. 부장과 과장이 다른 팀일 경우, 팀을 나누는 전체 경우의 수는 $_4C_2 \times _2C_2 \times \frac{1}{2!} \times 2 = 6$가지이고, 그중 부장과 남자 대리가 같은 팀인 경우는 3가지이다.
> 따라서 확률은 $0.3 \times 0.25 + 0.7 \times 0.5 = 0.425$, 즉 42.5%이다.

03 다음은 병역자원 현황에 대한 표이다. 총 지원자 수에 대한 2013 · 2014년 평균과 2019 · 2020년 평균과의 차이를 구하면?

<병역자원 현황>

(단위 : 만명)

구분	2013년	2014년	2015년	2016년	2017년	2018년	2019년	2020년
계	826.9	806.9	783.9	819.2	830.8	826.2	796.3	813.0
징 · 소집 대상	135.3	128.6	126.2	122.7	127.2	130.2	133.2	127.7
보충역 복무자 등	16.0	14.3	11.6	9.5	8.9	8.6	8.6	8.9
병력동원 대상	675.6	664.0	646.1	687.0	694.7	687.4	654.5	676.4

① 11.25만명
② 11.75만명
③ 12.25만명
④ 12.75만명
⑤ 13.25만명

해설 (2009 · 2010년의 평균)$= \dfrac{826.9 + 806.9}{2} = 816.9$만명

(2015 · 2016년의 평균)$= \dfrac{796.3 + 813.0}{2} = 804.65$만명

따라서 $816.9 - 804.65 = 12.25$만명이다.

04 다음은 동근이가 사무용품을 구매했던 영수증을 정리한 내용의 일부이다. A4용지 1박스에 500매 6묶음이 들어있다고 할 때, 볼펜 1타(12자루)와 A4용지 500매 가격의 합으로 올바른 것은?

일자	구매 내역		금액
8월 13일	볼펜 3타	A4용지 5박스	90,300원
9월 11일	볼펜 5타	A4용지 7박스	133,700원

① 11,200원
② 11,700원
③ 12,100원
④ 12,300원
⑤ 12,600원

해설 볼펜 1타의 가격을 x원, A4용지 1박스의 가격을 y원이라고 하면

$3x + 5y = 90,300 \cdots$ ㉠

$5x + 7y = 133,700 \cdots$ ㉡

㉠과 ㉡을 연립하면, $x = 9,100$, $y = 12,600$이다.

A4용지 1박스에는 500매가 6묶음 들어있으므로 500매 한 개의 가격은 $12,600 \div 6 = 2,100$원이다.

그러므로 볼펜 1타와 A4용지 500매 가격의 합은 $9,100 + 2,100 = 11,200$원이다.

※ 다음 도식에서 기호들은 일정한 규칙에 따라 문자를 변화시킨다. ?에 들어갈 알맞은 문자를 고르시오(단, 규칙은 가로와 세로 중 한 방향으로만 적용된다). (5~6)

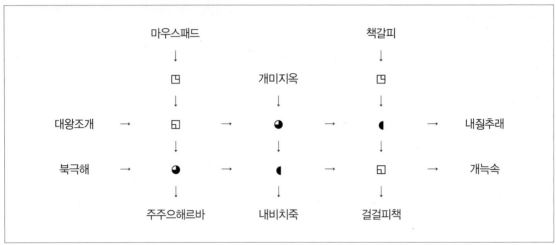

05

플러스 → ◕ → 凸 → ?

① 흘마으마   ② 머으머흘   ③ 흘머으머

④ 플마으마   ⑤ 플머으머

해설 ◖ : 각 자리에서 모음 대칭

    ◕ : 음절 초성마다 +1

    ⊟ : 맨 처음 음절과 마지막 음절 자리 바꾸기

    凸 : 두 번째 음절 맨 뒤에 추가

    플러스 → 흘머으 → 흘머으머
         ◕   凸

06

마이너스 → 凹 → ◖ → ?

① 머아나스아   ② 머으나스이   ③ 마이너스이

④ 마이나이스   ⑤ 머이스너이

해설 마이너스 → 마이너스이 → 머이나스이
          凹   ◖

※ 다음 도식에서 기호들은 일정한 규칙에 따라 문자를 변화시킨다. ?에 들어갈 알맞은 문자를 고르시오(단, 규칙은 가로와 세로 중 한 방향으로만 적용된다). (7~8)

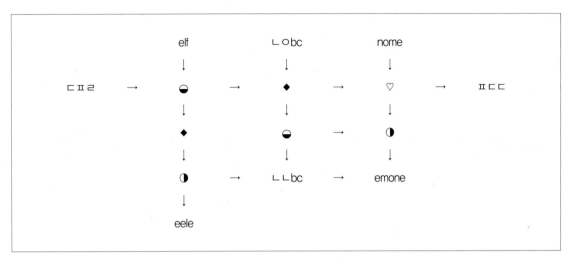

07

$$\text{COSMOS} \rightarrow \text{?} \rightarrow \text{SOMSOC}$$

① ⊖ ② ◑ ③ ♡

④ ◆ ⑤ ⊟

해설 ⊖ : 세 번째 문자 삭제
　　　◑ : 첫 번째 문자를 맨 뒤에 추가
　　　♡ : 역순으로 재배열
　　　◆ : 맨 앞 문자를 맨 앞에 추가

COSMOS → SOMSOC
　　　　♡

08

$$\text{STAR} \rightarrow \text{◑} \rightarrow \text{◆} \rightarrow \text{?}$$

① SSTRAS ② SSTARS ③ ASSTRS

④ ASSTSR ⑤ SSATRS

해설 STAR → STARS → SSTARS
　　　　　◑　　　　◆

공기업 NCS문제

01 신용보증기금

1. 의사소통능력

※ 다음 글을 읽고 물음에 답하시오. (1~2)

곤충이 유충에서 성체로 발생하는 과정에서 단단한 외골격은 더 큰 것으로 주기적으로 대체된다. 곤충이 유충, 번데기, 성체로 변화하는 동안, 이러한 외골격의 주기적 대체는 몸 크기를 증가시키는 것과 같은 신체 형태 변화에 필수적이다. 이러한 외골격의 대체를 '탈피'라고 한다. 성체가 된 이후에 탈피하지 않는 곤충들의 경우, 그것들의 최종 탈피는 성체의 특성이 발현되고 유충의 특성이 완전히 상실될 때 일어난다. 이런 유충에서 성체로의 변태 과정을 조절하는 호르몬에는 탈피호르몬과 유충호르몬이 있다.

탈피호르몬은 초기 유충기에 형성된 유충의 전흉선에서 분비된다. 탈피 시기가 되면, 먹이 섭취 활동과 관련된 자극이 유충의 뇌에 전달된다. 이 자극은 이미 뇌의 신경분비세포에서 합성되어 있던 전흉선자극호르몬의 분비를 촉진하여 이 호르몬이 순환계로 방출될 수 있게끔 만든다. 분비된 전흉선자극호르몬은 순환계를 통해 전흉선으로 이동하여, 전흉선에서 허물벗기를 촉진하는 탈피호르몬이 분비되도록 한다. 그리고 탈피호르몬이 분비되면 탈피의 첫 단계인 허물벗기가 시작된다. ㉠ 성체가 된 이후에 탈피하지 않는 곤충들의 경우, 성체로의 마지막 탈피가 끝난 다음에 탈피호르몬은 없어진다.

유충호르몬은 유충 속에 있는 알라타체라는 기관에서 분비된다. 이 유충호르몬은 탈피 촉진과 무관하며, 유충의 특성이 남아 있게 하는 역할만을 수행한다. 따라서 각각의 탈피 과정에서 분비되는 유충호르몬의 양에 의해서, 탈피 이후 유충으로 남아 있을지, 유충의 특성이 없는 성체로 변태할지가 결정된다. 유충호르몬의 방출량은 유충호르몬의 분비를 억제하는 알로스테틴과 분비를 촉진하는 알로트로핀에 의해 조절된다. 이 알로스테틴과 알로트로핀은 곤충의 뇌에서 분비된다. 한편, 유충호르몬의 방출량이 정해져 있을 때 그 호르몬의 혈중 농도는 유충호르몬 에스테라제와 같은 유충호르몬 분해효소와 유충호르몬 결합단백질에 의해 조절된다. 유충호르몬 결합단백질은 유충호르몬 에스테라제 등의 유충호르몬 분해효소에 의해서 유충호르몬이 분해되어 혈중 유충호르몬의 농도가 낮아지는 것을 막으며, 유충호르몬을 유충호르몬 작용 조직으로 안전하게 수송한다.

01 위 글에서 추론할 수 있는 것만을 〈보기〉에서 모두 고르면?

보기

ㄱ. 유충의 전흉선을 제거하면 먹이 섭취 활동과 관련된 자극이 유충의 뇌에 전달될 수 없다.
ㄴ. 변태 과정 중에 있는 곤충에게 유충기부터 알로트로핀을 주입하면, 그것은 성체로 발생하지 않을 수 있다.
ㄷ. 유충호르몬이 없더라도 변태 과정 중 탈피호르몬이 분비되면 탈피가 시작될 수 있다.

① ㄱ   ② ㄴ   ③ ㄱ, ㄷ   ④ ㄴ, ㄷ   ⑤ ㄱ, ㄴ, ㄷ

해설 ㄴ. 유충호르몬은 유충의 특성이 남아 있게 하는 역할만 수행하므로 유충호르몬의 분비를 촉진하는 알로트로핀을 변태 과정 중에 있는 곤충에게 주입한다면, 유충의 특성을 갖게 되어 성체로 발생하지 않을 수 있다.
ㄷ. 유충호르몬은 탈피 촉진과 무관하므로 유충호르몬이 없더라도 탈피호르몬이 분비되면 탈피가 시작될 수 있다.

02 위 글을 토대로 할 때, 다음 〈실험 결과〉에 대한 분석으로 적절한 것만을 〈보기〉에서 모두 고르면?

실험 결과

성체가 된 이후에 탈피하지 않는 곤충의 유충기부터 성체로 이어지는 발생 단계별 유충호르몬과 탈피호르몬의 혈중 농도 변화를 관찰하였더니 다음과 같았다.
결과1 : 유충호르몬의 혈중 농도는 유충기에 가장 높으며 이후 성체가 될 때까지 점점 감소한다.
결과2 : 유충에서 성체로의 최종 탈피가 일어날 때까지 탈피호르몬은 존재하였고, 그 구간 탈피호르몬의 혈중 농도에는 변화가 없었다.

보기

ㄱ. 결과1은 "혈중 유충호르몬 에스테라제의 양은 유충기에 가장 많으며 성체기에서 가장 적다"는 가설에 의해서 설명된다.
ㄴ. "성체가 된 이후에 탈피하지 않는 곤충들의 경우, 최종 탈피가 끝난 다음에 전흉선은 파괴되어 사라진다"는 것은 결과2와 ㉠이 동시에 성립하는 이유를 제시한다.
ㄷ. 결과1과 결과2는 함께 "변태 과정에 있는 곤충의 탈피호르몬 대비 유충호르몬의 비율이 작아질수록 그 곤충은 성체의 특성이 두드러진다"는 가설을 지지한다.

① ㄱ   ② ㄷ   ③ ㄱ, ㄴ   ④ ㄴ, ㄷ   ⑤ ㄱ, ㄴ, ㄷ

해설 ㄴ. ㉠에 따르면 성체가 된 이후 탈피하지 않는 곤충들의 경우, 마지막 탈피가 끝난 다음 탈피호르몬이 없어지며, 결과2에 따르면 최종 탈피가 일어날 때까지는 탈피호르몬이 존재한다. 즉, ㉠과 결과2를 통해 최종 탈피가 일어날 때까지 존재하던 탈피호르몬은 최종 탈피 이후 없어진다는 것을 알 수 있다. 따라서 최종 탈피가 끝난 후 탈피호르몬을 분비하는 전흉선이 파괴되어 사라진다는 ㄴ은 결과2와 ㉠을 동시에 설명할 수 있다.
ㄷ. 결과1에 따르면 유충호르몬은 성체가 되는 동안 점점 감소하며, 결과2에 따르면 성체로의 최종 탈피가 일어날 때까지 존재하는 탈피호르몬의 혈중 농도는 변화하지 않는다. 따라서 결과1과 결과2를 통해 변태 과정에 있는 곤충의 경우 탈피호르몬의 양은 변하지 않으나, 유충호르몬의 양은 줄어들고 있음을 알 수 있으므로 탈피호르몬 대비 유충호르몬의 비율이 작아질수록 성체의 특성이 두드러진다는 가설을 지지할 수 있다.

※ 다음은 신용보증기금에 지원한 지원자들의 시험 결과 영역별 상위 5명에 관한 자료이다. 자료를 참고하여 이어지는 질문에 답하시오(단, 과목별로 동점자는 없었으며, 점수는 1점 단위이다). (3~4)

〈영역별 시험 점수〉

(단위 : 점)

순위	의사소통능력		수리능력		문제해결능력	
	이름	점수	이름	점수	이름	점수
1	하정은	94	신민경	91	양현아	97
2	성수민	93	하정은	90	박지호	95
3	김진원	90	성수민	88	황아영	90
4	양현아	88	황아영	82	신민경	88
5	황아영	85	양현아	76	하정은	84

03 성수민이 황아영보다 높은 총점을 기록하기 위해서는 문제해결능력 영역에서 최소 몇 점을 초과하여 획득해야 하는가?

① 75점 　　　② 76점 　　　③ 77점 　　　④ 78점 　　　⑤ 81점

해설 황아영의 총점은 85+82+90=257점이며, 성수민이 의사소통과 수리능력 영역에서 획득한 점수는 각각 93점과 88점으로 총 181점이다. 따라서 황아영보다 높은 총점을 기록하기 위해서는 257-181=76점을 초과하여 획득해야 한다.

04 다음 중 자료에 대한 설명으로 옳지 않은 것은?

① 의사소통과 수리능력 영역 점수의 합이 가장 높은 지원자는 하정은이다.

② 양현아는 하정은의 총점의 95% 이상을 획득했다.

③ 신민경은 260점을 초과하여 총점을 획득할 수 있다.

④ E기업 시험 합격 최저점이 총점기준 251점이라면 김진원은 불합격이다.

⑤ 박지호보다 김진원의 총점이 더 높다.

해설 제시된 자료만으로는 박지호보다 김진원의 총점이 더 높은지 확인할 수 없다.

① 의사소통과 수리능력 영역 점수의 합은 하정은이 94+90=184점으로 가장 높다.

② 하정은의 총점은 94+90+84=268점이며, 양현아의 총점은 88+76+97=261점이다. 268×0.05=13.4이므로, 양현아는 하정은의 총점의 95% 이상을 획득했다.

③ 신민경은 수리와 문제해결능력 영역에서 각각 91점과 88점을 획득하였고, 의사소통능력 영역에서 얻을 수 있는 최고점은 84점이므로 획득 가능한 총점의 최댓값은 263점이다.

④ 김진원의 의사소통능력 영역 점수는 90점이고, 수리와 문제해결능력 영역에서 얻을 수 있는 최고점은 각각 75점, 83점이므로 김진원이 획득 가능한 총점의 최댓값은 248점이다.

05 다음은 11개 전통 건축물에 대해 조사한 자료이다. 이에 대한 보고서의 설명 중 옳은 것만을 모두 고르면?

〈11개 전통 건축물의 공포양식과 주요 구조물 치수〉

(단위 : 척)

명칭	현 소재지	공포양식	기둥 지름	처마 서까래 지름	부연	
					폭	높이
숭례문	서울	다포	1.80	0.60	0.40	0.50
관덕정	제주	익공	1.50	0.50	0.25	0.30
봉정사 화엄강당	경북	주심포	1.50	0.55	0.40	0.50
문묘 대성전	서울	다포	1.75	0.55	0.35	0.45
창덕궁 인정전	서울	다포	2.00	0.70	0.40	0.60
남원 광한루	전북	익공	1.40	0.60	0.55	0.55
화엄사 각황전	전남	다포	1.82	0.70	0.50	0.60
창의문	서울	익공	1.40	0.50	0.30	0.40
장곡사 상대웅전	충남	주심포	1.60	0.60	0.40	0.60
무량사 극락전	충남	다포	2.20	0.80	0.35	0.50
덕수궁 중화전	서울	다포	1.70	0.70	0.40	0.50

〈보고서〉

문화재연구소는 11개 전통 건축물의 공포양식과 기둥 지름, 처마서까래 지름, 그리고 부연의 치수를 조사하였다. 건축물 유형은 궁궐, 사찰, 성문, 누각 등으로 구분된다.

㉠ 11개 전통 건축물을 공포양식별로 구분하면 다포양식 6개, 주심포양식 2개, 익공양식 3개이다. 건축물의 현 소재지는 서울이 5곳으로 가장 많다.

㉡ 11개 전통 건축물의 기둥 지름은 최소 1.40척, 최대 2.00척이고, 처마서까래 지름은 최소 0.50척, 최대 0.80척이다. 각 건축물의 기둥 지름 대비 처마서까래 지름 비율은 0.30보다 크고 0.50보다 작다.

㉢ 11개 전통 건축물의 부연은 폭이 최소 0.25척, 최대 0.55척이고 높이는 최소 0.30척, 최대 0.60척으로, 모든 건축물의 부연은 높이가 폭보다 크다.

㉣ 기둥 지름 대비 부연 폭의 비율은 0.15보다 크고 0.40보다 작다.

① ㉠, ㉡   ② ㉠, ㉣   ③ ㉡, ㉢

④ ㉠, ㉢, ㉣   ⑤ ㉡, ㉢, ㉣

해설 ㉠ 11개 전통 건축물을 공포양식별로 구분하면 다포양식 6개(숭례문, 문묘 대성전, 창덕궁 인정전, 화엄사 각황전, 무량사 극락전, 덕수궁 중화전), 주심포양식 2개(봉정사 화엄강당, 장곡사 상대웅전), 익공양식 3개(관덕정, 남원 광한루, 창의문)이므로 옳은 내용이다.

㉣ 이 선택지의 정오를 정확히 확인하기 위해서는 대략적이나마 최솟값을 가지는 항목과 최댓값을 가지는 항목을 판별해야 한다. 그런데 직접 계산하지 않더라도 최솟값을 가지는 항목은 무량사 극락전이고 최댓값을 가지는 항목은 남원 광한루가 될 것임은 알 수 있다. 따라서 이 둘을 직접 계산하면 무량사 극락전은 약 0.16, 남원 광한루가 약 0.39임을 알 수 있으므로 제시된 모든 건축물의 기둥 지름 대비 부연 폭의 비율은 0.15보다 크고 0.40보다 작다는 것을 확인할 수 있다.

1. 문제해결능력

01 기술보증기금은 사내 장기자랑을 위해 조를 편성하기로 하였다. 다음 중 조원이 될 수 있는 사람끼리 연결한 것으로 옳은 것은?

〈조 편성 조건〉

- 2명씩 총 5개 조를 편성한다.
- 같은 팀끼리 같은 조가 될 수 없다.
- 남녀 조는 하나이다.
- 20대는 20대끼리, 30대는 30대끼리 조를 편성한다.
- 조원 간 나이 차는 5세 이내로 제한한다.

〈기술보증기금 직원 명단 및 나이〉

(단위 : 세)

	이름	전현무	김기안	이시언	방성훈	김충재
남	나이	39	27	36	29	24
	소속	안전관리팀	기술팀	인사팀	기획팀	총무팀
	이름	한혜진	박나래	안화사	정려원	김사랑
여	나이	35	30	23	32	37
	소속	인사팀	기술팀	총무팀	안전관리팀	기획팀

① 김충재, 김기안　　　　　② 안화사, 김충재　　　　　③ 정려원, 한혜진

④ 이시언, 방성훈　　　　　⑤ 김사랑, 정려원

해설 같은 조가 될 수 있는 20대는 김기안, 안화사, 방성훈, 김충재이다. 안화사는 김충재와 같은 총무팀이므로 같은 조가 될 수 없고, 김기안과 방성훈 중 나이 차가 5세 이하인 김기안과 같은 조가 되므로, 방성훈과 김충재가 같은 조가 된다. 30대는 전현무, 이시언, 박나래, 김사랑, 한혜진, 정려원이다. 20대 조에서 남녀 조가 나왔기 때문에 나머지는 모두 동성 조가 되어야하므로 전현무와 이시언이 같은 조가 되고, 나머지(정려원, 한혜진, 박나래, 김사랑)끼리 조를 구성해야 한다. 이때, 박나래와 김사랑은 나이가 7세 차이로 같은 조가 될 수 없다. 즉, 가능한 조 편성은 다음과 같다.

- 경우 1

안화사, 김기안	김충재, 방성훈	전현무, 이시언	박나래, 정려원	김사랑, 한혜진

- 경우 2

안화사, 김기안	김충재, 방성훈	전현무, 이시언	박나래, 한혜진	김사랑, 정려원

02 다음 글과 상황을 근거로 판단할 때, 출장을 함께 갈 수 있는 직원들의 조합으로 가능한 것은?

A은행 B지점에서는 3월 11일 회계감사 관련 서류 제출을 위해 본점으로 출장을 가야 한다. 오전 08시 정각 출발이 확정되어 있으며, 출발 후 B지점에 복귀하기까지 총 8시간이 소요된다. 단, 비가 오는 경우 1시간이 추가로 소요된다.
- 출장인원 중 한 명이 직접 운전하여야 하며, '운전면허 1종 보통' 소지자만 운전할 수 있다.
- 출장시간에 사내 업무가 겹치는 경우에는 출장을 갈 수 없다.
- 출장인원 중 부상자가 포함되어 있는 경우, 서류 박스 운반 지연으로 인해 30분이 추가로 소요된다.
- 차장은 책임자로서 출장인원에 적어도 한 명 포함되어야 한다.
- 주어진 조건 외에는 고려하지 않는다.

〈상황〉
- 3월 11일은 하루 종일 비가 온다.
- 3월 11일 당직 근무는 17시 10분에 시작한다.

직원	직급	운전면허	건강상태	출장 당일 사내 업무
갑	차장	1종 보통	부상	없음
을	차장	2종 보통	건강	17시 15분 계약업체 면담
병	과장	없음	건강	17시 35분 고객 상담
정	과장	1종 보통	건강	당직 근무
무	대리	2종 보통	건강	없음

① 갑, 을, 병
② 갑, 병, 정
③ 을, 병, 무
④ 을, 정, 무
⑤ 병, 정, 무

해설 ④ 을, 정, 무 : 정이 운전을 하고, 을이 차장이고, 부상 중인 사람이 없기 때문에 17:00에 도착하므로 정의 당직 근무에도 문제가 없다. 따라서 가능한 조합이다.
① 갑, 을, 병 : 갑이 부상인 상태이므로 B지점에 17시 30분에 도착하는데, 을이 17시 15분에 계약업체 면담이 진행될 예정이므로 가능하지 않은 조합이다.
② 갑, 병, 정 : 갑이 부상인 상태이므로 B지점에 17시 30분에 도착하는데, 정이 17시 10분부터 당직 근무가 예정되어 있으므로 가능하지 않은 조합이다.
③ 을, 병, 무 : 1종 보통 운전면허를 소지하고 있는 사람이 없으므로 가능하지 않은 조합이다.
⑤ 병, 정, 무 : 책임자로서 차장 직급이 한 명은 포함되어야 하므로 가능하지 않은 조합이다.

※ A사원은 지점별 매출 및 매입 현황을 정리하고 있다. 이어지는 질문에 답하시오. (3~4)

	A	B	C	D	E	F
1	지점명	매출	매입			
2	주안점	2,500,000	1,700,000			
3	동암점	3,500,000	2,500,000		최대 매출액	
4	간석점	7,500,000	5,700,000		최소 매출액	
5	구로점	3,000,000	1,900,000			
6	강남점	4,700,000	3,100,000			
7	압구정점	3,000,000	1,500,000			
8	선학점	2,500,000	1,200,000			
9	선릉점	2,700,000	2,100,000			
10	교대점	5,000,000	3,900,000			
11	서초점	3,000,000	1,900,000			
12	합계					

03 다음 중 매출과 매입의 합계를 출력하기 위해 사용해야 할 함수는?

① REPT ② CHOOSE ③ SUM
④ AVERAGE ⑤ DSUM

> **해설** SUM 함수는 인수들의 합을 출력하는 함수이다.
> • [B12] : 「=SUM(B2:B11)」
> • [C12] : 「=SUM(C2:C11)」
> ① REPT : 텍스트를 지정한 횟수만큼 반복한다.
> ② CHOOSE : 인수 목록 중에서 하나를 고른다.
> ④ AVERAGE : 인수들의 평균을 출력한다.
> ⑤ DSUM : 지정한 조건에 맞는 데이터베이스에서 필드 값들의 합을 출력한다.

04 다음 중 [F3] 셀에 입력해야 할 최대 매출액을 출력하는 함수식으로 옳은 것은?

① MIN(B2:B11) ② MAX(B2:C11) ③ MIN(C2:C11)
④ MAX(C2:C11) ⑤ MAX(B2:B11)

> **해설** MAX 함수는 최댓값을 출력하는 함수로, [F3] 셀에 최대 매출액을 출력해야 하므로 지점별 매출의 범위인 [B2:B11] 영역의 최댓값을 출력해야 한다. 따라서 ⑤가 적절하다.

05 다음 〈보기〉 중 정보 검색 연산자의 기호와 연산자, 검색조건이 옳지 않게 연결된 것을 모두 고른 것은?

● 보기 ●

연번	기호	연산자	검색조건
ㄱ	*, &	AND	두 단어가 모두 포함된 문서를 검색
ㄴ	–, !	OR	두 단어가 모두 포함되거나, 두 단어 중 하나만 포함된 문서를 검색
ㄷ	l	NOT	'–' 기호나 '!' 기호 다음에 오는 단어는 포함하지 않는 문서를 검색
ㄹ	~, near	인접검색	앞/뒤의 단어가 가깝게 인접해 있는 문서를 검색

① ㄱ, ㄴ   ② ㄱ, ㄷ   ③ ㄴ, ㄷ

④ ㄴ, ㄹ   ⑤ ㄷ, ㄹ

해설

연번	기호	연산자	검색조건
ㄱ	*, &	AND	두 단어가 모두 포함된 문서를 검색
ㄴ	l	OR	두 단어가 모두 포함되거나, 두 단어 중 하나만 포함된 문서를 검색
ㄷ	–, !	NOT	'–' 기호나 '!' 기호 다음에 오는 단어는 포함하지 않는 문서를 검색
ㄹ	~, near	인접검색	앞/뒤의 단어가 가깝게 인접해 있는 문서를 검색

06 다음 중 정보관리에 대한 설명으로 옳지 않은 것은?

㉠ 목록을 이용하여 정보를 관리하는 경우, 중요한 항목을 찾아 정리하는 과정으로 이루어진다.
㉡ 정보 내에 포함된 키워드 등 세부요소를 찾고자 하는 경우, 목록을 이용한 정보관리가 효율적이다.
㉢ 색인을 이용해 정보를 관리하는 경우, 색인은 색인어와 위치정보로 구성된다.

① ㉠   ② ㉡   ③ ㉠, ㉡

④ ㉡, ㉢   ⑤ ㉠, ㉡, ㉢

해설 정보 내에 포함되어 있는 키워드나 단락과 같은 세부적인 요소나 정보의 주제, 사용했던 용도로 정보를 찾고자 할 때는 목록을 가지고서 쉽게 찾을 수가 없다. 이런 문제를 해결하기 위해 주요 키워드나 주제어를 가지고 소장하고 있는 정보원을 관리하는 방식이 색인을 이용한 정보관리이다. 목록은 한 정보원에 하나만 만드는 것이지만 색인은 여러 개를 추출하여 한 정보원에 여러 색인어를 부여할 수 있다.

1. 수리능력

01 귀하는 각 생산부서의 사업평가 자료를 취합하였는데 커피를 흘려 자료의 일부가 훼손되었다. 다음 중 (가), (나), (다), (라)에 들어갈 수치로 가장 적절한 것은?(단, 인건비와 재료비 이외의 투입요소는 없다)

〈사업평가 자료〉

구분	목표량	인건비	재료비	산출량	효과성 순위	효율성 순위
A부서	(가)	200	50	500	3	2
B부서	1,000	(나)	200	1,500	2	1
C부서	1,500	1,200	(다)	3,000	1	3
D부서	1,000	300	500	(라)	4	4

※ (효과성)=(산출량)÷(목표량)
※ (효율성)=(산출량)÷(투입량)

	(가)	(나)	(다)	(라)
①	300	500	800	800
②	800	500	300	300
③	800	800	300	500
④	500	800	300	800
⑤	500	300	800	800

해설 정확한 값을 계산하기보다 우선 자료에서 해결 실마리를 찾아, 적절하지 않은 선택지를 제거하는 방식으로 접근하는 것이 좋다. 먼저 효과성을 기준으로 살펴보면, 1순위인 C부서의 효과성은 $3,000 \div 1,500 = 2$이고, 2순위인 B부서의 효과성은 $1,500 \div 1,000 = 1.5$이다. 따라서 3순위 A부서의 효과성은 1.5보다 낮아야 한다는 것을 알 수 있다. 그러므로 A부서의 목표량 (가)는 $500 \div (가) < 1.5 \rightarrow (가) > 333.3\cdots$으로 적어도 333보다는 커야 한다. 따라서 (가)가 300인 선택지 ①은 정답에서 제외된다.

효율성을 기준으로 살펴보면, 2순위인 A부서의 효율성은 $500/(200+50) = 2$이다. 따라서 1순위인 B부서의 효율성은 2보다 커야 한다는 것을 알 수 있다. 그러므로 B부서의 인건비 (나)는 $1,500 \div ((나)+200) > 2 \rightarrow (나) < 550$으로 적어도 550보다는 작아야 한다. 따라서 (나)가 800인 선택지 ② · ⑤는 제외된다.

남은 것은 선택지 ③과 ④가 있는데, 먼저 ③부터 대입해보면 C의 효율성이 $3,000 \div (1,200+300) = 2$로 2순위인 A부서의 효율성과 같다. 따라서 정답은 ④이다.

02 이탈리안 음식전문점인 B레스토랑에서는 두 가지 음식을 묶어 런치세트를 구성해 판매한다. 런치세트메뉴와 금액이 다음과 같을 때, 아라비아따의 할인 전 가격은?

〈런치세트메뉴〉

세트메뉴	구성 음식	금액(원)
A세트	까르보나라, 알리오올리오	24,000
B세트	마르게리따피자, 아라비아따	31,000
C세트	까르보나라, 고르곤졸라피자	31,000
D세트	마르게리따피자, 알리오올리오	28,000
E세트	고르곤졸라피자, 아라비아따	32,000

※ 런치세트메뉴의 가격은 파스타는 500원, 피자는 1,000원을 할인한 뒤 합하여 책정한다.
※ 파스타 : 까르보나라, 알리오올리오, 아라비아따
※ 피자 : 마르게리따피자, 고르곤졸라피자

① 13,000원

② 13,500원

③ 14,000원

④ 14,500원

⑤ 15,000원

해설 까르보나라, 알리오올리오, 마르게리따피자, 아라비아따, 고르곤졸라피자의 할인 후 금액을 각각 a원, b원, c원, d원, e원이라 하자.

- $a+b=24,000$ … ㉠
- $c+d=31,000$ … ㉡
- $a+e=31,000$ … ㉢
- $c+b=28,000$ … ㉣
- $e+d=32,000$ … ㉤

㉠~㉤식의 좌변과 우변을 모두 더하면

$2(a+b+c+d+e)=146,000$

$a+b+c+d+e=73,000$ … ㉥

㉥식에 ㉢식과 ㉣식을 대입하면

$a+b+c+d+e=(a+e)+(c+b)+d=31,000+28,000+d=73,000$

즉, $d=73,000-59,000=14,000$

따라서 아라비아따의 할인 전 금액은 $14,000+500=14,500$원이다.

※ 한전KPS는 직원들의 명함을 아래의 명함 제작 기준에 따라 제작한다. 다음을 읽고 이어지는 질문에 답하시오. (3~4)

구분	100장	50장
국문	10,000	3,000
영문	15,000	5,000

〈명함 제작 기준〉 (단위 : 원)

※ 고급종이로 제작할 경우 정가의 10% 가격 추가

03 올해 신입사원이 입사해서 국문 명함을 만들었다. 명함은 1인당 150장씩 지급하며, 일반종이로 만들어 총 제작비용은 195,000원이다. 신입사원은 총 몇 명인가?

① 12명   ② 13명   ③ 14명

④ 15명   ⑤ 16명

해설 신입사원의 수를 x명이라고 하자.
1인당 지급하는 국문 명함은 150장이므로 1인 기준 국문 명함 제작비용은
10,000(100장)+3,000(추가 50장)=13,000원이다.
즉, $13,000x=195,000$
∴ $x=15$

04 이번 신입사원 중 해외영업 부서로 배치 받은 사원이 있다. 해외영업부 사원들에게는 고급종이로 영문 명함을 200장씩 만들어 주려고 한다. 총인원이 8명일 때 총 가격은 얼마인가?

① 158,400원   ② 192,500원   ③ 210,000원

④ 220,000원   ⑤ 247,500원

해설 1인당 지급하는 영문 명함은 200장이므로 1인당 제작비용(일반종이 기준)은
15,000(100장)+10,000(추가 100장)=25,000원이다.

이때, 고급종이로 영문 명함을 제작하므로 해외영업부 사원들의 1인당 제작비용은 $25,000\left(1+\dfrac{1}{10}\right)=27,500$원이다.
따라서 8명의 영문 명함 제작비용은 $27,500\times8=220,000$원이다.

※ 특허출원 수수료는 다음과 같은 계산식에 의하여 결정되고, 아래 표는 계산식에 의하여 산출된 세 가지 사례를 나타낸 것이다. 이어지는 질문에 답하시오. (5~6)

〈계산식〉

- (특허출원 수수료)=(출원료)+(심사청구료)
- (출원료)=(기본료)+{(면당 추가료)×(전체 면수)}
- (심사청구료)=(청구항당 심사청구료)×(청구항수)
  ※ 특허출원 수수료는 개인은 70%가 감면되고, 중소기업은 50%가 감면되지만, 대기업은 감면되지 않음

〈특허출원 수수료 사례〉

구분	사례 A	사례 B	사례 C
	대기업	중소기업	개인
전체 면수(장)	20	20	40
청구항수(개)	2	3	2
감면 후 수수료(원)	70,000	45,000	27,000

05 다음 중 사례를 토대로 계산한 청구항당 심사청구료로 옳은 것은?

① 10,000원 ② 15,000원 ③ 20,000원

④ 25,000원 ⑤ 30,000원

해설 면당 추가료를 x원, 청구항당 심사청구료를 y원이라고 하자.
- 대기업 : (기본료)+$20x+2y=70,000$ … ㉠
- 중소기업 : (기본료)+$20x+3y=90,000$ … ㉡
(∵ 중소기업은 50% 감면 후 수수료가 45,000원)
㉡-㉠에서 $y=20,000$원이다.

06 다음 중 사례를 토대로 계산한 면당 추가료로 옳은 것은?

① 1,000원 ② 1,500원 ③ 2,000원

④ 2,500원 ⑤ 3,000원

해설 면당 추가료를 x원, 청구항당 심사청구료를 y원이라고 하자.
- 대기업 : (기본료)+$20x+2y=70,000$ … ㉠
- 중소기업 : (기본료)+$20x+3y=90,000$ … ㉡
(∵ 개인은 70% 감면 후 수수료가 27,000원)
㉡-㉠에서 $20x=20,000$이므로 $x=1,000$원이다.

1. 대인관계능력

01 다음은 인맥에 관한 자료이다. 다음 (가)와 (나)에 들어갈 말이 올바르게 연결된 것은?

> 인맥은 사전적으로 정계, 재계, 학계 따위에서 형성된 사람들의 유대 관계를 의미한다. 그러나 이에 국한하지 않고 모든 개인에게 적용되는 개념으로, 인맥은 자신이 알고 있거나 관계를 형성하고 있는 사람들을 나타낸다. 자신과 직접적인 관계에 있는 사람들은 ___(가)___ 인맥으로 표현할 수 있으며, 인맥에는 ___(가)___ 인맥뿐만 아니라 ___(가)___ 인맥으로부터 알게 된 사람, 우연한 자리에서 알게 된 사람 등 다양한 ___(나)___ 인맥이 존재할 수 있다. 또한 ___(나)___ 인맥에서 계속 ___(나)___ 되면 한 사람의 인맥은 아래 그림처럼 끝없이 넓어질 수 있다.

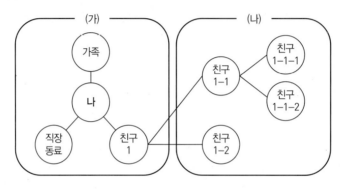

	(가)	(나)
①	중요	파생
②	핵심	파생
③	핵심	합성
④	직접	합성

해설 인맥은 (가) 핵심 인맥과 (나) 파생 인맥으로 나누어 볼 수 있다. 핵심 인맥은 자신과 직접적인 관계에 있는 사람들을 의미하며, 파생 인맥은 핵심 인맥을 통해 파생된 인맥을 의미한다.

02 다음은 서비스에 불만족한 고객을 불만 표현 유형별로 구분한 것이다. 밑줄 친 (A)~(D)를 상대하는 데 있어 주의해야 할 사항으로 옳지 않은 것은?

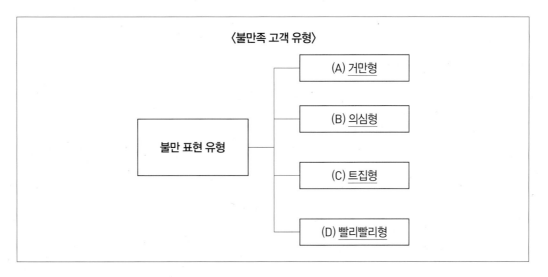

① (A)의 경우 상대방의 과시욕이 채워질 수 있도록 무조건 정중하게 대하는 것이 좋다.

② (B)의 경우 분명한 증거나 근거를 제시하여 스스로 확신을 갖도록 유도해야 한다.

③ (C)의 경우 이야기를 경청하고, 맞장구치고, 추켜세우고, 설득해 가는 방법이 효과적이다.

④ (D)의 경우 애매한 화법을 사용하여 최대한 시간을 끌어야 한다.

해설 빨리빨리형의 경우 성격이 급하고, 확신 있는 말 아니면 잘 믿지 않는 고객을 말한다. 빨리빨리형에게 애매한 화법을 사용하면 고객의 기분은 더욱 나빠질 수 있다. 빨리빨리형은 시원스럽게 일처리하는 모습을 통해 응대하는 것이 적절하다.

03 상대방을 설득하기 위한 전략에는 여러가지가 있다. 다음에서 설명하고 있는 설득전략으로 적절한 것은?

> 어떤 과학적인 논리보다도 동료나 사람들의 행동에 의해서 상대방을 설득하는 것이 협상과정에서 갈등해결이 더 쉬울 수 있다. 즉 사람은 과학적 이론보다 동료나 이웃의 말과 행동에 의해서 쉽게 설득된다는 것이다. 예를 들어 광고를 내보내서 고객들로 하여금 자신의 제품을 구매하도록 설득하는 것보다, 소위 '입 소문'을 통해서 설득하는 것이 매출 증가에 더 효과적이다.

① See Feel Change 전략　　　　　② 호혜관계 형성 전략

③ 헌신과 일관성 전략　　　　　　④ 사회적 입증 전략

해설 사회적 입증 전략이란 사람은 과학적 이론보다 자신의 동료나 이웃의 말이나 행동에 의해서 쉽게 설득된다는 것과 관련된 전략이다.

04 다음을 읽고 외부경영활동으로 볼 수 있는 것은?

> 경영활동은 외부경영활동과 내부경영활동으로 구분하여 볼 수 있다. 외부경영활동은 조직외부에서 조직의 효과성을 높이기 위해 이루어지는 활동이고, 내부경영활동은 조직내부에서 자원들을 관리하는 것이다.

① 마케팅 활동
② 직원 부서 배치
③ 직원 채용
④ 직원 교육훈련

해설 외부경영활동은 조직 외부에서 이루어지는 활동임을 볼 때, 기업의 경우 주로 시장에서 이루어지는 활동으로 볼 수 있다. 마케팅 활동은 시장에서 상품 혹은 용역을 소비자에게 유통하는 데 관련한 대외적 이윤추구 활동이므로 외부경영활동으로 볼 수 있다.

05 직업인은 조직의 구성원으로서 조직체제의 구성요소를 이해하는 체제이해능력이 요구된다. 조직체제의 구성요소가 다음과 같을 때, 이에 대한 설명으로 옳지 않은 것은?

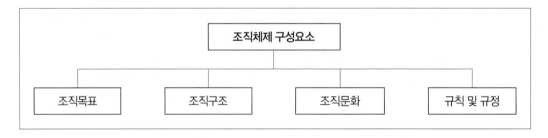

① 조직의 규칙과 규정은 조직구성원들의 자유로운 활동범위를 보장하는 기능을 가진다.
② 조직구조에서는 의사결정권이 하부구성원들에게 많이 위임되는 유기적 조직도 볼 수 있다.
③ 조직의 목표는 조직이 달성하려는 장래의 상태로, 조직이 존재하는 정당성과 합법성을 제공한다.
④ 조직문화는 조직구성원들의 사고와 행동에 영향을 미치며, 일체감과 정체성을 부여한다.

해설 조직의 규칙과 규정은 조직의 목표나 전략에 따라 수립되어 조직구성원들의 활동범위를 제약하고 일관성을 부여하는 기능을 한다. 예를 들어, 인사규정, 총무규정, 회계규정 등을 볼 수 있다.

06 다음은 민츠버그(Mintzberg)가 구분한 경영자의 역할을 나타낸 표이다. 밑줄 친 (A)～(C)에 대한 설명으로 옳은 것은?

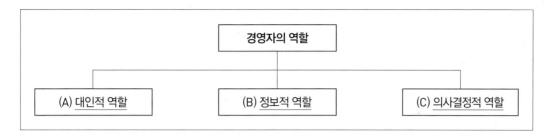

① (A)는 외부 환경의 변화를 모니터링 하는 것이다.

② (B)는 조직을 이끄는 리더로서의 역할을 의미한다.

③ (C)는 분쟁조정자, 자원배분자로서의 역할을 의미한다.

④ (B)는 조직 내의 문제를 해결하는 것이다.

해설 민츠버그(Mintzberg)가 구분한 경영자의 역할
- 대인적 역할 : 상징자·지도자로서 대외적으로 조직을 대표하고, 대내적으로 조직을 이끄는 리더로서 역할을 의미한다.
- 정보적 역할 : 조직을 둘러싼 외부 환경의 변화를 모니터링하고, 이를 조직에 전달하는 정보전달자의 역할을 의미한다.
- 의사결정적 역할 : 조직 내 문제 해결과 대외적 협상을 주도하는 협상가, 분쟁조정자, 자원배분자로서의 역할을 의미한다.

07 다음은 한 부서의 분장업무를 나타낸 자료이다. 다음 분장업무를 통해서 유추할 수 있는 부서로 가장 적절한 것은?

분장업무	
• 판매방침 및 계획	• 외상매출금의 청구 및 회수
• 판매예산의 편성	• 제품의 재고 조절
• 시장조사	• 견본품, 반품, 지급품, 예탁품 등의 처리
• 판로의 개척, 광고 선전	• 거래처로부터의 불만처리
• 거래처의 신용조사와 신용한도의 신청	• 제품의 애프터서비스
• 견적 및 계약	• 판매원가 및 판매가격의 조사 검토
• 제조지시서의 발행	

① 총무부　　　　② 인사부　　　　③ 기획부　　　　④ 영업부

해설 자료의 분장업무는 영리를 목적으로 하는 영업과 관련된 업무로 볼 수 있다. 따라서 영업부가 가장 적절하다.

공무원 영어시험

※ 밑줄 친 부분의 의미와 가장 가까운 것은? (1~2)

어휘 ► 어구

01

> At least in high school she made one decision where she finally <u>saw eye to eye</u> with her parents.

① quarreled   ② disputed   ③ parted   ④ agreed

해석 적어도 고등학교 때 그녀는 마침내 부모님과 <u>의견의 일치를 본</u> 한 가지 결정을 내렸다.

해설 see eye to eye는 '의견을 같이 하다'라는 뜻으로 이와 의미가 가장 가까운 것은 ④ agree(동의하다)이다.
    ① 다투다, 언쟁을 벌이다
    ② 반박하다
    ③ 헤어지다, 갈라서다

▼ Voca
• **at least** 적어도   • **decision** 결정

어휘 ► 단어

02

> Justifications are accounts in which one accepts responsibility for the act in question, but denies the <u>pejorative</u> quality associated with it.

① derogatory   ② extrovert   ③ mandatory   ④ redundant

해석 해명이란 문제의 행동에 대한 책임을 인정하는 설명이지만, 그것과 관련된 <u>경멸적인</u> 특성을 부정하는 말이다.

해설 pejorative는 '경멸의, 경멸적인'이라는 뜻으로 이와 의미가 가장 가까운 것은 ① derogatory(경멸하는, 비판적인)이다.
    ② 외향적인
    ③ 의무적인
    ④ 불필요한, 쓸모없는

▼ Voca
• **justification** 타당한 이유, 정당성   • **account** 설명

03

> Tests ruled out dirt and poor sanitation as causes of yellow fever, and a mosquito was the _____ carrier.

① suspected

② uncivilized

③ cheerful

④ volunteered

[해석] 검사 결과 황열병의 원인으로 먼지와 불결한 위생은 제외되었고, 모기가 의심되는 매개체였다.

[해설] 모기에 대한 설명으로 ②, ③, ④는 불가능한 수식어이다. 황열병의 원인 중 하나로 모기가 거론되고 있으므로 매개체를 수식하기 위해 ① suspected(의심되는)가 가장 적절하다.
② 예의 없는, 야만적인
③ 발랄한, 쾌적한
④ 자원한

▼ Voca

• **rule out** 제외시키다　　　　　　　　　　　　　　　• **sanitation** 위생
• **carrier** 보균자, 매개체

04

> To imagine that there are concrete patterns to past events, which can provide _____ for our lives and decisions, is to project on to history a hope for a certainty which it cannot fulfill.

① hallucinations

② templates

③ inquiries

④ commotion

[해석] 우리의 삶과 결정들에 본보기를 제공할 수 있는 과거의 사건들에 구체적인 패턴이 있다고 생각하는 것은 그것이 실현할 수 없는 확실성에 대한 희망을 역사에 투사하는 것이다.

[해설] 과거 사건들의 구체적인 패턴이 우리의 인생에 제공하는 것은 무엇인지 유추해야 하는 문제이다. 문맥상 삶과 결정을 위한 표본이라고 추론이 가능하므로 빈칸에는 ② template(견본, 본보기)가 가장 적절하다.
① 환각
③ 질문, 연구
④ 소란, 소동

▼ Voca

• **concrete** 구체적인　　　　　　　　　　　　　　　• **project (onto)** ~에 투사하다
• **certainty** 확실성, 확실한 것　　　　　　　　　　　• **fulfill** 실현하다

🔒 01 ④　02 ①　03 ①　04 ②

05

> By 1955 Nikita Khrushchev ① <u>had been emerged as</u> Stalin's successor in the USSR, and he ② <u>embarked on</u> a policy of "peaceful coexistence" ③ <u>whereby East and West</u> ④ <u>were to continue their competition</u>, but in a less confrontational manner.

[해석] 1955년까지 니키타 흐루시초프는 소련에서 스탈린의 후계자로 부상하였으며 그는 "평화 공존" 정책에 착수했는데, 그 정책을 통해 동양과 서양은 계속해서 경쟁은 하되, 덜 대립적인 태도를 취할 것이었다.

[해설] ① emerge는 1형식 완전자동사로 수동태로 쓸 수 없다. 따라서 had been emerged as를 had emerged as로 고쳐야 한다.
② embark on은 '~에 착수하다'라는 뜻의 타동사구이다.
③ whereby는 관계부사로 by which와 같은 뜻이다. 뒤에 완전한 문장이 온다.
④ 주어가 East and West이므로 동사 were는 주어에 맞게 올바르게 쓰였다. were to는 be to 용법으로 '예정'을 뜻한다.

▼ Voca
- **successor** 후계자
- **coexistence** 공존
- **embark on** ~에 착수하다
- **confrontational** 대립을 일삼는

06

> There is a more serious problem than ① <u>maintaining</u> the cities. As people become more comfortable working alone, they may become ② <u>less</u> social. It's ③ <u>easier</u> to stay home in comfortable exercise clothes or a bathrobe than ④ <u>getting</u> dressed for yet another business meeting!

[해석] 도시를 유지하는 것보다 더 심각한 문제가 있다. 사람들이 혼자 일하는 것을 더 편안해할수록, 덜 사교적이게 될지도 모른다. 편안한 운동복이나 목욕 가운을 입고 집에 머무르는 것이 또 다른 사업상 모임을 위해 옷을 차려입는 것보다 쉽다!

[해설] ④ than을 기준으로 getting dressed와 비교되는 것은 앞 문장의 가주어인 to stay이다. 비교대상은 형태가 같아야 하므로 getting을 to get으로 고쳐야 한다.
① 접속사 than 뒤에 동명사가 왔고, maintaining the cities의 비교대상은 문장의 주어인 more serious problem이다.
② 형용사 social의 비교급으로 '더 적은'을 의미하는 less가 올바르게 쓰였다.
③ 형용사 easy의 비교급으로 than과 함께 easier가 올바르게 쓰였다.

▼ Voca
- **bathrobe** 목욕 가운
- **get dressed** 옷을 입다

07 글의 제목으로 가장 적절한 것은?

> Economists say that production of an information good involves high fixed costs but low marginal costs. The cost of producing the first copy of an information good may be substantial, but the cost of producing(or reproducing) additional copies is negligible. This sort of cost structure has many important implications. For example, cost-based pricing just doesn't work: a 10 or 20 percent markup on unit cost makes no sense when unit cost is zero. You must price your information goods according to consumer value, not according to your production cost.

① Securing the Copyright

② Pricing the Information Goods

③ Information as Intellectual Property

④ The Cost of Technological Change

해석 경제학자들은 정보재의 생산이 높은 고정비용과 낮은 한계비용을 수반한다고 얘기한다. 정보재의 초본을 만드는 비용은 상당할 수 있지만, 추가 사본을 제작(혹은 복제)하는 비용은 크지 않다. 이러한 종류의 비용 구조는 많은 중요한 의미를 가진다. 예를 들어, 비용 기반의 가격 책정은 효과가 없다. 단가의 10~20% 가격 인상은 단가가 0인 경우에는 의미가 없다. 당신은 생산비용이 아닌 소비자 가치에 따라 당신의 정보재의 가격을 책정해야 한다.

해설 첫 문장에서 핵심소재인 '정보재', '가격'을 제시하고, 마지막 문장에서 정보재는 생산비용이 아니라 소비자 가치에 의해 가격이 책정된다는 주제를 서술하고 있다. 따라서 이 모든 것을 포함하는 적절한 제목은 ② '정보재의 가격 책정'이다.
① 저작권 보호
③ 지적 재산권으로서의 정보
④ 기술적 변화에 드는 비용

▼ Voca

- **information good** 정보재
- **unit cost** 단가
- **implication** 영향, 결과
- **markup** 가격 인상
- **fixed cost** 고정비용(생산량의 변동 여하에 관계없이 불변적으로 지출되는 비용)
- **marginal cost** 한계비용(생산물 한 단위를 추가로 생산할 때 필요한 총 비용의 증가분)

🔒 05 ① 06 ④ 07 ②

08

Climate change, deforestation, widespread pollution and the sixth mass extinction of biodiversity all define living in our world today − an era that has come to be known as "the Anthropocene". These crises are underpinned by production and consumption which greatly exceeds global ecological limits, but blame is far from evenly shared. The world's 42 wealthiest people own as much as the poorest 3.7 billion, and they generate far greater environmental impacts. Some have therefore proposed using the term "Capitalocene" to describe this era of ecological devastation and growing inequality, reflecting capitalism's logic of endless growth and _____.

① the better world that is still within our reach

② the accumulation of wealth in fewer pockets

③ an effective response to climate change

④ a burning desire for a more viable future

해석 기후 변화, 삼림 벌채, 광범위한 오염, 그리고 생물 다양성에 있어 여섯 번째 대량 멸종, 이 모두는 오늘날 우리 세계인 "인류세"로 알려진 시대에 살아가는 것을 정의한다. 이러한 위기들에는 지구의 생태학적 한계를 훨씬 넘어서는 생산과 소비도 한 몫 하지만, 그에 대한 책임은 공평한 분배가 이루어지지 않는 데 있다. 세계에서 가장 부유한 42명은 가장 가난한 37억 명의 재산만큼 소유하고 있으며, 그들은 훨씬 더 큰 환경적 영향을 초래한다. 그리하여 일부는 생태계의 황폐화와 증가하는 불평등의 시대를 묘사하기 위해 끝없는 성장과 더 소수의 주머니 속으로 부가 축적되는 것에 대한 자본주의의 논리를 반영하는 "자본세"라는 용어를 쓰는 것을 제안했다.

해설 제시문은 지구의 생태학적 위기에 대한 책임이 균일하게 분배되지 않고 있다고 비판하고 있다. 가장 부유한 42명이 가난한 37억 명의 재산을 합한 만큼 소유하고, 이들은 훨씬 환경에 영향을 미치고 있다는 내용으로 빈칸에는 이러한 불평등을 묘사하는 내용이 와야 한다. 따라서 정답은 ② '더 소수의 주머니 속으로 부가 축적되는 것'이다.
① 여전히 우리가 도달할 수 있는 더 나은 세상
③ 기후 변화에 대한 효과적인 대응
④ 생존 가능성이 더 큰 미래에 대한 불타는 욕망

▼ Voca

• deforestation 삼림 벌채
• underpin 뒷받침하다, 근거를 대다
• blame 책임
• biodiversity 생물 다양성
• exceed 초과하다

09

"Highly conscientious employees do a series of things better than the rest of us," says University of Illinois psychologist Brent Roberts, who studies conscientiousness. Roberts owes their success to "hygiene" factors. Conscientious people have a tendency to organize their lives well. A disorganized, unconscientious person might lose 20 or 30 minutes rooting through their files to find the right document, an inefficient experience conscientious folks tend to avoid. Basically, by being conscientious, people _____ they'd otherwise create for themselves.

① deal with setbacks

② do thorough work

③ follow norms

④ sidestep stress

해석 "매우 양심적인 직원들은 우리보다 일련의 일을 더 잘합니다."라고 양심을 연구하는 일리노이 대학교의 심리학자 브렌트 로버츠는 말한다. 로버츠는 그들의 성공이 "위생" 요인 덕분이라고 여긴다. 양심적인 사람들은 자신의 삶을 잘 정리하는 경향이 있다. 체계적이지 못하고, 비양심적인 사람들은 파일을 뒤져 올바른 문서를 찾는 데 20~30분을 소비할 수도 있는데, 이는 양심적인 사람들이 모면하게 되는 비효율적인 경험이다. 기본적으로, 양심적이게 됨으로써 사람들은 그들이 그렇지 않을 때 스스로 만들게 되는 스트레스를 피한다.

해설 빈칸을 포함한 마지막 문장은 앞 문장의 내용을 일반적 서술로 표현하고 있다. 양심적인 사람들은 그렇지 않은 사람들이 하게 되는 비효율적인 경험을 회피할 수 있다고 하였으므로 ④ sidestep stress(스트레스를 피한다)가 문맥상 올바르다.
① 차질을 해결한다
② 철저하게 일을 한다
③ 규범을 따른다

▼ Voca
- conscientious 양심적인
- disorganized 체계적이지 못한
- folk (일반적인) 사람들
- thorough 철저한, 전체의
- conscientiouness 양심, 성실성
- root (무엇을) 찾기 위해 파헤치다[뒤지다]
- setback 차질

🔒 08 ② 09 ④

• 보기 •

In this situation, we would expect to find less movement of individuals from one job to another because of the individual's social obligations toward the work organization to which he or she belongs and to the people comprising that organization.

Cultural differences in the meaning of work can manifest themselves in other aspects as well. (①) For example, in American culture, it is easy to think of work simply as a means to accumulate money and make a living. (②) In other cultures, especially collectivistic ones, work may be seen more as fulfilling an obligation to a larger group. (③) In individualistic cultures, it is easier to consider leaving one job and going to another because it is easier to separate jobs from the self. (④) A different job will just as easily accomplish the same goals.

[해석] 직장의 의미에 있어서 문화적인 차이는 다른 측면에서도 확실히 드러날 수 있다. 예를 들어, 미국 문화에서는 직장을 단순히 돈을 모으고 생계를 유지하는 수단으로 생각하기 쉽다. 다른 문화권, 특히 집단주의 문화권에서, 직장은 더 큰 집단에 대한 의무를 수행하는 것과 같은 조금 더 큰 의미로 여겨질 수 있다. 이러한 상황에서, 우리는 개인이 속한 업무 조직에 대한, 또는 그 조직을 구성하고 있는 사람들에 대한 사회적 의무감 때문에 한 직장에서 다른 직장으로 이동이 더 적을 것으로 예상한다. 개인주의 문화권에서는, 한 직장을 떠나 다른 직장으로 이동하는 것은 더 쉬운 일로 여겨지는데, 이는 개인과 업무를 분리하기가 더 쉽기 때문이다. 다른 직장으로도 쉽게 같은 목표를 성취할 수 있을 것이다.

[해설] 보기의 문장에는 대명사 힌트인 'In this situation'이 있다. 보기의 내용은 이직률이 낮다는 이야기이므로 그러한 일과 관련 있는 환경에 대한 묘사를 찾아 그 뒤에 삽입해주면 된다. ③은 집단주의 문화와 개인주의 문화의 대조적인 이야기를 하고 있으며, 보기는 그중에서도 집단주의 문화의 특징에 대한 서술이므로 보기가 들어갈 곳은 ③이다.

▼ Voca

• **obligation** 의무
• **manifest** 나타나다, 드러내 보이다
• **accumulate** 모으다, 축적하다
• **collectivistic** 집산주의의, 집산주의적인
• **separate** 분리하다

• **comprise** 구성하다, 차지하다
• **aspect** 측면, 양상
• **make a living** 생계를 꾸리다
• **individualistic** 개인주의적인

11 밑줄 친 부분이 지칭하는 대상이 다른 것은?

Dracula ants get their name for the way they sometimes drink the blood of their own young. But this week, ① the insects have earned a new claim to fame. Dracula ants of the species Mystrium camillae can snap their jaws together so fast, you could fit 5,000 strikes into the time it takes us to blink an eye. This means ② the blood – suckers wield the fastest known movement in nature, according to a study published this week in the journal Royal Society Open Science. Interestingly, the ants produce their record-breaking snaps simply by pressing their jaws together so hard that ③ they bend. This stores energy in one of the jaws, like a spring, until it slides past the other and lashes out with extraordinary speed and force – reaching a maximum velocity of over 200 miles per hour. It's kind of like what happens when you snap your fingers, only 1,000 times faster. Dracula ants are secretive predators as ④ they prefer to hunt under the leaf litter or in subterranean tunnels.

해석 드라큘라 개미는 때때로 자기 새끼의 피를 마시는 행위 때문에 그러한 이름이 붙는다. 하지만 이번 주에, 그 곤충은 새로운 명성을 얻게 되었다. 미스트리움 카밀레 종의 드라큘라 개미는 그들의 턱을 아주 빠르게 맞부딪칠 수 있어서, 우리가 눈을 깜빡이는 데 걸리는 시간에 5,000번의 맞물림이 일어날 수 있다. 이것은 그 흡혈 곤충이 자연에서 알려진 것 중 가장 빠른 움직임을 가졌다는 것을 의미하는데, 이는 이번 주에 로얄 소사이어티 오픈 사이언스지에 게재된 연구에서 밝혀졌다. 흥미롭게도, 이 개미들은 단지 턱을 동시에 세게 눌러 그것들이 구부러지게 하는 것만으로 이 전례 없는 스냅을 만들어낸다. 이것은 시속 200마일 이상의 최대 속도에 도달하면서 다른 쪽 턱을 지나쳐 엄청난 속도와 힘으로 강타할 때까지 한쪽 턱에 마치 용수철처럼 에너지를 저장한다. 이것은 당신이 손가락을 튕길 때 일어나는 일과 비슷한데, 단지 1,000배 더 빠르다. 드라큘라 개미는 비밀스러운 포식자들이어서 그들은 낙엽 밑이나 지하 터널에서 사냥하는 것을 선호한다.

해설 ①, ②, ④는 모두 드라큘라 개미를 가리키지만 ③의 they는 드라큘라 개미의 턱을 가리킨다.

▼ Voca

- claim 주장, ~에 대한 권리
- blink 깜빡이다
- lash out 강타하다
- litter 쓰레기
- wield 행사하다, 휘두르다
- slide past 지나치다
- secretive 비밀스러운

Ever since the time of ancient Greek tragedy, Western culture has been haunted by the figure of the revenger. He or she stands on a whole series of borderlines: between civilization and barbarity, between ＿＿＿＿＿＿＿＿＿＿＿＿＿＿ and the community's need for the rule of law, between the conflicting demands of justice and mercy. Do we have a right to exact revenge against those who have destroyed our loved ones? Or should we leave vengeance to the law or to the gods? And if we do take action into our own hands, are we not reducing ourselves to the same moral level as the original perpetrator of murderous deeds?

① redemption of the revenger from a depraved condition

② divine vengeance on human atrocities

③ moral depravity of the corrupt politicians

④ an individual's accountability to his or her own conscience

[해석] 고대 그리스 비극 시대 이래로, 서양 문화는 복수자의 형상에 시달려왔다. 그 혹은 그녀는 문명과 야만 사이, 양심에 대한 개인의 책임과 법치주의에 대한 공동체의 요구 사이, 정의와 자비의 상반되는 요구 사이 같은 완전한 일련의 경계선에 서 있다. 우리는 우리가 사랑하는 사람을 파괴한 사람에 대해 복수를 할 권리가 있을까? 혹은 복수를 법이나 신에게로 넘겨야 할까? 그리고 만일 우리가 직접 행동을 취한다면, 우리는 스스로를 원래 살인을 저질렀던 가해자와 똑같은 도덕 수준으로 전락시키는 것은 아닌가?

[해설] 빈칸은 복수를 하려는 사람에게 놓인 대조적인 개념들의 경계선의 예시 중 하나이다. 따라서 빈칸에는 법치주의에 대한 공동체의 요구와 상반되는 내용이 와야 하므로 정답은 ④ '양심에 대한 개인의 책임'이다.
　① 타락한 상황으로부터의 복수자의 구원
　② 인간의 잔학한 행위에 대한 신의 복수
　③ 부패한 정치가들의 도덕적 타락

▼ Voca

- **haunt** 뇌리에서 떠나지 않다, 계속 떠오르다
- **barbarity** 야만적 행위
- **vengeance** 복수, 앙갚음
- **perpetrator** 가해자, 범인
- **deed** 행위
- **depraved** 타락한
- **depravity** 타락, 부패

- **borderline** 경계선
- **exact** (남에게 나쁜 일을) 가하다
- **moral level** 도덕적 수준
- **murderous** 사람을 죽이려 드는
- **redemption** 구원, 구함
- **atrocity** 잔학한 행위
- **accountability** 책임

13 대화 중 가장 어색한 것은?

표현 ➤ 일반회화

① A : What was the movie like on Saturday?

　B : Great. I really enjoyed it.

② A : Hello. I'd like to have some shirts pressed.

　B : Yes, how soon will you need them?

③ A : Would you like a single or a double room?

　B : Oh, it's just for me, so a single is fine.

④ A : What time is the next flight to Boston?

　B : It will take about 45 minutes to get to Boston.

[해석] ① A : 토요일에 봤던 영화 어땠어?
　　　 B : 좋았어. 정말 즐거웠어.
　　 ② A : 안녕하세요. 셔츠 좀 다림질하고 싶은데요.
　　　 B : 네, 언제까지 필요하신가요?
　　 ③ A : 싱글 룸으로 하시겠습니까? 더블 룸으로 하시겠습니까?
　　　 B : 음, 저 혼자라 싱글 룸이 좋아요.
　　 ④ A : 보스턴으로 가는 다음 비행기는 몇 시입니까?
　　　 B : 보스턴까지는 45분 정도 걸릴 겁니다.

[해설] ④ 출발 시간을 묻는 'What time ~?'에 대한 대답으로 소요되는 시간을 설명하는 「It takes (time) to do」 구문은 적절한 응답이 아니다.

14 밑줄 친 부분에 들어갈 말로 가장 옳은 것은?

어법 ➤ 영작하기

> I am writing to you from a train in Germany, sitting on the floor. The train is crowded, and all the seats are taken. However, there is a special class of "comfort customers" who are allowed to make those already seated _____ their seats.

① give up

② take

③ giving up

④ taken

[해석] 나는 독일의 한 기차 바닥에 앉아 너에게 이 편지를 쓰고 있다. 기차는 북적대고, 좌석은 모두 찼다. 하지만 이미 앉아 있는 사람들이 자신의 좌석을 포기하도록 허락된 '편안한 고객'이라는 특별한 등급이 있다.

[해설] make의 목적격 보어 자리이므로 능동일 경우 동사원형, 수동일 경우 과거완료 형태가 들어가야 한다. '편안한 고객'이라는 특별한 등급은 이미 앉아 있는 사람들이 자리를 '포기하도록' 할 수 있다는 것이 문맥상 자연스럽다. 이때 목적어인 those already seated와 give up의 관계가 능동이므로 ① give up이 온다.

어휘 · 어법

01 밑줄 친 고유어의 뜻풀이로 옳지 않은 것은?

① 나는 끓어오르는 <u>부아</u>를 꾹 참았다. → 노엽거나 분한 마음

② 현지는 언니에게 종종 <u>몽니</u>를 부린다. → 남에게 귀엽게 보이는 태도

③ 그는 사업으로 성공할 <u>싹수</u>가 보인다. → 어떤 일이나 사람이 앞으로 잘될 것 같은 낌새나 징조

④ 아이들이란 자칫 한눈팔고 <u>해찰하기</u> 일쑤이다. → 일에는 마음을 두지 아니하고 쓸데없이 다른 짓을 함.

⑤ 빚보증을 잘못 서서 <u>덤터기</u>를 만나 빚을 갚았다. → 남에게 넘겨씌우거나 남에게서 넘겨받은 허물이나 걱정거리

> **해설** '몽니'가 지닌 의미는 '심술궂게 욕심 부리는 성질'이다. '남에게 귀엽게 보이는 태도'의 뜻을 지닌 말은 '애교'이다.

02 밑줄 친 한자어의 사전적 뜻풀이로 옳지 않은 것은?

① 왕을 폐립한 무리들은 새로운 왕을 <u>임용(任用)</u>했다.

② 농성 중인 노동자들을 <u>해산(解散)</u>하였다.

③ 그는 자신의 <u>치부(恥部)</u>까지 솔직히 말할 만큼 나를 신뢰했다.

④ 그 노래는 오늘날까지 많은 사람 사이에 널리 <u>회자(膾炙)</u>되고 있다.

⑤ 정치적 혼란이 경제에 <u>퇴보(退步)</u>를 가져올 수도 있다.

> **해설** '임용(任用)'은 '직무를 맡기어 사람을 씀'이라는 뜻이다. 이 경우 '윗사람으로 떠받듦'이라는 뜻의 추대(推戴)를 써야 한다.
> ② 해산(解散) : 모였던 사람이 흩어짐. 또는 흩어지게 함.
> ③ 치부(恥部) : 남에게 드러내고 싶지 아니한 부끄러운 부분
> ④ 회자(膾炙) : 칭찬을 받으며 사람의 입에 자주 오르내림.
> ⑤ 퇴보(退步) : 정도나 수준이 이제까지의 상태보다 뒤떨어지거나 못하게 됨.

03 〈보기〉의 ㉠～㉢에 해당하는 한자로 올바르게 묶인 것은?

> ● 보기 ●
>
> ■ 반품 및 교환은 물품 ㉠ <u>수령</u> 후 3일 안에만 가능합니다.
> ■ 마을 어귀에는 300년 ㉡ <u>수령</u>의 느티나무가 있다.
> ■ 고을 ㉢ <u>수령</u>이 죄인을 무릎 꿇린 채 문초했다.

	㉠	㉡	㉢
①	受領	樹齡	首領
②	樹齡	受領	首領
③	受領	首領	樹齡
④	首領	受領	樹齡
⑤	樹齡	首領	受領

해설 ㉠에는 문장의 내용이 받는다는 것과 관련 있으므로 '돈이나 물품을 받아들임'의 뜻인 '수령(受領)'이 알맞다. ㉡에는 나무와 300년이라는 기간이 나타나 있으므로 '나무의 나이'의 뜻인 '수령(樹齡)'이 알맞다. ㉢에는 내용이 권력을 가진 인물과 관련 있으므로 '한 당파나 무리의 우두머리'의 뜻인 '수령(首領)'이 알맞다.

04 다음 중 두 단어가 '상하 관계'에 해당하지 않는 것은?

① 과일 : 사과 　　② 신발 : 장화 　　③ 곤충 : 다리
④ 악기 : 바이올린 　　⑤ 필기구 : 펜

해설 '곤충'과 '다리'는 부분 관계이다.

05 밑줄 친 부분의 띄어쓰기가 잘못된 것은?

① 내 소원은 백두산과 개마고원에 가는 것이다.
② 동생은 해양과학기술원 <u>부설∨연구소</u>에서 근무 중이다.
③ 대통령은 국경 보안과 관련해 <u>대국민∨담화</u>를 발표했다.
④ <u>너따위</u>가 감히 나에게 그런 말을 할 자격이 있다고 생각해?
⑤ 올해는 <u>일반∨상대성∨이론</u>이 입증된 지 100년이 되는 해이다.

해설 사물을 열거할 때 쓰는 '등(等), 따위'는 의존 명사로서 앞말과 띄어 쓴다.
　　① 산, 강, 산맥, 고원 등의 이름 등은 굳어진 지명이므로 띄어 쓰지 않는다.
　　② '부설(附設), 부속(附屬), 직속(直屬), 산하(傘下)' 등은 앞뒤의 말과 띄어 쓴다.
　　③ '대-'가 명사 앞에서 '그것을 상대로 한', '그것에 대항하는'의 뜻을 더할 경우에는 접두사로 쓴 것이므로 뒷말에 붙여 쓴다.
　　⑤ 전문 용어는 단어별로 띄어 씀을 원칙으로 하되, 붙여 쓸 수도 있다.

06 어법에 맞고 자연스러운 문장은?

> ① 모든 사람이 행복하기를 원하지만, 실제로 얻는 사람은 비교적 적은 편이다. ② 행복을 열심히 추구하는 데도 얻지 못하는 데는 여러 가지 이유가 있을 것이다. ③ 그러나 그 가운데서 가장 근본적인 이유는 행복의 조건에 대한 무지라고 생각되어진다. ④ 행복의 본질은 삶에 대한 깊은 만족과 마음의 평화에 있으며 그것을 얻기 위해서는 몇 가지 갖추어야 할 조건들이 있다. ⑤ 행복을 얻는 것이 여간 쉽지만, 행복을 얻기 위해 필요한 몇 가지 조건만 갖춘다면 누구나 행복해질 수 있다.

해설 ④는 어법에 맞고 문장의 흐름이 자연스럽다. 이처럼 '와/과'가 쓰인 문장에서는 앞뒤가 대등하게 연결되었는지 확인해보는 것이 좋다.

07 문장 부호 규정에 대한 설명이 잘못된 것은?

구 분	문장 부호	규정 설명	예 시
①	물음표 (?)	특정한 어구의 내용에 대하여 의심, 빈정거림 등을 표시할 때나 적절한 말을 쓰기 어려울 때 쓴다.	30점이라, 거참 훌륭한(?) 성적이군.
②	쉼표 (,)	짧게 더듬는 말을 표시할 때 쓴다.	그런 건 새, 생각조차 하지 않았습니다.
③	쌍점 (:)	시와 분, 장과 절 등을 구별할 때 쓴다.	오전 10 : 20(오전 10시 20분)
④	겹낫표 (『 』)	책의 제목이나 신문 이름 등을 나타낼 때 쓴다.	윤동주의 유고 시집인 『하늘과 바람과 별과 시』에는 31편의 시가 실려 있다.
⑤	빠짐표 (□)	비밀을 유지해야 하거나 밝힐 수 없는 사항임을 나타낼 때 쓴다.	그 모임의 참석자는 김□□ 씨, 정□□ 씨 등 5명이었다.

해설 비밀을 유지해야 하거나 밝힐 수 없는 사항임을 나타낼 때에는 숨김표(○ 또는 ×)를 써야 한다. 반면 빠짐표(□)는 옛 비문이나 문헌 등에서 글자가 분명하지 않을 때 그 글자의 수효만큼 쓰거나, 임의로 뺀 글자가 들어가야 할 자리를 나타낼 때 쓴다.

08 어법에 맞고 자연스러운 문장은?

① 최근 많은 관심을 끌고 있는 '생태 관광'은 '생태학'과 '관광'이 혼합되어진 말이다. ② 생태 관광은 몸과 마음을 정화하고 자연 환경의 가치를 익힐 수 있는 기회를 제공하려는 취지에서 시작되었다. ③ 이러한 생태 관광의 취지에 공감해 참여하고자 하는 사람들이 많아지고 있다. ④ 현재 우리나라 여러 지역에 생태 관광지가 많이 조성되어 생태 관광의 열기가 뜨겁지만, 생태 관광의 뜨거운 열기로 인한 부작용 또한 만만치가 않다. ⑤ 관광객들이 생태 관광의 취지를 망각하고 자연 생태가 심각하게 훼손하고 있는 실정이다.

해설 ② 어법에 맞고 문장의 흐름이 자연스럽다. 이 문장처럼 주어(생태 관광은)와 서술어(시작되었다)가 멀리 떨어져 있는 경우 둘의 호응이 자연스러운지 확인할 필요가 있다.
① '혼합되어진'은 이중 피동 표현이다. '혼합되다'는 피동 접사 '-되다'가 붙은 피동사인데 여기에 피동 접사 '-어지다'가 중복으로 붙어 어법에 맞지 않다.
③ 많은 사람이 '참여하고자' 하는 대상이 무엇인지 나타나 있지 않다. '생태 관광에 참여하고자'로 고쳐 필요한 문장 성분을 보충해 주어야 한다.
④ '생태 관광의 열기'가 중복되어 있으므로 이를 '그로 인한'으로 수정하는 것이 어법에 맞고 자연스러운 문장이다.
⑤ 문장 성분 간의 호응을 위해 '자연 상태가'를 '자연 상태를'로 수정하는 것이 어법에 맞고 자연스러운 문장이다.

09 〈보기〉를 참고할 때, ㉠에 들어갈 말로 적절한 것은?

● 보기 ●

같은 장면을 두고도 어떤 사람을 주어로 하느냐에 따라 문장 표현은 달라진다. 자신의 힘으로 어떤 동작이나 행위를 하는 사람을 주어로 두면 능동 표현이 되고, 다른 주체에 의해서 어떤 일을 당하게 되는 사람이나 사물을 주어로 하면 피동 표현이 된다. 따라서 능동문과 피동문의 대응 관계를 한 문장으로 표현하면 '(㉠)'가 된다.

① 봄이 와서 날씨가 풀렸다
② 새 옷이 못에 걸려 찢어졌다
③ 아이들은 꽃씨를 땅에 묻었다
④ 그녀는 부모님의 칭찬을 들었다
⑤ 나는 의원 선거에서 상대 후보에게 밀렸다

해설 능동문의 주어 '아이들은'이 유정물이고 목적어인 '꽃씨'는 서술어 '묻다'의 대상으로 무정물이다. 따라서 능동문의 대상인 '꽃씨'를 주어로 한 '꽃씨가 아이들에 의해 땅에 묻혔다'라는 피동문이 능동문에 대응될 수 있다.

10 중복 표현이 없는 올바른 문장은?

① 그 사안에 대해 다시 재고해 보기로 했다.

② 청중이 모두 착석하자 연설이 시작되었다.

③ 어머니의 생신을 맞이하여 미리 식당을 예약했다.

④ 유명 연예인의 사생활을 가까운 측근에게 들었다.

⑤ 수진이의 할아버지는 남은 여생을 시골에서 보내고 계시다.

해설 ②는 중복 표현이 없는 올바른 문장이다. '착석'에 이미 '자리'라는 뜻이 포함되어 있으므로 '자리에 착석'과 같이 쓰지 않도록 주의한다.

읽기

※ 다음 글을 읽고 물음에 답하시오. (11~12)

보통 여러 사람들이 모여 서로 이야기를 하면 다양한 의견이 반영되기 때문에 보다 합리적인 결론을 얻을 수 있다고 생각하기 쉽다. 하지만 실제 집단적 의사 결정을 할 때, 사람들은 다양한 의견들을 수렴하기보다 극단적인 방향으로 흐르는 경우가 있다. 이처럼 집단의 최초 의견이 모험적인 경우는 더 모험적인 방향으로, 보수적인 경향이었다면 더 보수적인 경향으로 결정되는 극단화 현상을 ⓐ '집단극화(Group Polarization)'라 한다. 그렇다면 집단극화 현상이 발생하는 이유는 무엇일까?

첫째, '사회비교 이론'은 집단 구성원들이 자신을 타인과 비교하는 경향이 있으며, 타인으로부터 인정받고자 하는 욕구가 있다는 것으로 설명한다. 집단토의 중에 자기의 주장이 상대의 주장보다 못하다는 생각이 들면 좀 더 극단적인 의견을 제시하게 된다는 것이다. 예를 들어 친구들과 관람한 영화가 보통 정도는 되는 영화라고 생각했어도 '정말 형편없었어'라고 주장하는 친구들이 더 많으면, 자신도 재미가 별로 없었다는 것을 친구들보다 더 강화된 근거로 제시하여 집단으로부터 지지받는 입장을 밝히게 된다는 것이다. 이런 과정을 거쳐 집단의 의견은 극단적인 방향으로 가게 된다.

둘째, '설득주장 이론'은 집단 토의가 진행되면 새로운 정보나 의견을 접하게 되어 이전에는 생각지 못했던 다양하고 설득력 있는 의견에 구성원들이 솔깃하게 된다는 것으로 설명한다. 집단 의견의 방향과 일치하면서 그럴듯한 주장이 제시되면 극단의 의견이 더 설득적이라 생각하게 되어 결과적으로 집단의 결정이 양극의 하나로 정해진다는 것이다.

셋째, '사회정체성 이론'은 집단극화를 집단 규범에 동조하는 현상과 관련지어 설명한다. 사회 정체성 수준이 높은 구성원일수록 자신이 속한 내집단과 자신을 동일시한다. 이에 따라 내집단에서 생긴 의견 차이는 극소화되고, 집단의 규범에 강하게 영향을 받게 되어 집단 규범에 동조하는 행동을 한다. 즉, 내집단 구성원 간의 의견차는 극소화되는 반면 외집단과 내집단의 차이는 극대화되어 시간이 갈수록 내집단의 의견은 다른 집단의 의견과 차별화되고 외집단과는 다른 극단적인 방향으로 전환된다. 정치적 경향이 달랐던 두 정당이 시간이 지날수록 화합하지 못하고 견해차가 더 심화되는 것이 이러한 예에 해당한다.

이렇게 집단극화 현상으로 인해 다른 대안의 고려나 다양한 사고 없이 집단의 결정을 내리게 되는 잘못된 의사 결정 과정을 '집단 사고'라 한다. 이러한 집단 사고의 부정적 경향성은 응집력이 높은 집단, 외부로부터의 의견 수렴이나 비판이 배제된 집단, 지나치게 권위적인 리더가 존재하는 집단, 대안을 제시하고 평가할 수 있는 민주적 절차가 없는 집단, 높은 스트레스 상황에 처한 집단의 경우에 강화된다. 때문에 합리적 의사 결정을 위한 집단의 조건이 무엇인지에 대한 고민이 필요하다.

11 글에서 ⓐ에 대한 설명으로 옳지 않은 것은?

① 집단의 의견에 동조하는 현상으로 인해 집단극화가 발생하기도 한다.

② 사회 정체성이 높은 집단일수록 의사 결정 구조가 합리적으로 형성된다.

③ 집단의 의견과 일치하는 주장이라면 반대 의견보다 더 설득력이 높아진다.

④ 집단 의사 결정 시 최초 의견이 극단적인 방향으로 결정되는 현상을 말한다.

⑤ 사람들이 타인에게 인정받고 싶어 하는 욕구도 집단극화 발생 이유 중 하나다.

> **해설** 사회정체성이 높은 집단의 구성원일수록 합리적 논리에 따르기보다는 자신이 속한 내집단과 동일시하게 된다. 따라서 사회 정체성이 높은 집단일수록 의사 결정 구조가 합리적이라고는 할 수 없다.

12 글을 바탕으로 〈보기〉에 반응한 내용으로 가장 적절하지 않은 것은?

● **보기** ●

최근 온라인에서 노키즈존에 대한 찬반양론이 뜨겁다. 한 카페에서는 아이들과 함께 방문하는 손님은 정중히 사양한다는 안내문을 붙여두기도 했다. 노키즈존에 찬성하는 사람들은 평소 아이들이 장난을 치거나 뛰어다닐 때 나는 소음 때문에 불편함을 느낀다고 말한다. 따라서 일부 상점을 제외하고는 아이들의 출입을 금하자고 주장한다. 반면에 누구나 아이였던 시절이 있는데 순수하게 뛰노는 아이들의 탓을 하는 건 옳지 않다는 사람들도 있다. 노키즈존은 엄연한 차별이라며 반발한다. 일부 사람들은 아이들이 자유롭게 놀 수 있는 공간이 없기 때문이므로 상점 한편에 놀이방을 만드는 등의 방안을 내놓기도 하지만 다수의 사람들의 이야기가 더해질수록 점점 노키즈존에 대한 긍정적 방향으로 의견이 모아지고 있다. 이에 찬반 두 집단 간의 갈등도 점차 심화되고 있다.

① 아이들의 소음 때문에 생긴 스트레스가 의견이 극단화되는 데 영향을 주었겠군.

② 피해에 대한 새로운 정보를 접한 구성원이 많아질수록 극단적 의견이 우세했겠군.

③ 노키즈존에 반대하는 사람들은 설득력 있는 찬성 의견에 동의하는 현상이 생겼겠군.

④ 다른 집단과의 갈등 상황에서 소수 의견이 다수 의견으로 동화되는 경우가 생겼겠군.

⑤ 시간이 지날수록 찬성 쪽 내집단의 의견은 강화되나, 외집단과의 견해 차이는 더욱 커졌겠군.

> **해설** 〈보기〉에서 두 집단 간의 갈등이 깊어졌다고 하였으므로 노키즈존 반대론자들은 찬성론자들의 견해가 설득적이라 하더라도 동의하는 현상이 깊어진다고 해석할 수 없다. 사회정체성 이론에서도 내집단의 의견은 다른 집단의 의견과 차별화되는 과정에서 외집단과는 다른 방향으로 전환된다고 설명한다.

🔒 10 ② 11 ② 12 ③

꿈을 아느냐 네게 물으면,
플라타너스,
너의 머리는 어느덧 파아란 하늘에 젖어 있다.

너는 사모할 줄을 모르나,
플라타너스,
너는 네게 있는 것으로 그늘을 늘인다.

먼 길에 올 제,
홀로 되어 외로울 제,
플라타너스,
너는 그 길을 나와 같이 걸었다.

이제 너의 뿌리 깊이
나의 영혼을 불어넣고 가도 좋으련만,
플라타너스,
나는 너와 함께 신이 아니다!

수고론 우리의 길이 다하는 어느 날,
플라타너스,
너를 맞아 줄 검은 흙이 먼 곳에 따로이 있느냐
나는 오직 너를 지켜 네 이웃이 되고 싶을 뿐,
그곳은 아름다운 별과 나의 사랑하는 창이 열린 길이다.

— 김현승, 「플라타너스」

13 윗글에 대한 설명으로 가장 적절한 것은?

① 반복적 호명을 통해 중심 대상으로 초점을 모으고 있다.
② 반어적 표현을 활용하여 대상의 이중성을 부각하고 있다.
③ 현재형 진술을 통해 대상의 역동적 성격을 보여 주고 있다.
④ 색채어를 활용하여 대상의 고풍스러운 모습을 드러내고 있다.
⑤ 상승적 이미지를 활용하여 사물의 변화 과정을 표현하고 있다.

해설 1957년에 발표된 김현승의 이 시는 삶에 대한 올바른 태도를 낭만적으로 노래한 작품이다. 이 시의 화자는 '플라타너스'를 가상의 청자로 설정하여 매 연마다 '플라타너스'를 반복적으로 부르며 '플라타너스'에 대한 화자의 인식과 소망을 드러내고 있다.

14 밑줄 친 '홀로 되어'에 대한 이해로 가장 적절한 것은?

① 화자의 관조적 자세를 보여준다.

② 화자가 경험한 시련을 환기한다.

③ 화자의 적막한 처지를 드러낸다.

④ 화자의 무기력한 태도를 표현한다.

⑤ 현실에 대한 화자의 회의감을 부각한다.

해설 시의 화자는 자신의 상황을 '홀로 되어 외로울 제'라고 인식하며 고독감을 드러내고 있으므로 밑줄 친 '홀로 되어'는 화자의 적막한 처지를 드러내는 표현이다. 의인화의 기법을 활용하여 '플라타너스'와 함께 인생의 행로를 함께 하고 싶은 소망을 나타내고 있다.

창안

15 '옹기 만들기'를 토대로 글쓰기에 대한 교훈을 제시할 때, 유추의 과정이 적절하지 않은 것은?

구 분	만들기		특성		교훈
①	적절한 흙 채취하기	→	만들고자 하는 옹기를 정하고 목적에 따라 흙을 채취함.	→	작성할 글이 무엇인지 정하고 목적에 따라 글감을 선정한다.
②	흙가래 만들기	→	옹기의 주재료를 만듦.	→	글을 쓰는 과정에서 계속 검토해야 한다.
③	몸체 만들기	→	흙가래를 쌓아 올려 서로 연결되도록 하며 몸체를 만듦.	→	각 문장들이 부드럽게 연결되도록 하나의 글을 써야 한다.
④	매끄럽게 손질하기	→	몸체를 만든 후에 전체적으로 살피고 손질함.	→	글을 다 쓴 후 글을 살펴보며 고쳐 써야 한다.
⑤	개성 표현하기	→	만든 옹기에 특별한 무늬를 새겨 넣어 자신의 개성을 드러냄.	→	자신만의 독특한 문체나 기법을 활용하여 개성이 드러나도록 글을 써야 한다.

해설 옹기의 주재료인 흙가래를 만드는 것을 통해 글을 쓰는 과정에서 계속 검토해야 한다는 교훈은 유추하기 어렵다.

16 〈보기〉에서 설명하고 있는 문인에 해당하는 사람은?

> ● 보기 ●
>
> 신세대의 도회적 감수성을 냉정한 시선과 메마른 감성으로 표현하는 작가이다. 자살청부업자라는 독특한 소재와 판타지 양식을 엮어 낸 구성으로 제1회 문학동네 신인작가상을 받은 『나는 나를 파괴할 권리가 있다』(1996)와 100여 년 전 멕시코의 농장으로 팔려간 조선 최초의 멕시코 이민자들의 비극적 운명을 보여 줌으로써 2004년 동인문학상을 받은 『검은꽃』(2003)이 대표작으로 꼽힌다.

① 한강　　　　　　　　② 강소천　　　　　　　　③ 김영하
④ 성석제　　　　　　　　⑤ 이순원

해설 김영하는 도회적 감수성을 잘 그려낸다는 평가를 받고 있다. 특히 냉정한 시선으로 인물들의 삶을 건조하게 그려내는 것이 특징이다.

17 다음은 가전체 작품들을 나열한 것이다. '작가–작품–의인화한 대상'이 올바르게 연결된 것은?

① 임춘 – 공방전 – 돈
② 혜심 – 빙도자전 – 술
③ 이첨 – 저생전 – 거북
④ 식영암 – 정시자전 – 종이
⑤ 이곡 – 죽부인전 – 지팡이

해설 '공방(孔方)'이란 엽전에 뚫린 네모난 구멍을 가리키는 말로, 이 소설은 엽전을 의인화한 작품이다.

18 다음 대화문의 단어를 순화했을 때 적절하지 못한 것은?

> A: 호텔 예약은 어제 한 거지?
> B: 응. 이제 ① 엥꼬(→ 잔고)가 넉넉지 않아서 계획을 잘 짜야 할 것 같아.
> C: 그냥 ② 아싸리(→ 차라리) 몇 군데 골라놓고 즉석으로 움직이는 건 어때?
> B: 그러면 시간 낭비가 심하잖아. 너는 왜 답답한 소리를 해.
> C: 생각이 다를 수도 있지. 넌 왜 ③ 쿠사리(→ 핀잔)를 줘?
> A: 얘들아, 그만하고 식당부터 찾아볼까? 여기 ④ 모찌(→ 찹쌀떡) 맛있을 것 같아.
> C: 일단 돈이 모자르니까 ⑤ 뿜빠이(→ 각출) 액수를 좀 늘리는 건 어때?

해설 '잔고(殘高)'는 나머지 금액을 일컫는 말로 잔고보다는 '잔액(殘額)'으로 순화해야 한다.

19 〈보기〉를 참고할 때, 밑줄 친 부분이 의미하는 사례로 옳지 않은 것은?

● 보기 ●

국어 순화에 대해서는 찬반 양론이 있어 왔다. <u>국어 순화가 필요하다</u>는 관점에서는 외국어 단어를 무한정 수용할 경우 우리말이 약화되어 우리말은 껍데기밖에 안 남을 것이라는 우려를 한다. 그래서 될 수 있으면 외국어 단어를 쓰는 대신에 이미 있는 우리말을 활용한 새말을 만들어 쓰려고 한다.

① 더치페이 → 각자 내기
② 리플 → 댓글
③ 네티즌 → 누리꾼
④ 라인업 → 출연진
⑤ 셰어하우스 → 숙박 시설

해설 '셰어하우스'는 '공유주택'으로 순화해서 사용한다.

20 〈보기〉는 어떤 작가가 쓴 소설들의 일부분이다. 작가의 이름으로 적절한 것은?

● 보기 ●

■ 응칠이는 덤벼들어 우선 허리께를 내려조겼다. 어이쿠쿠, 쿠— 하고 처참한 비명이다. 이 소리에 귀가 번쩍 띄어서 그 고개를 들고 팔부터 벗겨 보았다. 그러나 너무나 어이가 없었음인지 시선을 치걷으며 그 자리에 우두망찰한다.

– 「만무방」 중에서

■ 이렇게 꼼짝도 못하게 해 놓고 장인님은 지게 막대기를 들어서 사뭇 내려조겼다. 그러나 나는 구태여 피하려지도 않고 암만해도 그 속 알 수 없는 점순이의 얼굴만 멀거니 들여다보았다. "이 자식! 장인 입에서 할아버지 소리가 나오도록 해?"

– 「봄봄」 중에서

① 김유정   ② 이청준   ③ 박경리
④ 최명희   ⑤ 조세희

해설 김유정은 일제 강점기에 활동한 작가다. 부유한 집안에서 태어났으나 부모를 일찍 여의고 고향을 떠나 생활했다. 1935년에 단편소설 「소낙비」가 「조선일보」에, 「노다지」가 「중앙일보」의 신춘문예에 각각 당선되며 등단했다. 대표작으로는 등단하던 해 발표한 「금 따는 콩밭」, 「만무방」, 「봄봄」 등과 그 이듬해에 발표한 「동백꽃」 등이 있다.

한국사능력검정시험

기본편(제48회)

01 (가) 시대의 생활 모습으로 옳은 것은? [1점]

> 저희 모둠은 ⬚(가)⬚ 시대의 대표적 문화유산인 고인돌과 민무늬 토기를 소재로 우표를 제작하였습니다.

① 우경이 널리 보급되었다.
② 비파형 동검을 제작하였다.
③ 철제 농기구를 사용하였다.
④ 주로 동굴과 막집에서 거주하였다.

기출 태그 #청동기 시대 #고인돌 #민무늬 토기

해설
청동기 시대의 대표적인 유물에는 비파형 동검, 민무늬 토기, 반달 돌칼, 고인돌, 거친무늬 거울 등이 있다.
② 청동기 시대에는 거푸집으로 비파형 동검을 제작하면서 독자적인 청동기 문화를 형성하였다.

02 다음 사건이 일어난 시기를 연표에서 옳게 고른 것은? [3점]

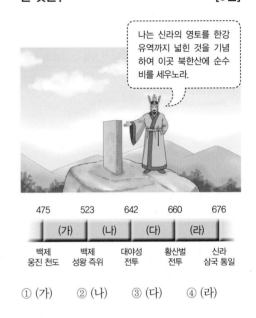

> 나는 신라의 영토를 한강 유역까지 넓힌 것을 기념하여 이곳 북한산에 순수비를 세우노라.

475	523	642	660	676
(가)	(나)	(다)	(라)	
백제 웅진 천도	백제 성왕 즉위	대야성 전투	황산벌 전투	신라 삼국 통일

① (가)   ② (나)   ③ (다)   ④ (라)

기출 태그 #진흥왕 #한강 유역 #북한산 순수비

해설
• 백제 성왕 즉위(523) : 백제 제26대 성왕은 웅진에서 사비로 천도하고 국호를 남부여라 고쳤다. 또한, 신라 진흥왕과 함께 고구려를 공격하여 한강 유역을 차지하였으나 진흥왕이 나제 동맹을 깨자 이에 신라를 공격하다가 관산성 전투에서 전사하였다(554).
• 대야성 전투(642) : 백제의 의자왕은 즉위 초 신라 대야성을 비롯한 40여 개의 성을 함락시켰다.
(나) 신라 진흥왕은 한강 유역을 장악하고 이를 기념하기 위해 북한산 순수비를 세웠다.

03 (가)에 들어갈 문화유산으로 적절한 것은?

[2점]

수행 평가 계획서

○○모둠

- **주제** : 발해의 문화유산
- **방법** : 문헌 조사, 인터넷 검색
- **조사 대상**

이불병좌상

(가)

발해 석등

①

칠지도

②

금관총 금관

③

호우총 청동 그릇

④

연꽃무늬 수막새

해설

④ 연꽃무늬 수막새는 발해의 막새기와로 발해의 수도
였던 상경성 및 동경 용원부 등에서 출토되었으며 발
해의 건축양식을 알 수 있게 해주는 유물 중 하나다.
또한, 제작방식이나 구조, 무늬를 통해 고구려 문화의
영향을 받았음을 알 수 있다.

04 (가)에 들어갈 기구로 옳은 것은?

[2점]

(가) 에 대해
검색해 줘.

검색 결과입니다.

고려 시대의 중앙정치
기구로 관리들의 비리
를 감찰하고 정치의 잘
잘못을 논하였다. 이
기구의 관원은 중서문
하성의 낭사와 함께 대
간으로 불렸다.

① 어사대
② 의정부
③ 중추원
④ 도병마사

해설

① 고려 시대 어사대는 정치의 잘잘못을 논의하고 풍속
을 교정하며 관리의 비리를 감찰하고 탄핵하는 임무
를 수행하는 중앙정치기구였다. 어사대의 관원과 중
서문하성의 낭사는 대간이라고 불리며 서경·간쟁·
봉박의 권한을 가지고 있었는데, 이러한 권한은 왕이
나 고위 관리들의 활동을 제약하여 정치 운영을 견제
하고 균형을 이루었다.

🔒 01 ② 02 ② 03 ④ 04 ①

05 다음 가상뉴스 보도 이후에 전개된 사실로 옳은 것은? [2점]

드디어 새 궁궐의 이름이 경복궁으로 결정되었습니다. 경복궁이라는 이름에는 국왕과 백성이 함께 만년토록 태평하며 큰 복을 누리기를 바란다는 의미가 담겨 있습니다.

새 궁궐의 이름, 경복궁으로 결정

① 흑창이 운영되었다.
② 사심관 제도가 실시되었다.
③ 한양에 시전이 설치되었다.
④ 정동행성 이문소가 폐지되었다.

#한양 천도 #경복궁 창건 #조선 건국 #태조 이성계

해설

③ 태조가 조선을 건국한 뒤 도읍을 한양으로 옮겼으나 정종 때 개경으로 천도하였고 태종 때 이르러 한양으로 재천도하였으며 이때 한양에 시전이 설치되었다 (1405).

---

06 (가)에 들어갈 내용으로 옳은 것은? [2점]

역사 인물 카드

■ 조선 중종 때 사림의 중심 인물
■ 도학 정치를 추구함
■ 소격서 폐지를 주장함
■ ___(가)___

(1482년~1519년)

① 성학집요를 저술함
② 백운동 서원을 건립함
③ 현량과 실시를 건의함
④ 시헌력 도입을 주장함

#조광조 #도학 정치 #소격서 폐지

해설

중종은 반정으로 왕위에 오른 후 훈구파를 견제하기 위해 사림파를 중용하여 유교정치를 발전시키고자 하였다. 이에 따라 등용된 조광조는 유교적 이상정치, 즉 도학 정치(道學政治)를 구현하기 위한 다양한 정치개혁을 시도하였다. 이에 따라 경연의 강화, 조정 내 언론활동의 활성화 등과 도교행사를 주관하던 소격서 폐지, 반정 공신들의 위훈 삭제, 성리학 이념의 전파, 『소학』 보급, 향약 시행, 향촌 질서 개편을 주장하였다.

③ 조광조는 천거제의 일종인 현량과 실시를 건의하여 사림이 대거 등용될 수 있는 발판을 마련하는 한편, 훈구정치의 개혁을 추진하였다.

07 다음에서 설명하는 명절로 옳은 것은? [2점]

음력 8월 15일에는 햇곡식과 햇과일로 차례를 지내고 성묘를 하는 풍습이 있습니다. 이날에는 함께 모여 송편을 빚어 먹고, 강강술래를 하며 풍년을 기원하기도 합니다.

① 설날
② 단오
③ 추석
④ 한식

08 다음 가상 인터뷰의 주인공에 대한 설명으로 옳은 것은? [2점]

선생님께서 주장하신 토지 개혁론은 무엇인가요?

나는 마을 단위로 농민이 함께 경작하고 세금을 제외한 나머지 생산물을 일한 양에 따라 분배하자는 여전론을 주장하였습니다.

① 동학을 창시하였다.
② 추사체를 창안하였다.
③ 『목민심서』를 저술하였다.
④ 사상의학을 확립하였다.

해설
③ 추석은 음력 8월 15일로 한가위라고 부르기도 하며, 일 년 동안 기른 곡식을 거둬들이고 송편과 각종 음식을 만들어 조상들에게 차례를 지내고 성묘를 하였다. 또한, 풍작과 풍요를 기원하는 민속놀이인 강강술래를 하기도 하였다.

해설
조선 후기 실학자 정약용은 토지개혁의 일환으로 마을 단위의 토지공동소유·공동경작, 노동력에 따른 생산물 분배 등의 내용이 담긴 여전론을 주장하였다.
③ 정약용은 지방행정의 개혁방향을 제시한 『목민심서』를 저술하여 수령이 지켜야 할 지침을 밝혔다.

09 다음 특강에서 설명하는 사건의 영향으로 옳은 것은? [2점]

신식 군대인 별기군에 비해 차별대우를 받던 구식 군인들은 밀린 봉급을 겨와 모래가 섞인 쌀로 지급받게 되었습니다. 이들은 결국 분노하여 난을 일으켰고, 일부 백성들도 이에 합세하였습니다.

① 운요호 사건이 일어났다.

② 통리기무아문이 설치되었나.

③ 외규장각도서가 약탈되었다.

④ 청의 내정간섭이 심화하였다.

기출태그
#임오군란 #신식 군대 별기군 #구식 군인

해설
고종은 개화정책의 일환으로 기존 5군영을 무위영과 장어영의 2군영으로 개편하고 신식 군대인 별기군을 설치하였다. 기존의 구식 군인들이 신식 군대인 별기군과 차별 대우를 받게 되자 선혜청과 일본 공사관을 습격하면서 임오군란이 발생하였다(1882).

④ 임오군란을 수습하기 위해 흥선대원군이 재집권하였으나 청군이 군란을 진압하며 흥선대원군은 청으로 압송되었다. 이후 조청 상민 수륙 무역 장정을 체결하여 치외법권, 양화진에 점포 개설권, 내륙 통상권, 연안 무역권 등을 인정받아 청의 내정간섭이 심화되었다.

10 밑줄 그은 '이 운동'으로 옳은 것은? [2점]

이 동상의 주인공은 무슨 일을 하셨나요?

'내 살림 내 것으로'라는 표어 등을 내세운 이 운동을 주도했어요.

오두산 통일 전망대

① 브나로드운동

② 문자보급운동

③ 물산장려운동

④ 민립대학설립운동

기출태그
#물산장려운동 #조만식 #평양

해설
③ 1920년대 민족자본육성을 통한 경제자립을 위해 자급자족, 국산품 애용, 소비 절약 등을 강조하는 물산장려운동이 전개되었다. 평양에서 조만식, 이상재의 주도로 조선물산장려회가 발족되어 '내 살림 내 것으로' 등의 구호를 내세운 물산장려운동이 전국으로 확산되었다(1920).

01 다음 밑줄 그은 '이 나라'에 대한 설명으로 옳은 것은? [2점]

> 이 나라에는 왕이 있고 벼슬로는 상가 · 대로 · 패자 · 고추가 · 주부 · 우태 · 승 · 사자 · 조의 · 선인이 있으며, 존비(尊卑)에 따라 각각 등급을 두었다. 모든 대가들도 스스로 사자 · 조의 · 선인을 두었는데, 그 명단은 모두 왕에게 보고하여야 한다. …… 범죄자가 있으면 제가들이 모여 회의하여 그 즉시 사형에 처하고, 그 처자는 노비로 삼는다.
>
> – 『삼국지』 동이전 –

① 집집마다 부경이라는 창고가 있었다.
② 12월에 영고라는 제천행사를 열었다.
③ 혼인풍습으로 민며느리제가 있었다.
④ 읍락 간의 경계를 중시하는 책화가 있었다.
⑤ 제사장인 천군과 신성 지역인 소도가 존재하였다.

해설
고구려는 왕 아래 상가, 고추가 등의 대가들이 사자, 조의, 선인 등의 관리를 거느렸고, 귀족회의인 제가회의를 통해 국가의 중대사를 결정하였다.
① 부경은 고구려의 집집마다 있던 작은 창고로 곡식, 소금, 찬거리 등을 저장하는 곳이었다.

02 (가) 왕의 재위 기간 중에 있었던 사실로 옳은 것은? [2점]

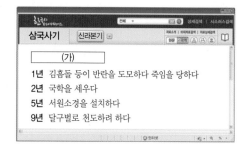

삼국사기 신라본기
(가)
1년 김흠돌 등이 반란을 도모하다 죽임을 당하다
2년 국학을 세우다
5년 서원소경을 설치하다
9년 달구벌로 천도하려 하다

① 이사부를 보내 우산국을 복속하였다.
② 화랑도를 국가조직으로 개편하였다.
③ 관료전을 지급하고 녹읍을 폐지하였다.
④ 최고 지배자의 칭호를 마립간으로 하였다.
⑤ 이차돈의 순교를 계기로 불교를 공인하였다.

해설
신문왕은 김흠돌의 난을 진압한 후 귀족세력을 숙청하였다. 유학교육기관인 국학을 설치하여 유교정치이념을 확립하였고, 서원소경과 남원소경을 새로 설치하여 9주 5소경의 지방행정구역 체제를 확립하였다. 이후 경주를 근거지로 하는 귀족세력을 약화시키기 위해 수도를 달구벌(대구)로 옮기려 하였으나 실패하였다.
③ 신문왕은 귀족세력을 약화시키기 위해 관료전을 지급하고 녹읍을 폐지하였다.

03 (가), (나) 사이의 시기에 있었던 사실로 옳은 것은? [3점]

> (가) 태조는 정예 기병 5천을 거느리고 공산(公山) 아래에서 견훤을 맞아서 크게 싸웠다. 태조의 장수 김락과 신숭겸은 죽고 모든 군사가 패배했으며, 태조는 겨우 죽음을 면하였다.
> – 『삼국유사』 –
>
> (나) [태조를] 신검의 군대가 막아서자 일리천(一利川)을 사이에 두고 대치하였다. 태조가 견훤과 함께 병사들을 사열한 후 …… 신검이 양검, 용검 및 문무 관료들과 함께 항복하여 오니, 태조가 그를 위로하였다.
> – 『고려사절요』 –

① 최승로가 시무 28조를 건의하였다.
② 경순왕 김부가 경주의 사심관이 되었다.
③ 대공이 난을 일으키자 귀족들이 동참하였다.
④ 궁예가 국호를 마진에서 태봉으로 바꾸었다.
⑤ 쌍기의 건의를 받아들여서 과거제가 시행되었다.

기출 태그 #후삼국 통일 #견훤 #태조 #신검 #『삼국유사』 #『고려사절요』

해설
(가) 공산 전투(927) : 후백제의 견훤이 경주를 기습 공격하자 고려 태조 왕건은 신라를 돕기 위해 출전하였다. 그러나 대구 팔공산 근처에서 후백제군의 기습 공격을 받아 크게 패하였고, 후백제군에게 포위된 왕건을 대신하여 왕건의 옷을 입고 맞서던 신숭겸과 장수 김락 등이 전사하였다.
(나) 일리천 전투(936) : 견훤의 귀순 이후 신검의 후백제군과 왕건의 고려군이 일리천 일대에서 전투를 벌여 고려군이 크게 승리하였고, 후백제의 멸망으로 고려는 후삼국을 통일하였다.
② 신라 경순왕 김부가 스스로 고려에 투항하면서 신라가 멸망하였고(935), 경순왕은 경주의 사심관으로 임명되었다.

04 (가) 기구에 대한 설명으로 옳은 것은? [1점]

> **역사 용어 해설**
>
> **(가)**
>
> **1. 개요**
> 고려의 회의기구로 중서문하성과 중추원의 고위 관료들이 모여 주로 국방과 군사 문제를 다루었다. 대내적인 법제와 격식을 관장하는 식목도감과 함께 합의제로 운영되었다.
>
> **2. 관련 사료**
> 판사(判事)는 시중 · 평장사 · 참지정사 · 정당문학 · 지문하성사로 임명하였으며, 사(使)는 6추밀 및 직사 3품 이상으로 임명하였다. …… 무릇 국가에 큰 일이 있으면 사(使) 이상의 관료가 모여서 의논하였으므로 합좌라는 이름이 있었다.
> – 『고려사』 –

① 수도의 치안과 행정을 담당하였다.
② 사헌부, 사간원과 함께 3사로 불렸다.
③ 원 간섭기에 도평의사사로 개편되었다.
④ 화폐와 곡식의 출납회계를 담당하였다.
⑤ 관리 임명에 대한 서경권을 가지고 있었다.

기출 태그 #도병마사 #고려 회의기구 #식목도감 #합좌 #『고려사』

해설
③ 고려의 도병마사는 재신(중서문하성의 2품 이상)과 추밀(중추원의 2품 이상)이 국방 및 군사 문제를 논의하는 임시적인 회의기구였다. 그러나 원 간섭기인 충렬왕 때 최고 정무기구인 도평의사사로 개편되어 국사 전반에 관여하게 되면서 권문세족이 정치권력을 행사하는 데 이용되었다.

05 다음 글을 작성한 인물에 대한 설명으로 옳은 것은? [2점]

> 선유(先儒)가 불씨(佛氏)의 지옥설을 논박하여 말하기를, "…… 불법(佛法)이 중국에 들어오기 전에도 죽었다가 다시 살아난 사람들이 있었는데, 어째서 한 사람도 지옥에 들어가 소위 시왕(十王)*이란 것을 본 자가 없단 말인가? 그 지옥이란 없기도 하거니와 믿을 수 없음이 명백하다."라고 하였다.
>
> *시왕(十王): 저승에서 죽은 사람을 재판하는 열 명의 대왕
>
> – 『삼봉집』 –

① 계유정난을 계기로 정계에서 축출되었다.
② 일본에 다녀와서 해동제국기를 편찬하였다.
③ 기축봉사를 올려 명에 대한 의리를 내세웠다.
④ 군주의 도를 도식으로 설명한 성학십도를 지었다.
⑤ 『조선경국전』을 저술하여 통치제도정비에 기여하였다.

해설
고려 말 급진 개혁파를 이끌었던 정도전은 신흥무인세력인 이성계와 연합하여 조선 건국을 주도하였다. 조선 건국 이후 정도전은 한양으로 도읍을 옮긴 후 도성을 쌓고 왕조의 기틀을 마련하는 데 공헌하였다. 또한, 『불씨잡변』을 통해 유학의 입장에서 불교의 진리를 논파하고 불교의 배척을 주장하며 비판하였다.
⑤ 정도전은 조선의 유교적 이념을 성문화하여 통치제도를 정비하기 위해 『조선경국전』을 저술하였다.

06 다음 사건에 대한 설명으로 옳은 것은? [2점]

사건 일지

2월 7일	수곡 도회(都會) 주모자 유계춘을 병영에 감금
2월 13일	집안 제사 참석을 요청한 유계춘을 임시 석방
2월 14일	덕천 장시 등에서 농민시위 전개
2월 18일	목사 홍병원이 사족(士族) 이명윤에게 농민시위 무마를 부탁하며 정해진 액수 이상으로 세금을 징수하지 않겠다는 문서 전달
2월 19일	우병사 백낙신이 시위를 해산하려 하자 성난 농민들이 그를 포위하여 감금
⋮	

① 남접과 북접이 연합하여 전개되었다.
② 정부와 약조를 맺고 집강소를 설치하였다.
③ 상황 수습을 위해 박규수가 안핵사로 파견되었다.
④ 지역차별에 반발한 홍경래가 주도하여 봉기하였다.
⑤ 함경도와 황해도에 방곡령이 선포되는 결과를 가져왔다.

해설
삼정의 문란과 경상 우병사 백낙신의 수탈에 견디다 못한 농민들의 반발로 진주 지역의 몰락 양반 유계춘을 중심으로 한 임술농민봉기가 발생하였다(1862).
③ 농민봉기를 조사하기 위해 안핵사로 파견된 박규수는 민란의 원인이 삼정의 문란에 있다고 보고 삼정이정청을 설치하여 삼정의 폐단을 해결하고자 노력하였다.

07 (가) 종교에 대한 설명으로 옳은 것은? [1점]

경주 사람 최복술은 아이들에게 공부 가르치는 것을 직업으로 삼았다. 그런데 양학(洋學)이 갑자기 퍼지는 것을 차마 보고 앉아 있을 수 없어서, 하늘을 공경하고 순종하는 마음으로 글귀를 지어, ___(가)___ (이)라 불렀다. 양학은 음(陰)이고, ___(가)___ 은/는 양(陽)이기 때문에 양을 가지고 음을 억제할 목적으로 글귀를 외우고 읽고 하였다.

① 배재학당을 세워 신학문 보급에 기여하였다.
② 박중빈 중심으로 새생활 운동을 추진하였다.
③ 일제 통제에 맞서 사찰령폐지 운동을 벌였다.
④ 마음에 한울님을 모시는 시천주를 강조했다.
⑤ 황사영이 외국 군대의 출병을 요청하는 백서를 작성하였다.

기출 태그 #동학 #최복술 #인내천 사상

해설
④ 경주 몰락 양반 출신의 최제우(최복술)가 양학(천주교)의 확산에 대항하여 동학을 창시하였다. 동학은 유불선 3교의 교리를 절충하고 민간신앙의 요소도 결합하였으며, 마음속에 한울님을 모시는 시천주와 사람이 곧 하늘이라는 인내천 사상을 강조하였다.

08 다음 상소가 올려진 이후 사실로 옳은 것은? [2점]

우리 조정은 정학(正學)을 숭상하고 이단을 물리쳐서 만백성을 바르게 이끌어 오늘에 이르렀습니다. …… 비록 황준헌의 책자로 말하더라도 그 글이 바른가 바르지 못한가 그 말이 좋은가 나쁜가에 대해 신은 진실로 모르지만 …… 기계에 관한 기술과 농업 및 식목에 대한 책이 이익이 된다면 선택하여 시행할 것이지, 굳이 그들의 것이라고 해서 좋은 법까지 배척할 필요는 없습니다.
– 곽기락의 상소 –

① 무기제조공장인 기기창이 설립되었다.
② 김기수가 일본에 수신사로 파견되었다.
③ 오경석이 해국도지를 국내에 들여왔다.
④ 어재연 부대가 광성보에서 항전하였다.
⑤ 평양 관민이 제너럴 셔먼호를 불태웠다.

기출 태그 #곽기락 #동도서기론 #위정척사 #『조선책략』

해설
김홍집이 『조선책략』을 들여온 이후 미국과 외교관계를 맺어야 한다는 여론이 형성되자 이만손을 중심으로 한 영남 유생들이 만인소를 올려 이를 비판하였다(1881). 이에 대해 곽기락은 기본적으로는 정학(正學)을 받들고 이단을 배격한다는 위정척사의 입장에 서 있었지만, 자강을 위해서는 서양기술을 도입할 수 있다는 동도서기론적 주장이 담긴 상소를 올렸다.
① 김윤식을 중심으로 청에 파견된 영선사는 톈진에서 근대 무기제조기술과 군사훈련법을 배워 돌아왔고(1881), 이를 계기로 근대식 무기제조공장인 기기창이 세워졌다(1883).

09 다음 상황 이후에 일어난 사실로 옳은 것은?
[2점]

대한제국이 여러 국가와 외교관계를 단절한 것은 우리의 의사가 아니라 일본의 폭력에 의해 이루어진 것이다. 우리가 만국평화회의에 참석하여 이를 폭로할 수 있도록 귀국 총통 및 대표의 호의적인 중재를 부탁한다.

① 고종이 강제로 퇴위당하였다.
② 영국이 거문도를 불법으로 점령하였다.
③ 구식 군인들이 일본공사관을 습격하였다.
④ 우정총국 개국 축하연에서 정변이 일어났다.
⑤ 일본과 미국이 가쓰라 · 태프트 밀약을 체결하였다.

기출 태그 #고종 #헤이그 특사 #만국 평화 회의

해설
① 1907년 네덜란드 헤이그에서 만국평화회의가 개최되자 고종은 특사(이준, 이상설, 이위종)를 파견하여 을사늑약의 무효를 알리고자 하였다. 그러나 을사늑약으로 인해 외교권이 없던 대한제국은 일본의 방해와 주최국의 거부로 큰 성과를 거두지 못하였다. 이후 일본은 헤이그 특사 사건을 빌미로 고종을 강제로 퇴위시켰다.

---

10 (가) 인물의 활동으로 옳은 것은?
[3점]

이곳은 경상북도 영양군에 있는 독립운동가 (가) 의 옛 거처입니다. (가) 은/는 조선총독암살을 기도하였고, 국제연맹 조사단에 강력한 독립의지를 표명하는 혈서를 전달하고자 시도하였습니다. 이후 만주국 주재 일본 대사 암살계획이 발각되어 체포된 뒤 순국하였습니다.

① 동양척식주식회사에 폭탄을 투척하였다.
② 하얼빈역에서 이토 히로부미를 사살하였다.
③ 명동성당 앞에서 이완용을 습격하여 중상을 입혔다.
④ 간도에서 여자 권학회를 조직하여 계몽활동에 힘썼다.
⑤ 평양 을밀대 지붕에서 임금삭감에 저항하여 농성을 벌였다.

기출 태그 #남자현 #독립운동가 #조선 독립원

해설
남자현은 서로군정서 등에서 활약한 여성 독립운동가로 각종 여성단체를 설립하는 등 여성계몽과 여권신장에도 기여하였다. 총독 사이토 마코토의 암살을 계획하였으며 혈서 '조선독립원'을 통해 조국의 독립을 호소하였다. 주 만주국 일본대사를 암살하려다 체포되어 옥고를 치르며 단식으로 저항하다가 순국하였다.
④ 남자현은 간도에서 여자 권학회를 조직하여 항일독립운동에 여성들의 참여를 독려하고 민족의식을 고취시켰으며, 분열된 독립운동 단체를 단결시키기 위해 노력하였다.

발췌 ▶ 2021 한국사능력검정시험 기출이 답이다 기본편 / 심화편

문제해결능력의 주요 키워드
문제의 3가지 유형이란?

이번 호는 직업기초능력의 여러 가지 키워드 중에서 [문제해결능력]에 자주 나오는 [문제의 3가지 유형]을 주제로 살펴보겠습니다. 문제를 효과적으로 해결하기 위해서는 문제유형이 무엇인지를 파악하는 것이 가장 중요합니다. 기준에 따른 문제유형은 여러 개로 구분될 수 있습니다. 그 중 업무수행과정의 구분법으로 문제를 해결하기 위한 관점에서 발생형 문제(보이는 문제), 탐색형 문제(찾는 문제), 설정형 문제(미래 문제)의 세 가지 유형이 있습니다. 이는 문제를 원인지향과 목표지향으로 나누고, 과거, 현재, 미래의 시점으로 구분한 것입니다. 이 내용을 그림으로 간단하게 정리하면 아래와 같습니다.

발생형 문제는 우리가 현재 직면해 해결방법을 고민하는 문제를 의미합니다. 눈에 보이는 문제로써 기준을 일탈해서 생기는 일탈문제와 기준에 미달하여 생기는 미달문제로 대변됩니다. 또한 문제의 원인이 내재되어 있기 때문에 원인지향적인 문제라고도 합니다.

탐색형 문제는 현재의 상황을 개선하거나 효율을 높이기 위한 문제를 의미합니다. 눈에 보이지 않는 문제로, 방치하면 후에 큰 손실이 생기거나 해결할 수 없는 문제로 나타납니다. 이러한 탐색형 문제는 잠재문제, 예측문제, 발견문제의 세 가지 형태로 구분할 수 있습니다.

설정형 문제는 미래 상황 대응이나 해오던 것과 관계없이 새로운 과제 또는 목표를 설정함에 따라 일어나는 문제입니다. 이 때문에 목표지향적 문제라고 할 수 있습니다. 이러한 목표를 달성하는데 따른 문제해결에 필요한 경험이 없기 때문에 창조적인 노력이 요구됩니다. 그러므로 설정형 문제를 창조적 문제라고 할 수 있습니다.

다음으로 기본적인 예시문제 몇 가지를 풀어보겠습니다.

```
          원인지향        목표지향

    과거          현재          미래
    ▼            ▼            ▼

      ◀ 발생형 문제 ▶
        • 이탈문제
        • 미달문제

           ◀ 탐색형 문제 ▶
             • 개선문제
             • 강화문제

              ◀ 설정형 문제 ▶
                • 개발문제
                • 달성문제
```

예시 1

아래 내용은 어떤 유형의 문제해결과정을 나타낸 것인가?

- 미래시점에 해당된다.
- 리스크(Risk)를 관리한다.
- 목표지향적인 문제가 많다.

① 설정형 문제　　② 현실형 문제
③ 탐색형 문제　　④ 발생형 문제

이번 문제는 문제유형의 용어를 묻는 문제입니다. 위에 제시된 자료에 적힌 내용은 설정형 문제에 관련된 내용입니다. 따라서 정답은 ①번입니다.

예시 2

아래 자료는 2가지 종류의 문제유형을 도식화한 것이다. 어떤 문제유형을 도식화한 것인가?

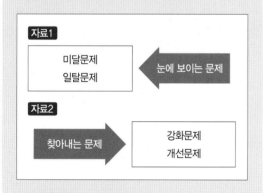

① 발생형 문제＋설정형 문제
② 발생형 문제＋탐색형 문제
③ 탐색형 문제＋발생형 문제
④ 발생형 문제＋설정형 문제

이번 문제는 문제의 유형에 대해 묻는 문제입니다. 자료1에서 '눈에 보이는 문제'는 이미 발생한 문제를 의미하며 과거시점입니다. 자료2에서 '찾아내는 문제'는 이미 눈앞에 당면한 문제이기 때문에 지금 당장 개선해야 하는 현재시점의 문제입니다. 따라서 정답은 ②번입니다.

예시 3

아래 자료에서 제시한 2가지 사례와 같은 '문제의 유형'과 관련한 특징이 아닌 것은 무엇인가?

자료1

공장장은 이번에 새로 진출한 중국 공장의 신규 생산라인을 설치할 때 고려해야 하는 문제들이 무엇인지를 판단해야 하는 상황에 있다.

자료2

자사의 자금흐름이 이대로 두면 문제가 발생할 지도 모른다는 판단 하에, 경영본부장은 앞으로 1년간 제품판매에 따른 자금흐름의 예측을 분석하였다.

① 고려하는 시점이 미래에 관련된 문제다.
② 문제해결에 창조적인 노력이 필요하다.
③ 새로운 과제나 목표를 설정해야만 한다.
④ 목표지향적인 문제(과제)라고 할 수 있다.
⑤ 문제의 원인을 파악하는 원인지향문제다.

이번 문제는 설정형 문제의 특징에 대하여 묻는 문제입니다. 설정형 문제는 미래시점입니다. 하지만 ⑤번 보기의 내용은 과거시점의 문제인 발생형 문제에 대한 것입니다. 따라서 정답은 ⑤번입니다.

예시 4

다음에서 설정형 문제의 인식에 기초하여 작성된 보고서는 어느 것인가?

① 제품불량에 대한 고객들의 클레임이 발생에 대한 대응방안
② 작년 대비 현재 15% 초과달성한 판매량에 대한 자체분석
③ 경쟁사의 시장점유율 향상에 의한 재고누적에 대한 대책
④ 신사업 투자에 따른 자사의 자금유동성의 안정성 예측

이번 문제는 과제유형에 대한 이해를 묻는 문제입니다. 따라서 정답은 ④번입니다. 참고로 선택지 ①번은 발생형 문제이며, ②·③번은 탐색형 문제의 대표적인 예시입니다. 다만 발생형 문제, 탐색형 문제, 설정형 문제의 의미를 정확하게 모른다고 하더라도 문제지문에 나와 있는 내용에서 미래에 대한 문제, 즉 설정형 문제를 찾을 수도 있을 것입니다. 설정형 문제를 전제로 한 작성보고서는 ④번이 됩니다. 따라서 정답은 ④번입니다.

예시 5

문제의 3가지 유형과 관련하여 적절하지 않은 것은 무엇인가?

① 과잉재고가 갑자기 생겨 기존 생산성을 10% 줄이려고 한다면 '발생형 문제+탐색형 문제'이다.

② 불량품이 대량으로 나온 이후에 그 여파로 10% 이상의 영업손실이 이미 발생을 하고 있다면 '발생형 문제+설정형 문제'이다.

③ 장기적인 불량채권의 급증으로 영업이익이 5% 줄었다면 '발생형 문제+탐색형 문제'이다.

④ 기존제품의 잦은 고객 클레임으로 인해 새로 진출한 해외시장개척에 어려움이 예상된다면 '발생형 문제+설정형 문제'이다.

⑤ 고정비용을 10% 감축해 향후 기업의 전반적인 체질과 이미지를 획기적으로 개선하게 된 것은 '탐색형 문제+설정형 문제'이다.

이번 문제는 문제의 3가지 유형에 대해 묻는 문제입니다. 현실의 문제는 과거에서 현실, 현실에서 과거 등 시간대를 걸쳐 나타나는 경우가 많습니다. 이와 같은 점을 고려해 보기 내용을 살펴보겠습니다. 먼저 참고할만한 세 가지 유형의 문제의 예시는 다음과 같습니다.

❶ 발생형 문제
(=이미 일어나 버린 문제, 과거발생문제)
➡ 클레임 발생, 과잉재고 발생, 불량품 발생, 장기채권 발생, 영업손실 발생

❷ 탐색형 문제
(=현재 일어나고 있는 중이거나 개선 중인 문제)
➡ 생산성을 올리는 중, 영업이익 상승, 고정비 줄이는 중, 재고 감축 등

❸ 설정형 문제
(=미래의 리스크를 방지하거나, 이익이나 성과를 위해 노력·시도함)
➡ 해외시장 개척, 신규사업의 진출, 기업문화변화, 조직문화변화 등

이와 같은 내용을 비교한 후 선택지를 살펴보면 ②번이 잘못된 설명이라 할 수 있습니다. 즉 '불량품 발생+영업손실 발생'이 나타났으므로 해당 내용은 '발생형문제+발생형문제'입니다. 따라서 정답은 ②번입니다. [시대]

❶ 문제해결방법은 직관적 문제해결, 계획적 문제해결, 분석적 문제해결 3가지로 분류할 수 있다. 다음 중 분석적 문제해결에 가장 가까운 의견은 어느 것인가?

① 어떤 특수한 상황으로 마감이 임박하여 다른 대안을 고려하지 못하는 경우를 말한다.

② 기업의 운영 측면에서 반복적으로 행하는 일련의 문제해결방안을 말한다.

③ 회사나 조직에 주어진 지침에 따라 행동할 수 있는 문제해결 방안이라 할 수 있다.

④ 적절한 문제해결이 가능하도록 사전에 의식하고 장기적·체계적 노력이 필요한 경우다.

⑤ 문제해결을 위한 대안이나 대안의 평가과정 없이 해결하는 경우다.

영역	문제해결능력	분석적 문제해결의 방안
정답	④	
해설	이번 문제는 문제유형과 관련이 깊은 문제해결방안에 대한 문제입니다. '분석적 문제해결방안'에 대하여 묻고 있습니다. 먼저 ①·⑤번은 실무에서 가장 많이 벌어지는 상황인 직관적 문제해결이고 ②·③번은 계획적 문제해결입니다. 이는 직관적 문제해결보다는 더 장기적이며 과정의 측면에서 해결하는 방법입니다. 그리고 마지막으로 ④번이 분석적 문제해결이라 할 수 있습니다. 이는 문제해결이 복잡하고 각 대안에서 차이가 클 때 적용하는 방법입니다. 따라서 분석적 문제해결방안에 해당하는 내용은 ④번입니다. 따라서 정답은 ④번입니다.	

❷ 아래 그림은 문제유형 중 하나를 시각화한 것이다. 다음 문제유형에 대한 의견으로 거리가 먼 것은 무엇인가?

① 베이비 붐 세대가 일시에 퇴직하면서 새로운 실버시장이 생김

② 불량제품의 급격한 발생으로 과잉재고가 발생함

③ 칠레와 FTA 협상타결로 남미시장 진출 가시화

④ 영업이익을 15% 늘리기 위한 적극적 판매홍보대책 마련

영역	문제해결능력	문제의 3가지 유형
정답	②	
해설	이번 문제는 문제유형에 대하여 묻는 문제입니다. 현실적으로 문제가 발생해 개선해야 하는 문제를 말합니다. 여기서 ①·③번은 설정형 문제, ②번은 발생형 문제, ④번은 탐색형 문제와 관련한 예시입니다. 즉 자료에서 예시한 문제유형인 발생형 문제와 가장 관련이 깊은 예시는 ②번입니다. 따라서 정답은 ②번입니다.	

필자 소개
안쌤(안성수)
채용컨설팅 및 취업 관련 콘텐츠/과제 개발
NCS 채용 컨설팅, NCS 퍼실리테이터
취업·채용 관련 강의, 코칭, 경력 및 직업상담
공공기업 외부면접관/면접관 교육 등
취업/채용 관련 칼럼니스트, 자유기고가
저서 〈NCS와 창의적 사고기법으로 접근하기〉 外

성취와 끈기의
조합요령을 알자

구성원의 책임감과 성실함은 조직의 건실한 운영에 필요합니다. 기업에서 자소서 항목으로 지원자에게 책임을 다했거나 어려운 상황에도 최선을 다했던 경험을 요구하는 이유입니다. 끝까지 노력해 성취를 일군 과정과 결과를 상세히 소개하는 것이 좋습니다. 지나치게 결과만 강조하기보다는 노력의 과정에서 겪은 어려움을 설명하며 공감대를 형성하는 전략이 효과적입니다. 최선을 다했지만, 결과가 밝지 않은 경험을 소개해야 할 때는 다소 애매합니다. 책임감 있는 모습은 충분히 표출할 수 있으나 성취 내용이 없어 이야기의 매력이 낮아질 우려가 있습니다. 이럴 때는 과정 설명에 주력하며 결과는 정성적인 부분에서 찾아 기술하는 구성이 적절합니다. 사례를 통해 끈기 있는 자세로 성취를 일궈낸 경험 항목의 작성 방법을 살펴보겠습니다.

뚜렷한 성취를 강조

성취한 내용만으로 차별화가 가능한 경험은 제목에 핵심 사항을 기술해야 합니다. 공모전 수상, 팀 프로젝트 1등, 탁월한 동아리 활동 등은 제목에 결과를 기술해 읽는 이가 기대할 수 있도록 구성합니다. 항목의 요구조건에 성실, 책임, 최선 등의 요건이 있을 경우에는 그에 맞춰 과정에서 특정부분을 강조합니다. 이야기의 매력도를 높이는 방안으로 위기, 갈등, 한계관련 요소를 사용할 수 있습니다. 지극히 순조로운 과정으로 성취를 이뤄냈을 때는 각구간의 문제해결상황에 끈기와 집중요소를 더해 표현합니다. 결과만큼 과정을 흥미롭게 그려내야 항목 요건을 충족할 수 있습니다.

❶ 제목으로 고양하는 기대감

사례 1

[논문 공모전 대상을 받다]

국제원조방안을 주제로 한 대학생 논문 공모전에서 전체 1등에 해당하는 대상을 받았습니다. 평소 다양한 봉사에 참여해 효과증진과 지속가능성을 고민하며 여러 사례를 참고했습니다. 방학 때는 해외봉사에 참여해 국제기구의 원조시스템과 현지상황을 관찰했고, 관계자들과 대화를 통해 나아갈 방향을 고찰했습니다.

이러한 경험을 바탕 삼아 국제원조의 효용을 높이는 방안을 공모전 내용으로 담아내고자 노력했습니다. 남미국가의 원조 현황정보와 현지 언론기사를 수집하며 외국어 역량의 한계에 직면했지만, 직접 외국어를 배워가며 논문에 필요한 내용을 추려냈습니다. 또한, 교내 남미 출신 학우들에게 번역 내용을 확인하며 사실을 기반으로 논문을 작성했습니다. 하지만 논문 작성 경험이 없어 방향을 설정하기가 무척 어려웠습니다. 4개월 중 중간고사와 기말고사까지 맞물려 시간이 촉박했고, 각종 팀 과제를 수행하느라 집중할 시간을 마련하기도 쉽지 않았습니다.

여러 봉사 경험을 아우르며 논문작성 요령을 배우고자 도전한 공모전이었기 때문에 결코 포기할 수 없었습니다. 이에 담당 교수님의 조언을 들으며 논문 방향을 잡아갔고, 유사한 주제로 논문을 작성했던 박사 과정의 대학원생에게 국제원조의 문제점에 대해 질문하며 세부내용을 채워갔습니다. 4개월간 체력이 고갈될 만큼 노력한 결과, 공모전에서 대상을 받을 수 있었습니다. 이를 통해 해야 할 일이 많을 때 시간을 효율적으로 활용하는 방법도 배웠습니다.

제목에 끈기로 일궈낸 결과를 명시했습니다. 항목 요건으로 성취결과를 요구하는 경우가 많습니다. 결과를 제목에 언급했으므로 읽는 이의 기대감은 자연스럽게 과정으로 넘어갈 것입니다. 학부생 입장에서 4개월간 생소한 논문을 작성하기는 결코 쉽지 않습니다. 이에 따라 지원자가 제시할 수 있는 위기와 한계는 무척 많고 다양합니다. 그에 대해 설명하며 끈기가 개입할 여건을 만들어야 합니다. 정보수집에서는 외국어가 한계로 작용했는데, 지원자는 직접 배우는 자세로 끈기를 발휘하는 모습을 선보였습니다. 외국어 학습과 끈기는 연결고리가 두드러져 자연스럽게 공감대를 형성할 수 있습니다. 중간·기말고사를 언급하며 포기하고 싶은 순간을 나타냈고, 단순히 끈기만 발휘한 게 아니라 교수와 대학원생에게 도움을 요청한 사실을 기술하며 문제해결능력도 소개했습니다. 이처럼 뛰어난 성취에 어울리는 과정의 어려움은 이야기의 매력을 높이기 위해서라도 반드시 등장해야 합니다.

정성적 성취를 강조

성취한 내용이 확연하지 않아 결과로 언급하기 어려울 때가 있습니다. 결과와는 무관하게 경험은 과정에서 배울 점이 많으므로 이를 성취로 표현하며 항목요건을 충족하는 것이 가능합니다. 정성적 성취를 강조하며 경험의 결과가 뛰어나지 않음을 자인할 필요는 없습니다. 끈기를 발휘하는 과정에서 내재한 문제해결능력, 소통능력 등을 성취한 내용으로 언급하고, 위기와 한계를 느낀 과정을 요소로 삽입해 끈기를 부각합니다.

❶ 소소한 성취는 과정 설명에 주력

사례 1

[학생들의 성적향상을 이뤄낸 영어회화 교육봉사]
영어회화 동아리에서 지역 학생들을 위해 교육활동을 지원하는 봉사에 동참했습니다. 산악에 위치한 학교는 교육 환경이 열악해 지속적인 관심이 필요한 상황이었습니다. 이에 지역 학생들을 대상으로 1년간 영어회화를 가르쳤습니다. 교내에서 새터민 학생들에게 영어를 가르쳤던 경험이 있었던 까닭에 교육과정이 낯설지는 않았습니다.

영어회화는 반복연습이 필요했으므로 학생들의 수준에 맞춰 개인교습까지 진행해야 했습니다. 주말마다 학생들과 함께 어울리며 영어회화를 비롯해 문법까지 설명하며 학습효과를 높이는 데 주력했습니다. 작문 과제를 채점하고, 피드백을 제공하며 영어교육에 흥미를 느낄 수 있었습니다. 학생들이 사용하는 영어표현이 점차 늘어나는 모습을 보며 강의 난이도를 조율했고, 그에 어울리는 사례를 준비하며 교육내용을 채워 나갔습니다. 배움에 적극적인 학생에게는 추가 과제를 제시하며 개인역량을 강화하는 데 노력을 기울였습니다.

1년간 영어교육의 지속성을 유지하고자 온라인 환경을 활용했고, 다양한 유형의 영어회화 수업을 참고하며 강의 계획을 수립했습니다. 또한, 지역학생들이 수업에 집중할 수 있도록 끊임없이 소통하며 영어회화 강의를 성실히 진행했습니다. 그 결실은 학생들의 영어성적 향상으로 이어졌습니다. 교육봉사를 마친 후에도 학생들의 영어회화 상대를 맡아 꾸준히 능력 향상을 도왔습니다. 수험 기간에 겪는 고충도 상담해주며 학생들의 성장에 이바지했습니다. 이러한 경험을 통해 자신의 역할에 책임을 다하는 자세를 내재할 수 있었습니다.

봉사활동에서 외적으로 드러나는 성취를 거두기는 어렵습니다. 이럴 때는 최선을 다한 모습을 과정에서 설명으로 나타내며 소소한 성취로 항목요건을 충족하는 전략이 필요합니다. 끈기는 기간과 비례하는 경향을 보입니다. 봉사활동은 책임감과 성실함이 필요한 분야라 장기간에 해당하는 1년의 시간으로 끈기를 드러내는 것이 가능합니다. 학생 신분에서 발생할 수 있는 변수를 통제하며 교육의 지속성을 유지하는 데 기울인 노력이 1년이라는 어휘에 고스란히 담겨 있습니다. 학생들의 영어실력 향상을 위해 성실히 교육에 임한 모습에서는 끈기뿐만 아니라 책임감도 엿볼 수 있습니다.

교육봉사는 책임감을 요구합니다. 그에 부합하는 활동을 과정설명에 담아내며 지원자가 최선을 다하는 자세를 갖췄음을 보여줬습니다. 성취내용은 학생들의 영어성적 향상입니다. 직접적으로 지원자가 얻은 결과는 아니지만, 봉사의 취지에 어울리는 결과이므로 정성적인 측면의 성취라고 할 수 있습니다. 1년간 학생들을 위해 헌신한 부분을 강조하며 성취보다 과정에서 의미를 찾은 사례에 해당합니다. 소소한 성취사례는 이처럼 과정설명에 주력하며 정성적 측면을 나타내는 전략이 유효합니다.

실제 사례탐구 (LG화학)

LG화학의 지원분야에 대한 관심을 기업 및 시장정보를 활용해 나타내고, 직무수행을 통해 이루고 싶은 목표를 지원동기로 기술합니다. 현재 LG화학이 치중하고 있는 부분을 직무내용에 맞춰 다루는 게 가장 자연스러운 흐름을 만듭니다. 준비내용은

▲ 경기도 오산의 LG화학 테크센터

직무능력을 뒷받침하는 용도로 활용합니다.

지원분야에 걸맞은 경험을 중점적으로 언급하고, 직무와 명확히 내응하는 경험이 없을 때는 직무에 적용 가능한 소양을 표현하는 방향으로 접근합니다. 700자 분량에서 글자 수를 상대적으로 많이 할애해야 하는 부분은 준비 내용입니다. 지원동기는 지원분야와 직무에 대한 관심을 보여주기 위한 단락이며, 이를 기반으로 준비내용 단락에서 지원자의 차별화된 역량을 나타냅니다.

[화학공정 설계로 생산기술의 미래를 밝히다]
생분해와 친환경 기술로 화학공정의 미래를 이끌어가는 LG화학은 석유화학 산업의 발전을 위해 집중적인 투자를 이어왔습니다. 효율적인 공정개발로 ABS, PVC 등의 화학제품의 시장점유율을 높였고, 탄소나노튜브 시설투자로 생산량 증대를 실현했습니다.

생산기술 직무에 지원하며 화학공정 설계를 관심 분야로 특정했습니다. 그 이유는 준비내용에 공정 관련 경험이 있기 때문입니다. 제목과 근거를 전체적으로 연결하고자 제목에 동기를 기술했습니다.

기술 분야인 만큼 미래에 LG화학이 집중할 산업 내용을 언급해야 합니다. 시장에서 LG화학이 경쟁

우위를 차지하고 있는 제품을 어휘로 삽입해 관심도를 나타냈습니다.

> 이처럼 적극적으로 산업 수요를 충족하기 위해 공정을 개선 및 개발하는 LG화학에서 화학공학 전공지식을 활용해 생산기술의 발전에 이바지하고자 지원합니다.

이전 문장과 매끄럽게 연결하기 위해 공정을 핵심 어휘로 사용했습니다. 생산기술은 현장에서 협력으로 문제를 해결하는 직무인 까닭에 특별한 내용을 지원동기로 언급하기보다는 일반적인 자세와 각오를 보여주는 게 적절합니다.

> 화학공정 설계수업을 들으며 다양한 공정을 다뤄볼 수 있었고, 산업 특징을 고려한 공정설계로 전문성을 배양하는 것이 가능함을 확인했습니다.

간략하게 방향을 전환하는 문장이며, 준비 내용을 소개하기 위한 연결고리 역할을 합니다.

> 고분자화학, 공정제어, 분리공정 등의 수업을 수강하며 공정을 폭넓게 이해하는 데 주력했습니다. 실험과 이론수업으로 배운 내용을 연구과제에 적용하며 배움의 기회를 스스로 만들었고, 그 과정에서 접한 암모니아를 활용해 수소를 생산하는 촉매공정을 주의 깊게 살펴보며 깊은 인상을 받았습니다.

화학공정에서 전공지식은 필수이므로 폭넓게 학습한 부분을 강조하며 기본역량을 소개했고, 최근 연구자료를 소재로 활용해 LG화학에서 다루고 있는 촉매공정에 대한 탐구열을 나타냈습니다.

> 4학년 때는 팀을 이뤄 화학공학 공정설계 경진대회에 도전했습니다. 천연가스 발전공정 모사 과제를 수행하며 교내 프로젝트를 통해 익혔던 공정모사 프로그램 경험을 활용할 수 있었습니다. 시뮬레이션을 반복하고, 공정의 경제성까지 아우르며 팀원들과 집중적으로 노력한 결과, 장려상을 받을 수 있었습니다.

제목에 배치한 준비 내용에서 핵심사항을 추려 소개했습니다. 공정설계 경진대회에서 수상한 이력은 직무와 직접적인 연결성을 갖추고 있어 강점으로 작용합니다.

> 화학공정에 대한 열정과 흥미를 바탕으로 LG화학 생산기술의 미래를 밝히고 싶습니다.

준비내용과 지원동기를 엮어 포부를 밝히는 형식으로 마무리했습니다. 지원동기의 연장선으로 생각할 수 있는 문장이며, 제목과 동일한 표현으로 구성의 통일감을 이뤄냈습니다. 시대

▲ 서울 여의도에 위치한 LG 트윈타워

더 많은 자기소개서 작성 팁을 유튜브로 만나자!

필자 소개
정승재(peoy19@gmail.com)
홈페이지 오로지첨삭(www.오로지첨삭.한국)
　　　　 오로지면접(fabinterview.com)
　　　　 유튜브 채널 : 오로지첨삭
저서 〈합격하는 편입자소서 & 학업계획서〉
　　 〈합격하는 취업, 자소서로 스펙 뛰어넘기〉

색채 이미지의 가치를 높이다
컬러리스트 기사 · 산업기사

컬러리스트란?

색은 인간의 감각으로 가장 먼저 인식되는 시각 디자인의 요소다. 빛의 반사로 나타나는 사물의 밝음, 어두움이나 여러 빛깔을 우리는 눈을 통해 인식한다. 우리는 색을 통해 다양한 감정을 경험하기도 하고 반대로 색을 통해 감정을 표현하기도 한다. 이러한 색채심리에 대한 연구가 발달하면서 산업에서도 색은 중요한 요소가 됐다. 생활 속 물건의 색깔들부터 자주 보는 브랜드의 특정 색상까지 색은 한 제품의 아이덴티티가 되는 감성과 개성을 담아낸다.

컬러리스트는 바로 이러한 색채에 관한 기술업무를 수행하는 직업이다. 이들은 미적 감각과 창의성을 발휘해 색채 전문가로서 다양한 색상 연출로 제품의 부가가치를 높이는 일을 한다. 관련자료를 분

석하고 여러 가지 용도에 맞게 컬러를 예측하여 브랜드에 맞게 색채를 기획해 적용함으로써 매출의 극대화를 도모한다. 디자인 산업이 부흥하며 색채를 통한 고부가가치 상품을 개발하고 여러 가지 문화상품을 수출되며 컬러리스트의 수요도 꾸준하게 높아졌다. 이에 한국산업인력공단에서는 전문인력양성을 위해 2002년부터 컬러리스트 기사 · 산업기사 국가공인자격시험을 실시하고 있다.

컬러리스트 자격취득 정보

컬러리스트 산업기사자격의 취득 정보는 과정형과 검정형으로 나뉜다. 검정형이 학력, 경력요건 등 응시요건을 충족해야 지필평가(필기) · 실무평가(실기)를 통해 취득할 수 있다면, 과정평가형은 해당종목을 운영하는 교육훈련기관이 있다면 누구나 이수 가능하다. 과정평가형 자격은 NCS 능력단위를 기반으로 설계된 교육 · 훈련과정을 이수한 후 평가를 통해 국가기술 자격을 부여한다. 시험응시 없이 내부평가와 외부평가 결과를 1:1로 반영하여 평균 80점 이상이 넘었을 경우 교육 · 훈련을 받은 모든 능력단위가 기재된 과정평가형 자격증이 발급된다. 교육을 성실히 이수하면 응시자격을 갖출 필요없이 자격을 취득할 수 있다는 점에서 각광받고 있다.

검정형의 경우는 기사와 산업기사를 동시에 대비할 수 있다는 것이 컬러리스트 자격증의 가장 큰 장

점이다. 다만 응시자격에는 제한이 있는데 전문학사 이상의 디자인 관련학과 전공자이거나 동일직무 분야의 경력자, 동일(유사)분야 기술자격 소지자가 그 대상이다. 여기서 동일직무분야는 건설 중 건축 분야, 섬유·의복 분야, 인쇄·목재·가구·공예 중 목재·가구·공예 분야를 말한다.

컬러리스트 시험요강

컬러리스트 기사·산업기사 시험에서는 수험자가 색채에 관한 이론지식과 실무능력을 수행할 수 있는지를 평가한다. 시행처는 한국산업인력공단으로 동일하며 시험과목도 큰 차이가 없는 편이다. 다만 컬러리스트 기사는 산업기사보다 한층 수준 높은 숙련기능과 기초이론지식을 가지고 기술분야 업무에 종사하는 자격이다. 컬러리스트 산업기사의 자격을 취득한 후 동일직무분야에서 1년 이상 실무에 종사한 자에게 기사시험의 응시자격이 주어진다. 기사·산업기사 필기는 색채심리, 색채디자인, 색채관리, 색채지각론, 색채체계론의 5과목을 다루지만 난이도는 기사시험이 조금 더 높으며 마케팅 관련 내용이 추가된다. 실기는 기사·산업기사 모두 색채계획 실무에 관한 작업형으로 진행되며 산업기사의 경우 5시간, 기사의 경우 6시간이 소요된다.

자격증 활용정보

컬러리스트는 주로 섬유·패션 분야에서 활동하지만 그밖에도 건축, 출판, 실내디자인, 조명, 화장품, 패션, 미용, 원예 등 다양한 색채 관련 산업현장에서 활동할 수 있다. 각종 상품의 색상을 중요시하고 컬러로 이미지 작업을 하는 모든 분야라면 모두 활동가능하다. 관련 직종으로는 시각 디자이너와 광고 디자이너가 있다.

또한 컬러리스트 기사 자격증의 경우 6급 이하 및 시설직렬의 디자인 직류의 기술직 공무원 채용시험에서 5%의 가산점이 있다. 다만 가산 특전은 매 과목 4할 이상 득점자에게만, 필기시험 시행 전일까지 취득한 자격증에 한하기 때문에 지원 시 확인이 필요하다. 시대

컬러리스트 기사·산업기사 2회 필기시험 일정

구분	원서접수기간	시험일자	합격자 발표
기사	4.12(월)~ 4.15(목)	5.15(토)	6.2(수)
산업기사	4.13(화)~ 4.16(금)	5.9(일)~ 5.19(수)	

2021 컬러리스트 기사·산업기사 필기 한권으로 끝내기

대학에서 현직 강의 중인 실력파 저자들이 저술한 컬러리스트 전문 도서다. 이론과 모의고사, 기사와 산업기사의 2013~2020년 기출복원문제와 해설을 수록하여 시험에 완벽 대비할 수 있도록 하였다.

편저 강수경·선혜경·은광희·이수경

상식 더하기

식탁 위의 유네스코 유산
김치

김치를 향한 한국인의 사랑은 지독하리만치 열렬합니다. 김치볶음밥을 먹을 때 김치를 반찬으로, 김치찌개를 국으로 먹는 식성이면 설명 다했습니다. '만약에 김치가 없었더라면 무슨 맛으로 밥을 먹을까'라는 노랫말이 그냥 나온 것은 아닌 것 같습니다. 우리 삶에서 뗄 수 없는 K-푸드 김치는 언제부터 우리 식탁에 올라왔던 걸까요?

우리가 매일 식탁에 올리는 김치, 이것을 담그는 전통 '김장문화'는 2013년 유네스코인류무형문화유산으로 등재됐다. 우리가 매일 먹는 김치와 그것을 만드는 전통이 유네스코가 인정하는 '길이 보전해야 할 인류의 유산'으로 인정받은 것이다.

김치는 미국의 건강전문지 '헬스'에서 2006년 선정한 세계 5대 건강식품의 하나로 꼽힌 바 있으며, 지난 2008년에는 우주정거장에서 먹는 우주식품으로 선정되기도 했다. 단순히 반찬으로만 여겼던 김치에 전 세계인이 열광하고 인류의 유산으로까지 선정된 이유는 무엇일까?

김치(김장)의 위대함을 한마디로 표현하자면 겨울철에도 채소를 싱싱한 상태로 보관 및 저장하는 가장 뛰어난 방법이라는 것이다. 냉장고가 없던 과거에는 겨울에 채소를 어떻게 먹었을까 떠올려 보면 상상이 될 것이다. 거기에 김장문화에는 한민족 특유의 협동문화와 공동체 의식이 복합적으로 녹아 있다.

김치의 등장은 삼국시대 이전

우리 조상들은 언제부터 김치를 담가 먹었을까? 현대에 가장 흔히 먹는 배추김치는 사실 150년 전만 해도 없던 음식이다. 왜냐하면 지금 형태의 배추가 약 100여 년 전 중국에서 들어왔기 때문이다. 또 김치에 고춧가루를 사용한 것 역시 250년 정도밖에 되지 않았다. 고추가 임진왜란 이후 우리나라에 들어왔다는 이야기는 많이 들어봤을 것이다.

그럼 이전의 김치가 어떤 모습이었는지에 대해 살펴보자. 8세기 중엽에 기록된 신라시대의 토지문서인 '신라민정문서'에 따르면 우리 조상들은 삼국시대 이전부터 김치를 담가 먹었을 것으로 추정된다. 물론 지금의 김치와는 재료나 맛이 많이 달랐겠지만 여러 가지 채소를 소금이나 식초, 장에 절여 겨울철 먹을거리로 준비하는 김장의 기본개념은 크게 다르지 않았다.

고려시대에는 미나리, 오이, 부추, 갓 등이 김치의 재료로 쓰이기 시작했으며 파와 마늘, 생강 등을 넣는 지금의 형태와 유사한 양념문화도 형성되었다. 1241년경 쓰인 이규보의 '동국이상국집'에는 "무를 장에 담그면 여름에 먹기 좋고, 소금에 절이면 겨울에 먹기 좋다"는 구절도 있다. 장아찌와 동치미를 말한다. 임진왜란 이후부터는 고추가 사용되고, 젓갈과 해산물이 함께 들어가면서 다양하면서도 독특한 우리만의 김장문화가 점점 발달하게 됐다.

침채에서 김치로, 침장에서 김장으로

김치라는 단어의 어원을 살펴보면 조선시대 이전에는 김치라는 말이 없고 '디히'라고 불렸을 것으로 추정된다. 표준국어대사전에 김치의 옛말로 '디히'가 기록되어 있다. 15세기 중국 시인 두보의 시를 한글 풀이한 '두시언해'에 따르면 '디히'에서 '지히'로, 다시 '지'로 바뀐 것을 볼 수 있다. 지희의 '지'는 오늘날 오이지, 섞박지, 짠지 등 채소를 발효시킨 음식에 그 사용 흔적이 남아 있다. 하지만 이 '지히'의 발음이 점차 바뀌어 '김치'가 된 것은 아니다. 단순히 옛날에는 이렇게 불렀다 정도로만 이해하면 된다.

'김치'의 원형으로는 두 가지 단어를 꼽을 수 있다. 첫 번째는 채소를 물에 담근다는 의미의 한자어 '침채(沈菜)'다. '침채 → 팀채 → 딤채 → 짐채 → 김채 → 김치'로 바뀌었다는 설이 있다. 두 번째는 소금에 절인 채소를 의미하는 '함채(鹹菜)'다. '함채 → 감채 → 김채 → 김치'로 바뀌었다는 설이 있다. 즉, 오늘날 쓰는 '김치'라는 단어는 조선시대 이후 한자어에서 변화된 귀화어로 볼 수 있다는 것이다.

그런데 변화되는 단어 중에 익숙한 것이 보인다. 모 회사의 유명한 김치냉장고 이름이 김치의 어원 중 한 단어에서 따왔다는 것을 알 수 있을 것이다. '김장' 역시 김치를 담그는 일을 뜻하는 '침장(沈藏)'에서 유래하여 '침장 → 팀장 → 딤장 → 김장'으로 바뀌었다고 한다.

나는 여태 이것도 모르고 한국인인 척했다

이 책에 담긴 것은 이른바 'K-인문학'이다. 주변에서 매일 일어나고 있는 이야기와 우리가 몰랐던 한국의 먹거리, 일상에서 접하는 문화들이 담겨 있다.

저자 한글퀴즈협회
대한민국 지식의 저변을 확대시키고자 한다. 방송사 퀴즈프로그램 우승을 휩쓰는 잡학지식의 마이스터들.

펜 가문의 낙원
펜실베이니아

<u>알고 보면 재미있는 지명의 뒷얘기들이 많습니다.
우리나라만 해도 강릉과 원주를 합쳐 강원도,
전주와 나주를 합쳐 전라도라고 하죠.
미국 도시 이름의 이야기도 흥미롭습니다.
그중 펜실베이니아와 필라델피아 지명의
역사를 알아보겠습니다.</u>

유럽인들은 신대륙으로 이주할 당시 본인들의 기존 지명 명칭을 많이 빌려 왔다. 미국 동부에 위치한 펜실베이니아 주도 그런 유래를 가진 지역이다.

펜실-베이니아가 아닌 펜-실베이니아

1600년대 후반 영국 찰스 2세(Charles Ⅱ) 국왕이 절친했던 펜(Penn) 공작에게 돈을 빌렸다. 그런데 찰스 2세가 제때 돈을 갚지 않자 펜 공작은 빚 독촉을 했다. 찰스 2세는 세금이 안 걷혀 돈을 당장 갚을 수 없자 대신 아메리카 대륙으로 협상을 시도했다. 하지만 펜 공작이 협상 도중 세상을 떠나면서 1681년 아들 윌리엄 펜이 찰스 2세로부터 그 땅을 받게 됐다. 원래 그 땅은 1643년 스웨덴인들이 정착해 '뉴스웨덴'이라고 불렸다. 이후 네덜란드군이 그 땅을 빼앗았지만 다시 영국군이 승리하면서 영국 차지가 됐고, 찰스 2세의 동생 요크 공작에게 양도 됐다. 당시 영국은 명예혁명 이후 귀족들의 파워가 센 나라였다. 그래서 결국 돈을 갚지 못한 영국 왕이 동생에게 준 땅을 채권자 윌리엄 펜에게 넘겼다.

영국 왕을 쫓아 아버지의 유산을 챙긴 윌리엄 펜은 그리스-로마 문명에 심취한 소위 르네상스 덕후였다고 한다. 그래서 자기네 소유가 된, 순 나무뿐인 불모지를 그리스신화에 나오는 숲속 낙원을 의미하는 라틴어 '실베이니아(Sylvania)'라고 불렀는데, 그 땅을 내준 찰스 2세가 가문 이름도 포함해서 부를 것을 권유했다. 이 충고를 받아들여서 펜(Penn) 가문의 실베이니아(Sylvania)란 뜻의 '펜실베이니아(Pennsylvania)'로 부르게 됐다. 그러니 발음을 할 때는 '펜실-베이니아'가 아닌 '펜-실베이니아'라고 불러야 하겠다.

미국 민주주의 성지, 필라델피아

펜 공작이 1682년 개척한 신도시 '필라델피아'도 지금의 요르단 수도 암만에 해당하는 로마제국 시절 소아시아의 도시 필라델피아(Philadelphia)에서 이름을 그대로 따왔다. 직접 시원시원하게 직사각형처럼 쭉 뻗은 도로 설계로 미국 계획도시의 모범이 됐다. 이런 식으로 도시 이름을 짓다 보니 미국과 캐나다에 유럽 도시와 동일한 지명을 가진 지역이 종종 있다. 캐나다의 런던(London), 미국 텍사스주의 파리(Paris)가 그렇다.

한편 펜 공작은 종교와 관련한 규제나 차별을 없애고, 선거를 통한 의회 제도를 마련했다. 또 자체 법률과 주식거래소 등을 설립하자 종교박해를 피하려는 퀘이커 교도들과 상업지상주의 유대인들이 몰려와 필라델피아는 미국 상업활동의 중심지로 급부상했다. 하지만 자유주의자들의 각종 불평에 시달린 펜은 1700년에 영국으로 건너간 후 두 번 다시 돌아오지 않았다.

이후 필라델피아는 미국 독립전쟁 당시 최대 규모의 도시로 성장해 미국 독립 후 첫 수도가 됐다. 1대 조지 워싱턴(George Washington), 2대 존 애덤스(John Adams) 대통령은 집무를 필라델피아에서 봤다. 현재 필라델피아는 미국 민주주의의 기틀을 제공한 윌리엄 펜을 기리기 위해 166m에 이르는 시청 첨탑 꼭대기에 그의 동상을 영국을 향한 방향으로 세워놨다.

이와 관련해 재미있는 이야기가 하나 있다. 1987년 시청사 건물보다 더 높은 빌딩이 세워진 후 필라델피아 연고지의 각종 스포츠 팀은 한 번도 우승을 거두지 못했다. 이에 펜 공작이 자신의 동상보다 높은 건물이 세워진 데 삐쳐서 필라델피아 연고팀에 저주를 걸었다는, 이른바 '윌리엄 펜의 저주(Curse of William Penn)'라는 도시전설이 퍼졌다. 결국 2007년 새로 만든 최고 고층빌딩 옥상에 윌리엄 펜의 동상과 독립 당시 성조기를 세웠다. 그래서였을까? 2008년 야구 월드시리즈에서 '필라델피아 필리스'가 우승했다. 시대

알아두면 쓸데 있는 유쾌한 상식사전 -언어·예술편-

내가 알고 있는 상식은 과연 진짜일까?
단순한 호기심에서 출발할 수 있는 많은 의문들을
수많은 책과 연구자료를 바탕으로 파헤친다!

저자 조홍석
아폴로 11호가 달에 도착했던 해에 태어났다.
유쾌한 지식 큐레이터로서
'한국의 빌 브라이슨'으로 불리길 원하고 있다.

바다에 빼앗긴 천년의 부흥

뉘른베르크

유럽 최초로 자치시 인가를 받은 도시가 있다. 자유로운 제국의 독립도시로서 제조업과 상업이 유럽에서도 손꼽혔다. 예술도 꽃폈다. 그 성장은 17세기 초 절정에 달했다. 그런데 갑자기 도시가 멈췄다. 페그니츠강을 따라 드나들던 상선도 왁자했던 외지인들도 자취를 감췄다. 폐광도시가 몰락해가듯 도시는 그렇게 잊혔다.

11세기 요새로 시작해 1219년 자치시가 되었고 이후 독립도시로서 수공업 중심의 제조업과 이를 사

고파는 상업으로 경제적 부를 누렸던 뉘른베르크다. 골목마다 장인들의 작업장이 있었고, 광장에서는 항시 장이 섰다. 돈이 돌자 예술도 꽃폈다. 화가인 미카엘 볼게무트와 알브레히트 뒤러, 목판조각가인 바이트 슈토스, 황동 주조공인 페터 비셔, 석공이자 조각가인 아담 크라프트에 시인인 한스 자크스까지, 이들은 뉘른베르크를 문화예술의 도시로 만들어갔고, 도시는 더욱 다양한 사람들을 불러들였다.

이제 도시는 더 큰 학교와 더 많은 종교인을 필요로 했다. 그 결과 청소년들을 가르치는 김나지움이 설립됐다. 젊은 종교인들에 의해 종교개혁의 교리도 일찍 채택됐다. 그야말로 독일 르네상스의 중심지였

다. 그런데 1806년에 자유 · 독립도시의 지위를 잃었다. 급기야는 감당할 수 없는 빚 때문에 바이에른 왕국의 일부로 전락했다. 아메리카대륙과 인도로 가는 해로가 발견된 후 세계교역로가 육지에서 바다로 옮겨진 데다가 지난하고 잔악했던 30년전쟁으로 도시가 황폐화됐기 때문이었다.

장인들이 만든 크리스마스 마켓

오늘날 뉘른베르크는 1835년 최초의 독일철도 개통과 함께 시작된 산업시대를 맞아 공업중심지로 번성해온 독일의 대표적 공업도시다. 하지만 도시에 들어서면 공업도시라는 명성이 어리둥절할 만큼 고색이 창연한 건물과 도로가 눈길을 사로잡는다. 그

〈뉘른베르크의 중앙시장광장〉
로렌츠 슈트라흐 / 1594년 / 뉘른베르크 시립미술관, 독일 뉘른베르크

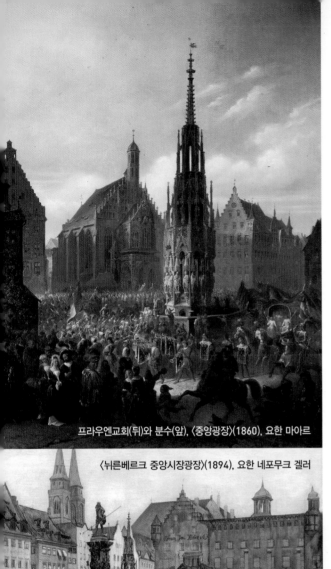
프라우엔교회(뒤)와 분수(앞), 〈중앙광장〉(1860), 요한 마아르

〈뉘른베르크 중앙시장광장〉(1894), 요한 네포무크 젤러

1891년의 중앙시장광장

순간 우리는 '신성로마제국의 작은 보석상자'라 불리던 과거 명성을 목격하게 된다. 옛 성벽 안쪽의 시가지를 예전 모습 그대로 보존했기 때문이다. 그래서인지 현지인들에게는 모르겠지만 관광객들은 뉘른베르크를 12월마다 온 도시가 크리스마스 트리가 되는 유럽 최고(最古)의 크리스마스 마켓의 도시이자 전 세계 희귀 장난감들이 모여 있는 장난감들의 도시로 여긴다.

뉘른베르크가 크리스마스 마켓의 도시가 된 데는 지리적 위치가 큰 역할을 했다. 육로로 아시아를 출발한 사람과 물자가 오스트리아 잘츠부르크에 모였다가 네덜란드로 가기 위해 독일 땅을 관통했는데, 대표적인 도시가 바로 뮌헨과 프랑크푸르트와 쾰른이었다. 이때 뉘른베르크는 슈투트가르트와 함께 상대적으로 거리가 먼 뮌헨과 프랑크푸르트 사이에 위치한 덕분에 물자가 풍부했고 인력도 넘쳤다. 그러다 보니 자연스럽게 나무, 금속, 유리 등을 이용한 다양한 수공예품을 많이 만들어 판매하는 장인들과 이들이 만들어낸 물품을 판매하는 시장이 섰다. 1363년에 뉘른베르크에 사는 장인의 수는 1,217명이었고, 이들이 속한 길드도 50개를 넘었다. 장인들이 만든 수공예품의 명성이 올라가는 만큼 시장의 명성도 올라갔고 규모도 커졌다.

뉘른베르크의 장인들은 정교한 솜씨로 시계를 만들어냈고, 또한 가스와 증기를 이용해 움직이는 장난감도 처음으로 만들어냈다. 광장 한쪽에 자리한 프라우엔교회 정면, 정오마다 신성로마제국 황제 카를 4세가 금인칙서(Goldene Bulle)를 발표하는 내용을 담은 인형극이 재현되는 시계도 그 결과물들 중 하나다. 이 시계의 제작년도가 1509년이라고 하는 걸 보면 과연 수공업의 도시라는 감탄이 나올 수밖에 없다.

예술의 도시에서 나치의 도시로

뉘른베르크를 말할 때 빼놓을 수 없는 사람이 있다. 바로 르네상스 시대에 이탈리아 거장들과 어깨를 나란히 한 독일 출신 화가이자 자화상의 아버지와 민중화가로 불리는 알브레히트 뒤러다. 뉘른베르크는 그의 고향이자 말년의 안식처였다. 특히 장인에 지나지 않았던 화가의 지위를 지식인이자 존경받는 창조자의 반열로 끌어올렸던 그가 말년 20년 동안을 고향에서 살았다. 그리고 그때 집이 박물관으로 남아 오늘도 사람들을 불러들이고 있다.

장인과 상인과 예술가의 도시로 기억되는 뉘른베르크의 역사에도 오점은 있다. 1930년대 나치당의 중심지였다는 것이 그것이다. 나치 전당대회가 세 번이나 열린 나치의 총 본산지로서 50여 만명 시민들이 히틀러에 열광적으로 추앙했고, 히틀러도 이 도시를 특별히 사랑했다고 한다. 반(反)유대주의를 내세운 뉘른베르크법령(1935)도 이곳에서 발표되었다. 제2차 세계대전 중에는 이곳에서 유태인 학살이 계획되었고, 군수공장이 세워져 나치에 무기를 제공했다. 그래서 연합군의 폭격을 맞았고, 그 결과 도시의 90%가 무너져 내렸다. 종전 후에는 전범재판이 열리기도 했다.

오늘의 뉘른베르크는 천년의 영광과 한때의 과오를 고스란히 드러낸다. 자랑도 반성도 숨기지 않는다. 14세기 사형집행관을 위해 건설됐다는 헹커스테크 앞에서도 누군가에게는 사자의 길이었을지언정 오늘의 나는 숙연은 하되 외면은 하지 않는다. 그래서 한 번 더 확인하게 된다. 인정할 때 앞으로 나아간다는 것을 말이다. 시대

〈뒤러의 집〉(1875), 윌리엄 칼로우

〈헹커스테크〉(1917), 요하네스 아우구스트 피셔

박재희 교수의 마음을 다스리는 고전이야기

내 인생을 바꾸는 모멘텀

> 나무 위에 화려한 꽃을 피게 하라
>
> 수상개화(樹上開花) – 〈삼십육계(三十六計)〉

우리는 자신의 가치를 높일 수 있기를 바라면서 화장을 하고 성형수술을 합니다. 또 아이들을 남들이 추켜세우는 대학에 보내기 위해 애를 씁니다. 여전히 잘나가고 있다는 것을 보여주기 위해 새 모델의 승용차가 나올 때마다 갈아타기도 합니다. 이처럼 다양한 방법으로 자기 능력을 상대방에게 과장되게 과시하는 것을 병법에서는 '수상개화(樹上開花)'의 전술이라고 합니다.

樹上開花
수상개화

나무 위에 거짓 꽃을 붙여 상대방을 유인하라!

원래 이 전술은 꽃이 없는 나무에 진짜 꽃과 유사하게 채색한 꽃을 만들어 붙여서 자세히 관찰하지 않으면 진짜인지 가짜인지 구별할 수 없게 하라는 것입니다. 기업이 현재의 자금이나 기술이 모자란

것을 들키지 않게 위해 유력 정치인과 찍은 사진을 사무실에 걸어놓는 것도, 음식점이 맛집이라는 것을 과시하기 위해 유명 연예인과 찍은 사진을 홀에 걸어놓는 것도 모두 화려한 가짜 꽃을 단 것과 다르지 않습니다.

하지만 이런 것들은 여우가 호랑이의 위세를 빌려 자기를 과시한 것[狐假虎威(호가호위)]과 다르지 않습니다. 꽃은 외양의 허상입니다. 나무는 내면의 본질입니다. 우리 시대에 본질은 언제나 화려한 겉모습에 가려져 있습니다. 화려한 치장 뒤에 숨어 있는 본질과 실체를 꿰뚫어볼 수 있는 눈을 가져야 하는 시대입니다.

어설픈 치장은 오히려
자신의 가치를 떨어뜨리기도 합니다.

樹	上	開	花
나무 수	위 상	필 개	꽃 화

출전 / 《삼국지(三國志)》 〈오주(吳主) 손권전(孫權傳)〉

차재두량(車載斗量)

유방이 항우를 꺾고 500여 년의 치세를 쌓았던 한나라가 그 명운을 다하기 시작한 2세기 말부터 손권(孫權), 조조(曹操), 유비(劉備)가 지역을 나눠 중원을 차지하고 각각 오(吳)나라, 위(魏)나라, 촉(蜀)나라를 세워 경쟁하다 서진(西晉)에 의해 통일된 280년까지의 약 100여 년 동안을 일컬어 중국의 삼국시대라고 합니다.

그중에서도 221년은 유비의 촉에게는 매우 중요한 해였습니다. 220년 조조가 죽고 실권을 잡은 그의 아들 조비(曹丕)가 황제였던 헌제를 내쫓고 위나라(조위, 曹魏)를 건국하면서 스스로 황제가 되자, 유비가 한나라의 후예임을 내세워 황제임을 선언하고 국호를 한(漢)이라 공표한 해이기 때문입니다. 그러나 더욱 중요한 것은 유비의 의형제였던 관우(關羽)가 손권의 오나라에 죽임을 당한 해라는 것입니다. 결국 유비는 크게 분노하고 오나라를 치기 위해 군사를 일으켰습니다.

촉나라가 출병했다는 소식을 전해들은 손권은 즉시 위나라에 구원을 요청하기로 했습니다. 그리고 원병 요청을 위해 위나라로 갈 사자로 중대부(中大夫) 조자(趙咨)를 선발했습니다. 출발 전 손권은 이런 당부를 전했습니다.

"결단코 오나라의 체면을 손상시켜서는 안 되오."

조자는 손권의 당부를 되새기며 위나라의 수도에 도착했고, 조비를 알현했습니다. 조비는 조자가 찾아온 이유를 이미 파악하고 있었습니다. 그러나 조비는 모르는 척 다른 말을 했습니다.

"오나라의 군주는 어떤 인물인가?"

조자는 공손하면서도 결코 비굴하지 않은 태도로 조비에게 대답했습니다.

"총명하고 자애롭고 똑똑한 분이십니다. 또한 뛰어난 재능과 원대한 지략을 품은 분이기도 합니다."

"허, 과장이 좀 심하구나."

조비가 입을 비틀며 웃었습니다. 비웃은 것이었습니다.

조비는 조자를 시험해보자 했습니다.

"만일 우리 조가 오를 공격한다면 어떻게 할 것인가?"

"대국에 무력이 있다면 소국에는 방위책이 있습니다. 그러니 무리 없이 공격에 대비할 것입니다."

"오나라는 위나라를 두려워하고 있겠지?"

"100만의 용맹한 군사와 하늘이 주신 요새와 같은 땅이 있는데 무엇이 두렵겠습니까?"

"오에는 그대 같은 인재가 몇 명쯤 있다고 보는가?"

"우리 오에는 저 같은 자가 수레에 싣고 말(斗 : 약 18리터)로 잴 만큼 많습니다[車載斗量(거재두량)]."

조자가 차분하게 하나하나 답을 하자 마침내 조비의 얼굴이 부드러워졌습니다.

"그대야말로 '사신으로 가서 군주의 명령을 욕되게 하지 않는 자'로구나."

결국 조비의 승인 아래 위나라와 오나라 사이에 군사제휴가 이루어졌습니다.

LH 직원들이 업무상 비밀을 이용해 사익을 추구했다는 기사가 제자리에서 열심히 살아온 이들의 가슴을 후벼 팝니다. 나라를 생각하는 능력자보다는 제 이익만 쫓는 데 능력이 출중한 이들이 차재두량만큼 많은 듯합니다. 하지만 말이죠, 우리는 적어도 '내가 저 기회를 잡아야 했는데 아깝다'고 생각하지는 말았으면 좋겠습니다. '죄는 벌로 다스리되, 공정은 지켜져야 한다'고 생각했으면 좋겠습니다. 시대

車	載	斗	量
수레 차	실을 재	말 두	헤아릴 량

완전 재미있는
틀린 그림 찾기

❓ **참여방법** 위 두 개의 사진을 비교해서 다른 부분을 찾아보세요. 다른 부분(모두 5곳)을 찾아 표시한 사진과 함께 〈이슈&시사상식〉 5월호에 대한 감상평을 이메일(issue@sidaegosi.com)로 보내주세요. 선물이 팡팡 쏟아집니다!

❖ 아래 당첨선물 중 받고 싶으신 도서와 주소, 전화번호를 함께 남겨주세요.

❗ **〈이슈&시사상식〉 4월호 정답**

참여해주신 모든 분들께 감사드립니다.
당첨되신 분께는 개별적으로 연락드립니다.

당첨선물 ·····················
정답을 맞힌 독자분들 중 가장 인상적인 감상평을 남기신 분
께는 〈패스트푸드 인문학〉, 〈EGG〉, 〈색연필로 칠하는 오늘
의 풍경〉, 〈성공하는 사람들의 비밀, PDCA 노트〉 등 푸짐한
선물을 드립니다!

❖ 참여하실 때는 반드시 희망 도서를 하나 골라 기입해주세요.

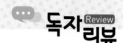

바쁜 취업준비생을 위한 책

 이*애(창원시 성산구)

〈이슈&시사상식〉에서 가장 잘 읽은 부분은 HOT이슈 31 이었다. 경제, 정치, 국제, 사회에 이르기까지 다양한 분야 의 이슈들이 적절하게 배치된 것이 좋았다. 한 달 동안의 이슈가 잘 정리돼 있어 신문을 잘 챙겨볼 수 없을 정도로 바쁜 취업준비생이 요즘 이슈를 잘 이해할 수 있도록 돕는 다. 찬반토론과 시사용어브리핑 코너도 있는데 시사용어브 리핑의 경우 면접에서 유용하게 사용할 수 있을 듯하다. 이 외에도 〈이슈&시사상식〉은 취업준비 전문지답게 공모전, 자격증 접수 모집정보부터 각종 기출문제까지 수록돼 있어 책 한 권으로 취업공부가 가능할 것 같다.

이슈를 되짚어 주는 책

 박*란(서울시 마포구)

〈이슈&시사상식〉에는 이슈 중요도에 따라 31가지의 기사 를 배치한 HOT이슈 31이 있다. 이 코너에서는 내용을 쉽 게 이해할 수 있도록 기사 중간 중간 용어설명을 넣어주는 데 아주 큰 도움이 됐다. 사실전달에서 그치는 것이 아닌 이슈에 대해 한층 더 깊이 분석할 수 있도록 도와주는 글이 책의 특징을 잘 나타낸다고 생각했다. 수박 겉핥기식으로 넘겼던 기삿거리도 한 번 더 읽게 되고 이해를 하니 사회를 더 심도 깊게 이해하는데 유용했다. 이 책은 시사지인데 도 서에 실린 문제들이 많은 편이다. 취업 준비생의 면접용, 시험 대비용 등 취업준비생에게 좋을 것 같다.

부족한 상식을 채워주다

 신*은(서울시 송파구)

바쁜 일상 탓에 뉴스를 챙겨보기란 여간 쉬운 일이 아니다. 포털 사이트에 올라온 기사만 읽기 바빠서 시사상식과 멀 어지고 있는 것 같은 느낌이 들었는데 〈이슈&시사상식〉이 라면 부족한 시사상식을 채워줄 수 있을 것 같았다. 읽었던 기사 내용을 다시 한 번 확인할 수 있는 핫이슈 퀴즈가 특 히 흥미로웠다. 개인적으로 새로 대두되는 개념어나 신조 어 등을 실은 시사용어브리핑도 큰 도움이 됐다. 이 코너를 스크랩 해놓고 여러 자료로 사용해도 좋겠다는 생각이 들 만큼 취업준비생뿐만 아니라 일반인에게도 활용도가 높아 보였다.

변화의 시기에 필요한 도서

이*정(고양시 덕양구)

코로나19 때문에 신문기사와 TV뉴스를 더 자주 접하고 있 는 요즘이다. 뉴스를 볼 때마다 4차 산업혁명의 시기가 앞 당겨지고 있다는 사실을 몸소 체험하고 있다. 격동의 시기 를 겪으며 알아야 할 정보가 늘어났고 국내이슈뿐만 아니 라 나라 밖의 이슈를 알아야겠다는 생각을 해 이 책을 읽었 다. 취업! 실전문제 파트도 있는데 〈이슈&시사상식〉이 구 직자를 고려해 지면을 다양한 방법으로 할애하고 있다는 느낌을 받았다. 도서를 활용한다면 취업뿐만 아니라 일상 에서 필요한 기본적인 시사공부에도 큰 도움이 될 것 같다.

독자 여러분 함께해요!

저희 〈이슈&시사상식〉은 독자 여러분의 리뷰를 기다리고 있습니다. 분야·주제 모두 묻지도 따지지도 않습니다. 보내주신 리뷰 중 채택된 리뷰는 〈이슈&시사상식〉 6월호에 수록됩니다.

[참여방법] 이메일 issue@sidaegosi.com

[당첨선물] 리뷰를 보내주시는 독자분들 중 가장 인상적인 리뷰를 남기신 분께는 〈패스트푸드 인문학〉, 〈EGG〉, 〈색연필로 칠하는 오늘의 풍경〉, 〈성공 하는 사람들의 비밀, PDCA 노트〉 중 하나를 선물로 드립니다.
❖ 참여하실 때는 반드시 희망 도서를 하나 골라 기입해주세요

나눔시대

함께 배우고 성장하는 배움터! (주)시대고시기획 ◎ 시대교육(주) 입니다.
앞으로도 희망을 나누는 기업으로서 더 큰 나눔을 실천하겠습니다.
나눔은 행복입니다.

전국 야학 지원
청소년, 어린이 장학금 지원

장병 1인 1자격,
학점 취득 지원

재외동포재단, 경인교육대학교
한국어능력시험 관련 교재 기증

다문화학생 지원
도 서 기 증 식

〈이슈&시사상식〉, 전국 도서관
및 희망자 나눔 기증

" 숨은 독자를 찾아라! "
〈이슈&시사상식〉을 함께 나누세요.

대학 후배들이 하루의 대부분을 보내고 있을 동아리 사무실에
〈이슈&시사상식〉을 선물하고 싶다는 선배의 사연,
마을 도서관에 시사월간지가 비치된다면 그동안 아이들과 주부들이
주로 찾던 도서관을 온 가족이 함께 이용하게 될 것으로 기대한다는 희망까지…

양서가 주는 감동은 나눌수록 더욱 커집니다. 저희 〈이슈&시사상식〉도 힘을 보태겠습니다.
기증 신청 및 추천 사연을 보내주세요. 사연 심사 후 희망 기증처로 선정된 곳에 1년간 〈이슈&시사상식〉을 무료로 보내드립니다.

* 보내주실 곳 : 이메일(issue@sidaegosi.com)
* 희망 기증처 최종 선정은 2021 나눔시대 선정위원이 맡게 됩니다. 선정 여부는 개별적으로 알려드립니다.

(주)시대고시기획

각종 자격증, 공무원, 취업, 학습, IT, 상식부터 외국어까지!

이 시대의 모든 "합격"을 책임지는
시대고시기획!

"100만명 이상 수험생의 선택!"

독자의 선택으로 검증된 시대고시기획의 명품 도서를 소개합니다.

"취득" 보장! 각종 '자격증' 취득 대비 도서

각 분야의 전문가들과 집필! 각종 기능사/기사/산업기사 및 국가자격/기술자격, 경제/금융/회계 분야 자격증 등 각종 자격증 '취득'을 보장하는 도서!

직업상담사 2급

사회조사분석사 2급

스포츠지도사

사회복지사 1급

영양사

소방안전관리자

화학분석기능사

전기기능사

드론 무인비행장치

운전면허

유통관리사 1급

텔레마케팅관리사